dtv

William Blake, Zeitgenosse Goethes, Dichter & Kupferstecher, stellte in seinen Schriften völlig unzeitgemäß Imagination, Ekstase und Energie über alle Vernunft und galt daher – in der aufklärerischen Welt und noch lange danach – als genial, aber verrückt. Schon als Kind soll er den Propheten Hesekiel auf einer Wiese sitzend erblickt haben; später wurde er zum malenden Dichterpropheten, der die Schöpfung und revolutionäre historische Ereignisse aus den widerstreitenden Kräften der menschlichen Psyche heraus interpretierte. In Blakes visionärem Kosmos agieren »Urizen« (die abstrakte Vernunft), »Orc« (die Rebellion) oder »Los« (das Schöpferische) mit- und gegeneinander: eine private Mythenwelt, die geradezu psychedelische Wirkungen hervorruft. Das Unverständnis seiner Zeitgenossen, aber auch die fulminante Wiederentdeckung um die Jahrhundertwende – vor allem durch W. B. Yeats – rühren daher. In den sechziger Jahren setzte mit »Beat Poets« wie Allen Ginsberg eine erneute, populäre Blake-Begeisterung ein, an die heute Filmemacher, Dichter und New-Age-Propheten gleichermaßen anknüpfen.
Unsere Ausgabe bietet in neuer, die Rhythmik bestmöglich wahrender Übersetzung die bislang umfangreichste Werkauswahl in deutscher Sprache – im Paralleldruck mit den Originaltexten. Ein kleiner Kommentar erleichtert die Entdeckung eines großen englischen Dichters und überraschend modernen Visionärs.

William Blake, geboren am 28. November 1757 in London, absolvierte eine Lehre als Kupferstecher und studierte an der Royal Academy of Art. Zeitlebens sah er Bild und Text als Einheit, erfand eine neue Graviertechnik für seine Werke und verdiente sich mit Illustrationen seinen Lebensunterhalt. Ab 1782 glückliche Ehe mit Catherine Boucher. Um 1810 weitgehender Rückzug aus der Literatur zugunsten der Malerei. Blake starb am 12. August 1827 in London.

William Blake

ZWISCHEN FEUER UND FEUER

Poetische Werke

Zweisprachige Ausgabe

Aus dem Englischen neu übersetzt
und mit Anmerkungen herausgegeben
von Thomas Eichhorn

Mit einem Nachwort
von Susanne Schmid

Mit 18 Illustrationen

Deutscher Taschenbuch Verlag

Der Übersetzer möchte dem Europäischen Übersetzerkollegium Straelen sowie dem British Centre for Literary Translation in Norwich für die freundlich gewährte Unterstützung danken.

Originalausgabe
Dezember 1996
2. Auflage Mai 1998
Deutscher Taschenbuch Verlag GmbH & Co. KG,
München

Umschlagkonzept: Balk & Brumshagen
Umschlagbild: ›The Ancient of Days‹ (1793) von William Blake
(© AKG, Berlin)
Englische Textgrundlage: The Portable Blake,
hg. v. Alfred Kazin, New York 1946
Gesetzt aus der Bembo 9,5/11· (QuarkXPress 3.31)
Satz: KCS GmbH, Buchholz/Hamburg
Gedruckt auf säurefreiem, chlorfrei gebleichtem Papier
Druck und Bindung: C. H. Beck'sche Buchdruckerei,
Nördlingen
Printed in Germany · ISBN 3-423-12548-9

INHALTSÜBERSICHT

Portrait of
1820

POETICAL SKETCHES

POETISCHE SKIZZEN

TO THE MUSES

Whether on Ida's shady brow,
   Or in the chambers of the East,
The chambers of the sun, that now
   From antient melody have ceas'd;

Whether in Heav'n ye wander fair,
   Or the green corners of the earth,
Or the blue regions of the air,
   Where the melodious winds have birth;

Whether on chrystal rocks ye rove,
   Beneath the bosom of the sea
Wand'ring in many a coral grove,
   Fair Nine, forsaking Poetry!

How have you left the antient love
   That bards of old enjoy'd in you!
The languid strings do scarcely move!
   The sound is forc'd, the notes are few!

TO THE EVENING STAR

Thou fair-hair'd angel of the evening,
Now, whilst the sun rests on the mountains, light
Thy bright torch of love; thy radiant crown
Put on, and smile upon our evening bed!
Smile on our loves, and, while thou drawest the
Blue curtains of the sky, scatter thy silver dew
On every flower that shuts its sweet eyes
In timely sleep. Let thy west wind sleep on
The lake; speak silence with thy glimmering eyes,

An die Musen

Ob auf Idas schatt'gem Hang,
Ob im Reich von Ost und Früh,
In der Sonne Reich, die lang
Ließ von alter Melodie;

Ob ihr durch den Himmel schweift,
Oder durch der Erde Grün,
Durch die blauen Lüfte streift,
Wo der Winde Sänge ziehn;

Ob ihr um kristallnen Stein
Spielt im Schoß der Meere weit,
Wandelt in korallnem Hain,
Schöne Neun! der Dichtung leid,

Warum kargt mit Liebe ihr,
Die der Sänger einst empfing?
Matte Saiten schlagen wir,
Und die Lieder sind gering!

An den Abendstern

Des Abends blonder Engel, nun die Sonne
Ruht auf den Bergen, zünd' die helle Fackel
Der Liebe an; leg' an die Strahlenkrone
Und lächle unsrem abendlichen Bett!
Auf unsre Liebe lächle und bestreue,
Dieweil den Himmel du in Blau verhüllst,
Mit deinem Silbertaue jede Blume,
Die süße Augen schließt in zeit'gem Schlaf.
Den Wind aus West laß schlummern überm See;

And wash the dusk with silver. Soon, full soon,
Dost thou withdraw; then the wolf rages wide,
And the lion glares thro' the dun forest:
The fleeces of our flocks are cover'd with
Thy sacred dew: protect them with thine influence.

To Morning

O holy virgin! clad in purest white,
Unlock heav'n's golden gates, and issue forth;
Awake the dawn that sleeps in heaven; let light
Rise from the chambers of the east, and bring
The honied dew that cometh on waking day.
O radiant morning, salute the sun,
Rouz'd like a huntsman to the chace, and, with
Thy buskin'd feet, appear upon our hills.

Song

How sweet I roam'd from field to field,
  And tasted all the summer's pride,
'Till I the prince of love beheld,
  Who in the sunny beams did glide!

He shew'd me lilies for my hair,
  And blushing roses for my brow;
He led me through his gardens fair,
  Where all his golden pleasures grow.

Laß deines hellen Auges Schweigen sprechen
Und bad' die Dämmerung in Silber. Bald,
So bald schon, ziehst du hin; dann heult der Wolf
Und sprüht des Löwen Aug' im düstren Wald;
Die Vliese unsrer Herden deckt dein Tau,
Der heilig: Schirme sie mit deiner Macht!

An den Morgen

O Jungfrau! in das reinste Weiß gekleidet,
Tritt aus des offnen Himmels goldnen Toren,
Erweck' die Dämmrung in den Himmeln; laß
Das Licht aus östlichem Gemache steigen;
Den süßen Tau bring uns am frühen Tag.
O lichter Morgen, grüß die Sonne, die
Gleich einem Jäger zieht zur Jagd, und tritt
Mit leichtem Schuh auf unsre Hügel hin.

Lied

Wie süß zog ich durch Felder hin
  Und kostete des Sommers Glanz,
Bis mir der Liebe Fürst erschien
  In Sonnenglast und Strahlentanz!

Er wand mir Lilien in mein Haar
  Und blühnde Rosen um die Stirn;
Er wies mir Gärten wunderbar,
  Wo goldne Lüste jubiliern.

With sweet May dews my wings were wet,
And Phœbus fir'd my vocal rage;
He caught me in his silken net,
And shut me in his golden cage.

He loves to sit and hear me sing,
Then, laughing, sports and plays with me;
Then stretches out my golden wing,
And mocks my loss of liberty.

Song

My silks and fine array,
My smiles and languish'd air,
By love are driv'n away;
And mournful lean Despair
Brings me yew to deck my grave:
Such end true lovers have.

His face is fair as heav'n,
When springing buds unfold;
O why to him was't giv'n,
Whose heart is wintry cold?
His breast is love's all worship'd tomb,
Where all love's pilgrims come.

Bring me an axe and spade,
Bring me a winding sheet;
When I my grave have made,
Let winds and tempests beat:
Then down I'll lie, as cold as clay.
True love doth pass away!

Mein Flügel feucht vom Tau des Mai'n,
Entflammte Phöbus meine Wut;
Da fing er mich und schloß mich ein
In seines goldnen Käfigs Hut.

Er hört gern, wenn mein Lied ertönt,
Und lacht und spielt mit mir zumal;
Spannt meine Schwinge aus und höhnt,
Daß er mir meine Freiheit stahl.

Lied

Mein Geschmeid und seiden Kleid,
Meines Lächelns holde Kraft
Hat die Liebe mir entrafft,
Und ein karg und traurig Leid
Bringt Eibe für mein Grab herbei:
Solch Ende nimmt, wer liebt in Treu'.

Sein Antlitz weist wie Himmel sich,
Wenn die Knospen auferblühn;
Warum ward es ihm verliehn,
Dessen Herz so winterlich?
Seine Brust, ein Grab so kühl,
Ist der Liebe Pilger Ziel.

Bringt mir Axt und Spat' geschwind,
Bringt ein Linnen mir ans Grab;
Wenn ich es geschaufelt hab',
Sollen heulen Sturm und Wind:
Ich will liegen, kalt wie Lehm.
Seht die wahre Lieb' vergehn!

Song

Love and harmony combine,
And around our souls intwine,
While thy branches mix with mine,
And our roots together join.

Joys upon our branches sit,
Chirping loud, and singing sweet;
Like gentle streams beneath our feet
Innocence and virtue meet.

Thou the golden fruit dost bear,
I am clad in flowers fair;
Thy sweet boughs perfume the air,
And the turtle buildeth there.

There she sits and feeds her young,
Sweet I hear her mournful song;
And thy lovely leaves among,
There is love: I hear his tongue.

There his charming nest doth lay,
There he sleeps the night away;
There he sports along the day,
And doth among our branches play.

Song

I love the jocund dance,
   The softly-breathing song,
Where innocent eyes do glance,
   And where lisps the maiden's tongue.

Lied

Einklang, aus dem Liebe spricht,
Unsre Seelen rings umflicht;
Dein Gezweig streckt sich in meins,
Unsre Wurzeln werden eins.

Freude ins Gezweig sich schwang,
Zirpend laut in süßem Sang;
Unschuld trifft in sanftem Fluß
Tugend unter unsrem Fuß.

Du bringst goldne Frucht hervor,
Mich schmückt reicher Blüten Flor;
Dein Gezweig streut Düfte hin,
Und die Taube baut darin,

Die sich um ihr Junges müht;
Süß klingt mir ihr Trauerlied;
Liebe hat sich eingedingt
In dein Blattwerk: horch, sie singt!

Dort hat sie ihr Nest gemacht,
Dorten schläft sie alle Nacht;
Dort spielt sie, solang sie mag
Im Gezweig am hellen Tag.

Lied

Ich lieb den heitren Tanz,
    Das sanft gesungne Lied,
Wo reine Augen stehn voll Glanz
    Und des Mädchens Wange glüht.

I love the laughing vale,
   I love the echoing hill,
Where mirth does never fail,
   And the jolly swain laughs his fill.

I love the pleasant cot,
   I love the innocent bow'r,
Where white and brown is our lot,
   Or fruit in the mid-day hour.

I love the oaken seat,
   Beneath the oaken tree,
Where all the old villagers meet,
   And laugh our sports to see.

I love our neighbours all,
   But, Kitty, I better love thee;
And love them I ever shall;
   But thou art all to me.

SONG

Memory, hither come,
   And tune your merry notes;
And, while upon the wind
   Your music floats,
I'll pore upon the stream,
Where sighing lovers dream,
And fish for fancies as they pass
Within the watery glass.

I'll drink of the clear stream,
   And hear the linnet's song;
And there I'll lie and dream

Ich lieb das lachende Tal,
Ich lieb des Hügels Klang,
Wo der Schäfer allemal
Lacht, zieht er die Flur entlang.

Ich lieb das Häuschen auf dem Land
Und die Laube klein und rund,
Wo sich Weiß und Braun uns fand
Oder Frucht zur Mittagsstund'.

Ich lieb die eichne Bank
Unterm Eichenbaum,
Wo die Alten labt ihr Trank,
Und sie unsre Spiele schaun.

Ich lieb all die Nachbarn hier,
Doch mehr noch, Kitty, lieb ich dich;
Wenn auch stets sie lieb sind mir,
Bist du alles doch für mich.

Lied

Erinnrung, hierher komm,
Stimm an dein frohes Lied;
Und dieweil es mit dem Wind
Rasch von dannen flieht,
Will ich schauen auf den Strom,
Wo Verliebte träumen hin,
Und nach Bildern haschen, die
Über seinen Spiegel ziehn.

Ich trink vom klaren Strom
Und lausch des Finken Schlag;
Und liege da und träum

The day along:
And, when night comes, I'll go
To places fit for woe,
Walking along the darken'd valley
With silent Melancholy.

MAD SONG

The wild winds weep,
And the night is a-cold;
Come hither, Sleep,
And my griefs unfold:
But lo! the morning peeps
Over the eastern steeps,
And the rustling birds of dawn
The earth do scorn.

Lo! to the vault
Of paved heaven,
With sorrow fraught
My notes are driven:
They strike the ear of night,
Make weep the eyes of day;
They make mad the roaring winds,
And with tempests play.

Like a fiend in a cloud,
With howling woe,
After night I do croud,
And with night will go;
I turn my back to the east,
From whence comforts have increas'd;
For light doth seize my brain
With frantic pain.

Den lieben langen Tag:
Und naht die Nacht, dann gehe ich
Zu meines Kummers Ort,
Und wandre durch das dunkle Tal
In stummer Schwermut fort.

Irres Lied

Wild weint der Wind,
Die Nacht ist kalt;
Komm zu mir, Schlaf,
Mein Leid umfalt:
Doch sieh! der Morgen naht
Auf des Ostens Grat,
Und der Morgenvögel Ton
Spricht der Erde Hohn.

Sieh! wo des Himmels
Gewölbe nun schwillt,
Fliehn meine Lieder
Von Sorge erfüllt:
Schlagen an das Ohr der Nacht,
Machen Tages Augen weinen;
Haben toll den Wind gemacht,
Wollen sich den Stürmen einen.

Wie in Wolken ein Dämon,
In heulendem Weh,
Klammre ich mich an die Nacht,
Daß ich mit der Nacht nur geh;
Wend' den Rücken gegen Ost,
Daher kommt stets neuer Trost;
Denn ins Hirn dringt Licht mir ein
Mit rasender Pein.

To Spring

O thou with dewy locks, who lookest down
Thro' the clear windows of the morning, turn
Thine angel eyes upon our western isle,
Which in full choir hails thy approach, O Spring!

The hills tell each other, and the list'ning
Vallies hear; all our longing eyes are turned
Up to thy bright pavillions: issue forth,
And let thy holy feet visit our clime.

Come o'er the eastern hills, and let our winds
Kiss thy perfumed garments; let us taste
Thy morn and evening breath; scatter thy pearls
Upon our love-sick land that mourns for thee.

O deck her forth with thy fair fingers; pour
Thy soft kisses on her bosom; and put
Thy golden crown upon her languish'd head,
Whose modest tresses were bound up for thee!

To Summer

O thou, who passest thro' our vallies in
Thy strength, curb thy fierce steeds, allay the heat
That flames from their large nostrils! thou, O Summer,
Oft pitched'st here thy golden tent, and oft
Beneath our oaks hast slept, while we beheld
With joy thy ruddy limbs and flourishing hair.

An den Frühling

O du, der mit betauten Locken durch
Des Morgens klare Fenster ausblickst, wende
Dein Engelsauge unsrer Insel zu,
Die tönend deine Ankunft preist, o Frühling!

Die Hügel reden, und die Täler lauschen:
All unsre Augen sind emporgewandt
Zu deinen hellen Lauben: tritt hervor,
Daß unser Land dein heil'ger Fuß besuche.

Den Berg im Ost erklimme; laß den Wind
Dein Duftkleid küssen, daß wir deinen Hauch
Verspüren früh und spät; streu deine Perlen
Aufs Land, das sich verzehrt nach deiner Liebe.

Schmück es mit deiner reinen Hand, beträufle
Mit sanften Küssen seine Brust und setze
Die goldne Krone auf sein schmachtend Haupt,
Des zücht'gen Stirnkranz es für dich geflochten!

An den Sommer

O der du ziehst in voller Kraft durch unsre Täler,
Die Feuerrosse zügle, lösch die Hitze,
Die strömt aus ihren Nüstern! du, o Sommer,
Schlugst oft dein goldnes Zelt hier auf und schliefest
Oft unter unsren Eichen, da wir freudig
Dein blühend Haar und deine Glieder schauten.

Beneath our thickest shades we oft have heard
Thy voice, when noon upon his fervid car
Rode o'er the deep of heaven; beside our spring
Sit down, and in our mossy vallies, on
Some bank beside a river clear, throw thy
Silk draperies off, and rush into the stream:
Our vallies love the Summer in his pride.

Our bards are fam'd who strike the silver wire:
Our youth are bolder than the southern swains:
Our maidens fairer in the sprightly dance:
We lack not songs, nor instruments of joy,
Nor echoes sweet, nor waters clear as heaven,
Nor laurel wreaths against the sultry heat.

To Autumn

O Autumn, laden with fruit, and stained
With the blood of the grape, pass not, but sit
Beneath my shady roof; there thou may'st rest,
And tune thy jolly voice to my fresh pipe;
And all the daughters of the year shall dance!
Sing now the lusty song of fruits and flowers.

"The narrow bud opens her beauties to
The sun, and love runs in her thrilling veins;
Blossoms hang round the brows of morning, and
Flourish down the bright cheek of modest eve,
Till clust'ring Summer breaks forth into singing,
And feather'd clouds strew flowers round her head.

Oft hörten deine Stimme wir im dichtsten Schatten,
Als Mittag auf dem feurigen Gefährt
Zog durch des Himmels Gründe; setz dich nieder
An unsre Quelle in bemoosten Tälern,
Ans Ufer eines klaren Flusses; wirf
Die seidnen Kleider ab und eil' zum Strom:
Die Täler lieben deine Pracht, o Sommer.

Gerühmt sind hier die Sänger, deren Hände
Der Laute silberhelle Saiten rühren:
Die Jünglinge sind kühner als des Südens Schäfer;
Die Mädchen lieblicher im heitren Tanz:
Wir haben Lieder, frohe Instrumente
Und süße Echos, himmelklare Wasser
Und Lorbeerkränze gegen heiße Glut.

An den Herbst

O Herbst, mit Frucht beladen und beträuft
Mit Rebenblut, geh nicht vorbei, nein, sitze
Hier unterm Schattendach; hier magst du ruhen
Und deine frohe Stimme meiner Flöte einen;
Und alle Töchter dieses Jahres sollen tanzen!
Stimm herzhaft an das Lied von Frucht und Blume.

»Die schmale Knospe öffnet ihre Schönheit
Der Sonne; Liebe pulst durch ihre Adern;
Die Stirn des Morgens säumen Blüten, die
Sich um des Abends helle Wangen winden,
Bis Sommer sammelnd anstimmt den Gesang
Und Wolken Blumen streuen um sein Haupt.

The spirits of the air live on the smells
Of fruit; and joy, with pinions light, roves round
The gardens, or sits singing in the trees."
Thus sang the jolly Autumn as he sat;
Then rose, girded himself, and o'er the bleak
Hills fled from our sight; but left his golden load.

Der Lüfte Geister leben von den Düften
Von Frucht; und Freude schwebt auf leichten Schwingen
Durch Gärten oder singt ihr Lied im Baum.«
So sang der frohe Herbst, der bei mir saß,
Und schwand, sich gürtend, über brache Hügel,
Doch ließ zurück mir seine goldne Bürde.

THERE IS NO NATURAL RELIGION

AND

ALL RELIGIONS ARE ONE

ES GIBT KEINE NATÜRLICHE RELIGION

UND

ALLE RELIGIONEN SIND EINE

THERE IS NO NATURAL RELIGION

First Series

The Argument. Man has no notion of moral fitness but from Education. Naturally he is only a natural organ subject to Sense.

I. Man cannot naturally Percieve but through his natural or bodily organs.

II. Man by his reasoning power can only compare & judge of what he has already perciev'd.

III. From a perception of only 3 senses or 3 elements none could deduce a fourth or fifth.

IV. None could have other than natural or organic thoughts if he had none but organic perceptions.

V. Man's desires are limited by his perceptions, none can desire what he has not perciev'd.

VI. The desires & perceptions of man, untaught by any thing but organs of sense, must be limited to objects of sense.

ES GIBT KEINE NATÜRLICHE RELIGION

Erste Folge

Die These: Der Mensch hat keine andere Vorstellung von dem, was sich moralisch für ihn schickt, als diejenige, die ihm durch seine Erziehung vermittelt worden ist. Von Natur aus ist er lediglich ein natürliches Organ, das den Sinnen unterworfen ist.

I. Der Mensch kann von Natur aus nicht anders wahrnehmen als vermittels seiner natürlichen oder körperlichen Organe.

II. Der Mensch kann vermöge seiner Urteilskraft nur das vergleichen & beurteilen, was er bereits wahrgenommen hat.

III. Aus einer Wahrnehmung, die auf lediglich 3 Sinnen oder Elementen beruht, könnte niemand auf einen vierten oder fünften schließen.

IV. Niemand könnte andere als natürliche oder organische Gedanken haben, wenn er lediglich über die Wahrnehmungen seiner Sinnesorgane verfügte.

V. Das Verlangen des Menschen wird von seinen Wahrnehmungen beschränkt, niemand kann begehren, was er nicht wahrgenommen hat.

VI. Verlangen und Wahrnehmung des Menschen, der lediglich von den Sinnesorganen belehrt wird, müssen auf sinnlich wahrnehmbare Gegenstände beschränkt bleiben.

Conclusion. If it were not for the Poetic or Prophetic character the Philosophic & Experimental would soon be at the ratio of all things, & stand still, unable to do other than repeat the same dull round over again.

SECOND SERIES

I. Man's perceptions are not bounded by organs of perception; he percieves more than sense (tho' ever so acute) can discover.

II. Reason, or the ratio of all we have already known, is not the same that it shall be when we know more.

III. [*This proposition has been lost.*]

IV. The bounded is loathed by its possessor. The same dull round, even of a universe, would soon become a mill with complicated wheels.

V. If the many become the same as the few when possess'd, More! More! is the cry of a mistaken soul; less than All cannot satisfy Man.

VI. If any could desire what he is incapable of possessing, despair must be his eternal lot.

VII. The desire of Man being Infinite, the possession is Infinite & himself Infinite.

Application. He who sees the Infinite in all things, sees God. He who sees the Ratio only, sees himself only.

Therefore God becomes as we are, that we may be as he is.

Schlußfolgerung: Wenn es nicht die Wesenheit des Poetischen oder Prophetischen gäbe, wäre das Philosophische & Experimentelle bald bei der Ratio aller Dinge angelangt & stände still, unfähig, etwas anderes zu tun, als ständig denselben dumpfen Zirkelschlag zu wiederholen.

Zweite Folge

I. Die Wahrnehmungen des Menschen werden nicht von Organen der Wahrnehmung beschränkt; er nimmt mehr wahr, als die Sinne (und wären sie noch so scharf) entdecken können.

II. Die Vernunft oder die Ratio all dessen, was wir bereits wissen, wird nicht mehr dieselbe sein, wenn wir mehr wissen.

III. [*Dieser Satz ist verlorengegangen.*]

IV. Das Beschränkt-Begrenzte wird von seinem Besitzer verabscheut. Derselbe dumpfe Zirkel, selbst eines Universums, würde bald zu einer Mühle mit kompliziertem Räderwerk werden.

V. Wenn das Viele dem Wenigen gleich wird, sobald man es im Besitz hat, ist Mehr, Mehr! der Schrei einer sich irrenden Seele; weniger als Alles kann den Menschen nicht befriedigen.

VI. Wenn irgend jemand dasjenige begehren könnte, das zu besitzen er unfähig ist, wäre Verzweiflung sein ewiges Los.

VII. Da das Verlangen des Menschen unendlich ist, ist der Besitz unendlich & er selbst unendlich.

Anwendung: Wer das Unendliche in allen Dingen sieht, sieht Gott. Wer nur die Ratio sieht, sieht nur sich selbst.

Darum wird Gott sein wie wir, daß wir sein mögen wie er.

ALL RELIGIONS ARE ONE

The Voice of One Crying in the Wilderness

The Argument. As the true method of knowledge is experiment, the true faculty of knowing must be the faculty which experiences. This faculty I treat of.

Principle 1st. That the Poetic Genius is the true Man, and that the body or outward form of Man is derived from the Poetic Genius. Likewise that the forms of all things are derived from their Genius, which by the Ancients was call'd an Angel & Spirit & Demon.

Principle 2d. As all men are alike in outward form, So (and with the same infinite variety) all are alike in the Poetic Genius.

Principle 3d. No man can think, write, or speak from his heart, but he must intend truth. Thus all sects of Philosophy are from the Poetic Genius adapted to the weaknesses of every individual.

Principle 4th. As none by traveling over known lands can find out the unknown, So from already acquired knowledge Man could not acquire more: therefore an universal Poetic Genius exists.

Principle 5th. The Religions of all Nations are derived from each Nation's different reception of the Poetic Genius, which is every where call'd the Spirit of Prophecy.

ALLE RELIGIONEN SIND EINE

Die Stimme eines Rufers in der Wüste

Die These: Da die eigentliche Methode der Erkenntnis die experimentelle Erfahrung ist, muß das eigentliche Vermögen des Erkennens jenes sein, welches Erfahrungen macht. Von diesem Vermögen handle ich.

Erster Satz. Daß der Poetische Genius der wahre Mensch ist und daß Körper oder äußere Gestalt des Menschen sich vom Poetischen Genius herleiten. Daß gleicherweise die Gestalt aller Dinge von ihrem Genius herrührt, der von den Alten Engel & Geist & Dämon genannt wurde.

Zweiter Satz. Wie alle Menschen an äußerer Gestalt gleich sind, so sind sie alle (und in derselben unendlichen Vielfalt) gleich im Poetischen Genius.

Dritter Satz. Niemand kann aus dem Herzen heraus denken, schreiben oder sprechen, wenn er nicht auf die Wahrheit abzielt. So stammen alle Sekten der Philosophie vom Poetischen Genius ab und sind den Schwächen eines jeden Einzelwesens angepaßt.

Vierter Satz. Wie niemand durch Reisen über bekanntes Gebiet das Unbekannte finden kann, kann auch der Mensch aus bereits erworbenem Wissen nicht mehr erwerben: darum existiert ein universeller Poetischer Genius.

Fünfter Satz. Die Religionen aller Nationen entstammen der unterschiedlichen Aufnahme des Poetischen Genius in jeder Nation, der überall der Geist der Prophezeiung genannt wird.

Principle 6th. The Jewish & Christian Testaments are An original derivation from the Poetic Genius; this is necessary from the confined nature of bodily sensation.

Principle 7th. As all men are alike (tho' infinitely various), So all Religions &, as all similars, have one source.

The true Man is the source, he being the Poetic Genius.

Sechster Satz. Das Jüdische & Christliche Testament rühren in originaler Abstammung vom Poetischen Genius her; dies folgt mit Notwendigkeit aus dem beschränkten Wesen des körperlich-sinnlichen Eindrucks.

Siebter Satz. Wie alle Menschen gleich sind (obwohl unendlich verschieden), so sind es auch alle Religionen & haben, wie alle sich gleichenden Dinge, eine gemeinsame Quelle.

Der wahre Mensch ist diese Quelle, er, der der Poetische Genius ist.

SONGS
of
Innocence

SONGS OF INNOCENCE AND OF EXPERIENCE

Shewing the Two Contrary States of the Human Soul

LIEDER DER UNSCHULD UND ERFAHRUNG

Die beiden gegensätzlichen Zustände der menschlichen Seele zeigend

SONGS OF INNOCENCE

Introduction

Piping down the valleys wild,
Piping songs of pleasant glee,
On a cloud I saw a child,
And he laughing said to me:

"Pipe a song about a Lamb!"
So I piped with merry chear.
"Piper, pipe that song again;"
So I piped: he wept to hear.

"Drop thy pipe, thy happy pipe;
Sing thy songs of happy chear:"
So I sung the same again,
While he wept with joy to hear.

"Piper, sit thee down and write
In a book, that all may read."
So he vanish'd from my sight,
And I pluck'd a hollow reed,

And I made a rural pen,
And I stain'd the water clear,
And I wrote my happy songs
Every child may joy to hear.

LIEDER DER UNSCHULD

Eingang

Als ich pfiff in wilden Tälern,
Lieder pfiff voll frohem Klang,
Saß ein Knab' auf einer Wolke,
Und er sprach mich lachend an:

»Pfeif ein Lied von einem Lamm!«
Und so pfiff ich froh daher.
»Pfeifer, pfeif dies Lied noch einmal!«
Und ich pfiff: da weinte er.

»Laß die frohe Pfeife fallen,
Singe dies dein frohes Stück!«
Und ich sang dieselbe Weise,
Dabei weinte er vor Glück.

»Pfeifer, setz dich, schreibe dies
In ein Buch, drein jeder sieht!«
Damit schwand er meiner Sicht.
Und ich pflückt' ein hohles Ried,

Und ich schnitt mir eine Feder,
Und ich färbt' das Wasser dann,
Und ich schrieb die Lieder nieder,
Daß jed's Kind sie hören kann.

THE SHEPHERD

How sweet is the Shepherd's sweet lot!
From the morn to the evening he strays;
He shall follow his sheep all the day,
And his tongue shall be filled with praise.

For he hears the lamb's innocent call,
And he hears the ewe's tender reply;
He is watchful while they are in peace,
For they know when their Shepherd is nigh.

THE ECCHOING GREEN

The Sun does arise,
And make happy the skies;
The merry bells ring
To welcome the Spring;
The skylark and thrush,
The birds of the bush,
Sing louder around
To the bells' chearful sound,
While our sports shall be seen
On the Ecchoing Green.

Old John, with white hair,
Does laugh away care,
Sitting under the oak,
Among the old folk.
They laugh at our play,
And soon they all say:
"Such, such were the joys
When we all, girls & boys,
In our youth time were seen
On the Ecchoing Green."

Der Schäfer

Wie süß ist doch des Schäfers Los!
Zieht er umher tagaus, tagein
Und folgt den Schafen alle Zeit,
Muß voll sein Mund des Lobes sein.

Hört er des Lämmchens Unschuldsruf,
Blökt sanft die Mutter »Ich bin da«;
Er wacht, dieweil sie sorglos sind
Und wissen, daß ihr Schäfer nah.

Das tönende Grün

Der Sonnenball
Beglückt die Himmel all;
Die frohen Glocken klingen,
Den Frühling einzusingen;
Lerche und Drossel erwecken
Der Vögel der Hecken
Lauten Gesang
Zu der Glocken heiterem Klang,
Wenn zur Kurzweil wir ziehn
Auf das tönende Grün.

Der alte John mit weißen Haaren
Läßt die Bedenken fahren
Unter der Eiche heute
Inmitten alter Leute.
Sie lachen zum Spiele,
Und bald sagen viele:
»Dies waren die Freuden,
Als zu unseren Zeiten
Buben und Mädel zogen hin
Auf das tönende Grün.«

Till the little ones, weary,
No more can be merry;
The sun does descend,
And our sports have an end.
Round the laps of their mothers
Many sisters and brothers,
Like birds in their nest,
Are ready for rest,
And sport no more seen
On the darkening Green.

THE LAMB

Little Lamb, who made thee?
Dost thou know who made thee?
Gave thee life, & bid thee feed
By the stream & o'er the mead;
Gave thee clothing of delight,
Softest clothing, wooly, bright;
Gave thee such a tender voice,
Making all the vales rejoice?
Little Lamb, who made thee?
Dost thou know who made thee?

Little Lamb, I'll tell thee,
Little Lamb, I'll tell thee:
He is called by thy name,
For he calls himself a Lamb.
He is meek, & he is mild;
He became a little child.
I a child, & thou a lamb,
We are called by his name.
Little Lamb, God bless thee!
Little Lamb, God bless thee!

Bis es die Kleinsten, die müd,
Heimwärts dann zieht;
Die Sonne sinkt,
Und unser Spiel verklingt.
Am Rock ihrer Mütter
Die Schwestern und Brüder,
Wie Vögel im Nest,
Klammern sich fest,
Und die Spiele verblühn
Auf dem dunkelnden Grün.

DAS LAMM

Kleines Lamm, wer schuf dich?
Weißt du, wer erschuf dich?
Gab dir Leben, gab dir Weide
An den Bächen, auf der Heide;
Gab die Kleidung dir zum Preis,
Weich und wollig, dicht und weiß;
Hat dich mit solch Stimm' bedacht,
Die die Täler glücklich macht.
Kleines Lamm, wer schuf dich?
Weißt du, wer erschuf dich?

Kleines Lamm, ich sag's dir,
Lämmchen, ich verrat's dir:
Er nennt sich mit deinem Nam',
Denn er selber ist ein Lamm.
Er ist fromm und mild gesinnt;
Er war selbst ein kleines Kind.
Ich, ein Kind, und du, ein Lamm,
Sind genannt mit seinem Nam'.
Kleines Lamm, Gott schütz dich!
Kleines Lamm, Gott schütz dich!

The Little Black Boy

My mother bore me in the southern wild,
And I am black, but O! my soul is white;
White as an angel is the English child,
But I am black, as if bereav'd of light.

My mother taught me underneath a tree,
And sitting down before the heat of day,
She took me on her lap and kissed me,
And pointing to the east, began to say:

"Look on the rising sun: there God does live,
And gives his light, and gives his heat away;
And flowers and trees and beasts and man receive
Comfort in morning, joy in the noonday.

"And we are put on earth a little space,
That we may learn to bear the beams of love;
And these black bodies and this sunburnt face
Is but a cloud, and like a shady grove.

"For when our souls have learn'd that heat to bear,
The cloud will vanish; we shall hear his voice,
Saying: 'Come out from the grove, my love & care,
And round my golden tent like lambs rejoice.'"

Thus did my mother say, and kissed me;
And thus I say to little English boy:
When I from black and he from white cloud free,
And round the tent of God like lambs we joy,

I'll shade him from the heat, till he can bear
To lean in joy upon our father's knee;
And then I'll stand and stroke his silver hair,
And be like him, and he will then love me.

DER KLEINE SCHWARZE KNABE

Die Mutter schenkte mir im Süd des Lebens Gabe,
Und ich bin schwarz, doch ach! meine Seele ist weiß;
Weiß wie ein Engel ist der englische Knabe,
Doch ich bin schwarz, als hätt' ich nicht Lichtes Verheiß.

Die Mutter, wenn sie unter Bäumen sich
Vor heißer Glut des Tages niederließ,
Nahm mich auf ihren Schoß und küßte mich
Und sprach, indem sie gegen Osten wies:

»Sieh dort die Sonne steigen, denn in ihr
Lebt Gott, der uns sein Licht und seine Wärme sendet
Und allen Blumen, Bäumen, Mensch und Tier
Am Morgen Trost, am Mittag Freude spendet.

Und wir sind eine kleine Zeit gesandt auf Erden,
Daß wir ertragen seiner Liebe heißen Schein,
Und schwarzer Leib und sonnverbranntes Antlitz werden
Uns dabei Wolke sein und Schattenhain.

Doch wenn einst unsre Seelen jene Strahlen fassen,
Verfliegt die Wolke, und wir hören ihn, der spricht:
›Nun seid, die ich umhegte, aus dem Hain entlassen;
Nun freut euch, Lämmchen, meines goldnen Zelts aus Licht.‹«

So sprach die Mutter, und sie küßte mich dabei;
Und so will ich zum Knaben Englands reden:
Wenn ich von schwarzer, er von weißer Wolke frei,
Und wir vor Gottes Zelt in Freude treten,

Werd' ich vor Glut ihn schirmen und erreichen,
Daß er sich freudig in des Vaters Obhut gibt;
Und bei ihm stehn und über seine Haare streichen
Und ganz ihm gleichen, so daß er mich liebt.

11
The Blossom.
Merry Merry Sparrow
Under leaves so green
A happy Blossom
Sees you swift as arrow
Seek your cradle narrow
Near my Bosom.
Pretty Pretty Robin
Under leaves so green
A happy Blossom
Hears you sobbing sobbing
Pretty Pretty Robin
Near my Bosom.

Infant Joy
I have no name
I am but two days old. —
What shall I call thee?
I happy am
Joy is my name, —
Sweet joy befall thee!
Pretty joy!
Sweet joy but two days old,
Sweet joy I call thee;
Thou dost smile.
I sing the while
Sweet joy befall thee.

THE BLOSSOM

Merry, Merry Sparrow!
Under leaves so green
A happy Blossom
Sees you swift as arrow
Seek your cradle narrow
Near my Bosom.

Pretty, Pretty Robin!
Under leaves so green
A happy Blossom
Hears you sobbing, sobbing,
Pretty, Pretty Robin,
Near my Bosom.

THE CHIMNEY SWEEPER

When my mother died I was very young,
And my father sold me while yet my tongue
Could scarcely cry "'weep! 'weep! 'weep! 'weep!"
So your chimneys I sweep, & in soot I sleep.

There's little Tom Dacre, who cried when his head,
That curl'd like a lamb's back, was shav'd: so I said
"Hush, Tom! never mind it, for when your head's bare
You know that the soot cannot spoil your white hair."

And so he was quiet, & that very night,
As Tom was a-sleeping, he had such a sight!
That thousands of sweepers, Dick, Joe, Ned, & Jack,
Were all of them lock'd up in coffins of black.

Die Blüten

Frohes, frohes Spätzchen!
Unter grünen Blättern
Im glücklichen Blust
Findst du dir dein Plätzchen,
Eilst zu deinem Schätzchen,
Nah meiner Brust.

Hübsche, hübsche Meise!
Unter grünen Blättern
Der glückliche Blust
Hört dich schluchzen leise,
Hübsche, hübsche Meise,
Nah meiner Brust.

Der Schornsteinfeger

Als die Mutter mir starb, war ich noch sehr jung,
Und mein Vater verkauft' mich, kaum daß meine Zung'
Rufen konnt': »Wehe, o weh!«, denn ich muß
Schornstein' nun fegen und schlafen im Ruß.

Der kleine Tom Dacre hat bitter geklagt,
Als sein Kraushaar man schor; darum hab' ich gesagt:
»Still nur, Tom, stille! sieh, es ist klar:
Wenn kahl ist dein Kopf, schwärzt der Ruß nicht dein Haar.«

Da schwieg er, und noch in selbiger Nacht
Hat ihm der Schlaf ein Traumbild gebracht,
Daß tausende Feger, Dick, Joe, Jack und Ned,
In kohlschwarzen Särgen gefunden ihr Bett.

And by came an Angel who had a bright key,
And he open'd the coffins & set them all free;
Then down a green plain leaping, laughing, they run,
And wash in a river, and shine in the Sun.

Then naked & white, all their bags left behind,
They rise upon clouds and sport in the wind;
And the Angel told Tom, if he'd be a good boy,
He'd have God for his father, & never want joy.

And so Tom awoke; and we rose in the dark,
And got with our bags & our brushes to work.
Tho' the morning was cold, Tom was happy & warm;
So if all do their duty they need not fear harm.

THE LITTLE BOY LOST

"Father! father! where are you going?
O do not walk so fast.
Speak, father, speak to your little boy,
Or else I shall be lost."

The night was dark, no father was there;
The child was wet with dew;
The mire was deep, & the child did weep,
And away the vapour flew.

Und mit leuchtendem Schlüssel kam ein Engel vorbei,
Der aufschloß die Särge und ließ alle frei;
Da springen sie lachend ins Grüne davon
Und baden gemeinsam in Sonne und Strom.

Und sie lassen den Rußsack, und nackt, wie sie sind,
Erklimmen sie Wolken und spielen im Wind;
Und der Engel sagt' Tom, wenn er artig stets wär',
Wär' Gott ihm ein Vater, der Glück ihm bescher'.

Und Tom wurde wach, und da standen wir auf
Und stiegen im Düster die Dächer hinauf;
Der Morgen war kalt, doch Tom glücklich und warm;
Wer stets seine Pflicht tut, dem wird auch kein Harm.

DER VERLORENE KNABE

»Vater! Vater! wo gehst du hin?
O gehe so rasch nicht davon.
Sprich, Vater, sprich zu deinem Knaben,
Sonst gehe ich verlorn.«

Die Nacht war dunkel, kein Vater mehr da;
Das Kind war feucht von Tau;
Der Sumpf war tief, das Kind weinend rief,
Und Dunst stieg auf aus der Au.

THE LITTLE BOY FOUND

The little boy lost in the lonely fen,
Led by the wand'ring light,
Began to cry; but God, ever nigh,
Appear'd like his father in white.

He kissed the child & by the hand led
And to his mother brought,
Who in sorrow pale, thro' the lonely dale,
Her little boy weeping sought.

LAUGHING SONG

When the green woods laugh with the voice of joy,
And the dimpling stream runs laughing by;
When the air does laugh with our merry wit,
And the green hill laughs with the noise of it;

When the meadows laugh with lively green,
And the grasshopper laughs in the merry scene,
When Mary and Susan and Emily
With their sweet round mouths sing "Ha, Ha, He!"

When the painted birds laugh in the shade,
Where our table with cherries and nuts is spread,
Come live & be merry, and join with me,
To sing the sweet chorus of "Ha, Ha, He!"

DER GEFUNDENE KNABE

Der Knabe verloren im einsamen Moor,
Vom Irrlicht geleitet im Kreis,
Weinend stand da; doch Gott, der stets nah,
Erschien ihm als Vater in Weiß.

Er küßte das Kind und nahm seine Hand
Und bracht' es zur Mutter geschwind,
Die leidvoll und fahl im einsamen Tal
Gesucht unter Tränen ihr Kind.

LACHENDES LIED

Wenn die grünen Wälder lachen freudig und laut,
Und der kräuselnde Strom sie lachend erschaut;
Wenn die Luft lacht mit unserem heiteren Sinn,
Und die Hügel lachen, saust sie über sie hin;

Wenn die Wiesen lachen, von Grün ganz erfüllt,
Und der Grashüpfer lacht in dem munteren Bild;
Wenn Mary und Susan und Emily
Mit süßen runden Mündern singen »Ha, ha, hi!«

Wenn die bunten Vögel lachen, im Schatten versteckt;
Wenn der Tisch uns mit Kirschen und Nüssen gedeckt,
Dann lebt und seid fröhlich und seid alle da,
Zu singen das süße »Ha, ha, ha, ha!«

A Cradle Song

Sweet dreams, form a shade
O'er my lovely infant's head;
Sweet dreams of pleasant streams
By happy, silent, moony beams.

Sweet sleep, with soft down
Weave thy brows an infant crown.
Sweet sleep, Angel mild,
Hover o'er my happy child.

Sweet smiles, in the night
Hover over my delight;
Sweet smiles, Mother's smiles,
All the livelong night beguiles.

Sweet moans, dovelike sighs,
Chase not slumber from thy eyes.
Sweet moans, sweeter smiles,
All the dovelike moans beguiles.

Sleep, sleep, happy child,
All creation slept and smil'd;
Sleep, sleep, happy sleep,
While o'er thee thy mother weep.

Sweet babe, in thy face
Holy image I can trace.
Sweet babe, once like thee,
Thy maker lay and wept for me,

Wept for me, for thee, for all,
When he was an infant small
Thou his image ever see,
Heavenly face that smiles on thee,

EIN WIEGENLIED

Süße Träume, schirmet mir
Meines Kindes Köpfchen hier;
Süße Träume, lasset ein
Milden, stillen Mondenschein.

Süßer Schlaf, mit sanftem Flaum,
Soll nun deine Stirn betraun.
Schlaf, du Engel wohlgesinnt,
Schwebe über meinem Kind.

Süßes Lächeln in der Nacht
Über mein Entzücken wacht.
Süßes Lächeln, Mutterlächeln
Soll es lebenslang umfächeln.

Süßer Seufzer, Täubchenhauch,
Schreck' dich nicht im Schlummer auf.
Süße Seufzer, süßres Lächeln
Sollen deine Seufzer fächeln.

Schlafe, nun der Schlaf dich rief;
Alle Schöpfung lächelnd schlief;
Schlafe, nun das Glück dir scheint
Und die Mutter bei dir weint.

Süßes Kind, dein Antlitz birgt
Heilig Bildnis eingewirkt.
Süßes Kindchen, einst gleich dir
Lag dein Schöpfer weinend hier;

Um uns alle weint' er da,
Als er selbst ein Kindchen war;
Immer schau in seinem Bild
Himmlisch Lächeln, das dir gilt;

Smiles on thee, on me, on all;
Who became an infant small.
Infant smiles are his own smiles;
Heaven & earth to peace beguiles.

THE DIVINE IMAGE

To Mercy, Pity, Peace, and Love
All pray in their distress;
And to these virtues of delight
Return their thankfulness.

For Mercy, Pity, Peace, and Love
Is God, our father dear,
And Mercy, Pity, Peace, and Love
Is Man, his child and care.

For Mercy has a human heart,
Pity a human face,
And Love, the human form divine,
And Peace, the human dress.

Then every man, of every clime,
That prays in his distress,
Prays to the human form divine,
Love, Mercy, Pity, Peace.

And all must love the human form,
In heathen, turk, or jew;
Where Mercy, Love, & Pity dwell
There God is dwelling too.

Dir und mir und allen lacht,
Die als Kindchen einst erwacht.
Kindlich ist sein eignes Lächeln,
Himmel und Erde mit Frieden zu fächeln.

Das Bild Gottes

Gnade, Mitleid, Liebe, Frieden
Ruft ein jeder an im Leid;
Und bezeugt der Freude Mächten
Seine Dankbarkeit.

Denn Gnade, Mitleid, Liebe, Frieden
Ist unser teurer Vater, Gott;
Und Gnade, Mitleid, Liebe, Frieden
Sind wir, sein Kind und seine Not.

Denn Gnade hat ein menschlich Herz,
Ein menschliches Antlitz Barmherzigkeit,
Liebe die göttliche Menschengestalt
Und Frieden das menschliche Kleid.

Jeder drum in jedem Land,
Dem ein Leid beschieden,
Fleht zur göttlichen Menschengestalt,
Liebe, Gnade, Mitleid, Frieden.

Und jeder muß den Menschen lieben
In Heide, Jude oder Türk';
Wo Gnade, Liebe, Mitleid wohnen,
Da ist auch Gotts Bezirk.

HOLY THURSDAY

'Twas on a Holy Thursday, their innocent faces clean,
The children walking two & two, in red & blue & green,
Grey-headed beadles walk'd before, with wands as white as snow,
Till into the high dome of Paul's they like Thames' waters flow.

O what a multitude they seem'd, these flowers of London town!
Seated in companies they sit with radiance all their own.
The hum of multitudes was there, but multitudes of lambs,
Thousands of little boys & girls raising their innocent hands.

Now like a mighty wind they raise to heaven the voice of song,
Or like harmonious thunderings the seats of Heaven among.
Beneath them sit the aged men, wise guardians of the poor;
Then cherish pity, lest you drive an angel from your door.

NIGHT

The sun descending in the west,
The evening star does shine;
The birds are silent in their nest,
And I must seek for mine.
The moon like a flower
In heaven's high bower,
With silent delight
Sits and smiles on the night.

Heiliger Donnerstag

Am heil'gen Donnerstag, ihr Antlitz unschuldsvoll und rein,
Ziehn Kinder, rot und blau und grün gekleidet, je zu zwein;
Voran, mit Stäben weiß wie Schnee, die Kirchendiener, und ihr Strom
Ergießt sich gleich der Themse Wassern in St. Paulus' hohen Dom.

Die Kinder, Londons Blumen, in welch großer Zahl!
Gedrängt in Sitze, baden sie in eignen Lichtes Strahl.
Der Kinder – einer Herde Lämmchen! – Murmeln stieg und schwand;
Zu Tausenden erhoben sie in Unschuld ihre Hand.

Und ihres Sanges Stimme schwingt wie Sturmwind sich ins Reich
Des Himmels, klangvollem Donner zwischen seinen Thronen gleich.
Und unten stehn der Armen Hüter, weise und betagt;
Hegt Mitleid, daß ihr nicht die Engel von der Türe jagt.

Nacht

Die Sonne sinkt herab im West,
Es scheint des Abends Stern,
Die Vögel schweigen nun im Nest,
Und meines ist noch fern.
Mit stillem Entzücken
Und lächelnden Blicken
Freut der Nacht sich der Mond,
Der im Himmel thront.

Farewell, green fields and happy groves,
Where flocks have took delight.
Where lambs have nibbled, silent moves
The feet of angels bright;
Unseen they pour blessing
And joy without ceasing,
On each bud and blossom,
And each sleeping bosom.

They look in every thoughtless nest,
Where birds are cover'd warm;
They visit caves of every beast,
To keep them all from harm.
If they see any weeping
That should have been sleeping,
They pour sleep on their head,
And sit down by their bed.

When wolves and tygers howl for prey,
They pitying stand and weep;
Seeking to drive their thirst away,
And keep them from the sheep;
But if they rush dreadful,
The angels, most heedful,
Receive each mild spirit,
New worlds to inherit.

And there the lion's ruddy eyes
Shall flow with tears of gold,
And pitying the tender cries,
And walking round the fold,
Saying "Wrath, by his meekness,
And by his health, sickness
Is driven away
From our immortal day.

Lebt wohl, du Hain und grüne Au,
Ihr Herden froh am Fluß.
Wo Lämmer grasten, streift den Tau
Nun lichter Engel Fuß;
Sie gießen den Regen
Von Freude und Segen
Auf Knospen und Blust
Und in die schlafende Brust.

In jedes sorglos Nest sie sehn,
Wo Vögel schlummern warm;
In jedes Tierchens Bau sie spähn,
Zu schützen all' vor Harm.
Und sehn statt in Schlummer
Sie eines in Kummer,
Eilen sie, es zu betreun
Und ihm Schlaf ins Aug zu streun.

Wenn Wolf und Luchs nach Beute schrein,
Sind sie voll Mitleid da,
Daß ihr Gelüst aus Wüstenein
Sich nicht der Herde nah';
Doch wenn sie dann wüten,
Entführn und behüten
Die Engel jedes mild Gemüt,
Das in neue Welten flieht.

Des Löwen rotes Aug wird dort
Voll goldner Tränen stehn;
In Mitleid spricht er und wird fort
Stets um die Hürde gehn:
»Milde hat den Zorn gebändigt,
Seine Kraft die Schwäche endigt,
Daß dauern mag
Unser ewiger Tag.

"And now beside thee, bleating lamb,
I can lie down and sleep;
Or think on him who bore thy name,
Graze after thee and weep.
For, wash'd in life's river,
My bright mane for ever
Shall shine like the gold
As I guard o'er the fold."

SPRING

Sound the Flute!
Now it's mute.
Birds delight
Day and Night;
Nightingale
In the dale,
Lark in Sky,
Merrily,
Merrily, Merrily, to welcome in the Year.

Little Boy,
Full of joy;
Little Girl,
Sweet and small;
Cock does crow,
So do you;
Merry voice,
Infant noise,
Merrily, Merrily, to welcome in the Year.

Und neben dir, blökendes Lamm,
Leg' ich mich dann zur Rast,
Und denke seiner, dessen Nam'
Auch du getragen hast.
Und geläutert im Quell
Des Lebens mein Fell
Scheint wie goldener Blitz,
Wenn die Hürde ich schütz.«

Frühling

Flöte spiel!
Nun ist's still.
Vögel wacht
Tag und Nacht;
Nachtigall
In dem Tal,
Lerche weit,
Fröhlich seid,
Fröhlich, fröhlich das Jahr zu begrüßen.

Bübchen heut
Voller Freud';
Mägdelein
Süß und klein;
Kräht der Hahn,
Kommet an;
Kräht wie er
Froh daher,
Fröhlich, fröhlich das Jahr zu begrüßen.

Little Lamb,
Here I am;
Come and lick
My white neck;
Let me pull
Your soft Wool;
Let me kiss
Your soft face:
Merrily, Merrily, we welcome in the Year.

NURSE'S SONG

When the voices of children are heard on the green
And laughing is heard on the hill,
My heart is at rest within my breast
And everything else is still.

"Then come home, my children, the sun is gone down
And the dews of night arise;
Come, come, leave off play, and let us away
Till the morning appears in the skies."

"No, no, let us play, for it is yet day
And we cannot go to sleep;
Besides, in the sky the little birds fly
And the hills are all cover'd with sheep."

"Well, well, go & play till the light fades away
And then go home to bed."
The little ones leaped & shouted & laugh'd
And all the hills ecchoed.

Kleines Lamm,
Sieh, ich kam;
Hast erkannt
Meine Hand;
Zupfe dir
Die Woll' dafür;
Küssen will
Ich dich viel:
Fröhlich, fröhlich das Jahr wir begrüßen.

Der Kinderfrau Lied

Wenn die Stimmen von Kindern zu hör'n auf dem Grün
Und Lachen die Hügel erfüllt,
Ruht freudig bewußt mein Herz in der Brust,
Und alles ringsum ist gestillt.

»Kommt heim, meine Kinder, die Sonne, sie sank,
Und auf steigt der Tau nun der Nacht;
Das Spiel laßt nun sein, und lasset uns heim,
Bis der Tag in den Himmeln erwacht.«

»Nein, noch ist es Tag und Zeit zum Spiel,
Noch finden wir nicht Schlaf;
Im Himmel sind noch Vöglein viel
Und auf den Hügeln Schaf'.«

»So spielt denn, bis das Licht verblaßt,
Dann aber gehet heim.«
Die Kleinen sprangen und scherzten und sangen,
Und alle Hügel stimmten ein.

INFANT JOY

"I have no name:
I am but two days old."
What shall I call thee?
"I happy am,
Joy is my name."
Sweet joy befall thee!

Pretty joy!
Sweet joy but two days old,
Sweet joy I call thee:
Thou dost smile,
I sing the while,
Sweet joy befall thee!

A DREAM

Once a dream did weave a shade
O'er my Angel-guarded bed,
That an Emmet lost its way
Where on grass methought I lay.

Troubled, 'wilder'd, and forlorn,
Dark, benighted, travel-worn,
Over many a tangled spray,
All heart-broke I heard her say:

"O, my children! do they cry?
Do they hear their father sigh?
Now they look abroad to see:
Now return and weep for me."

Kindliche Freude

»Ich habe keinen Namen:
Bin erst zwei Tage alt.«
Wie soll ich dich nennen?
»Das Glück zu mir kam,
Freude mein Nam'.«
Süße Freude mag dir werden!

Hübsche Freude!
Süße Freud', zwei Tage alt.
Süße Freud' will ich dich nennen:
Lächle du,
Ich sing dazu,
Süße Freude mag dir werden!

Ein Traum

Engel schirmten meine Ruh',
Als mir flog ein Traumbild zu,
Daß ein Emslein sich verlief,
Wo im Gras ich liegend schlief.

Ganz verstört, der Hoffnung bar,
Die sie weit gewandert war,
Düster, müde von der Müh',
Trostlos klagend flüstert' sie:

»Ob die Kinder weinen fern?
Ob sie mich wohl klagen hör'n?
Jetzt schaun fern sie nach mir aus:
Jetzt kehrn weinend sie nach Haus.«

Pitying, I drop'd a tear;
But I saw a glow-worm near,
Who replied: "What wailing wight
Calls the watchman of the night?

"I am set to light the ground,
While the beetle goes his round:
Follow now the beetle's hum;
Little wanderer, hie thee home."

ON ANOTHER'S SORROW

Can I see another's woe,
And not be in sorrow too?
Can I see another's grief,
And not seek for kind relief?

Can I see a falling tear,
And not feel my sorrow's share?
Can a father see his child
Weep, nor be with sorrow fill'd?

Can a mother sit and hear
An infant groan an infant fear?
No, no! never can it be!
Never, never can it be!

And can he who smiles on all
Hear the wren with sorrows small,
Hear the small bird's grief & care,
Hear the woes that infants bear,

Eine Trän' entrang sich mir;
Doch schon naht' ein Glühwurm ihr:
»Welch Geschöpfchen, das noch wacht,
Ruft den Wächter dieser Nacht?

Ich erleuchte diesen Grund,
Während rings der Käfer summt:
Seinem Sang folg' hinterdrein;
Kleiner Wandrer, eile heim.«

Des andren Leid

Kann ich sehn, wie andre klagen,
Und nicht selber Sorge tragen?
Kann ich andrer Kummer sehn,
Ohne drum nach Trost zu gehn?

Kann ich sehn, wie fällt die Träne,
Ohne daß ich Anteil nähme?
Kann ein Vater ohne Gram
Sehen seines Kindchens Harm?

Kann die Mutter, sitzt sie bei,
Sorglos hör'n des Säuglings Schrei?
Nein, nein! niemals kann das sein!
Niemals, niemals kann das sein!

Und hätt' er, der allem lacht,
Nicht des Hänflings Sorgen acht,
Hörte nicht des Vögleins Leid
Und das Kind, das angstvoll schreit,

And not sit beside the nest,
Pouring pity in their breast;
And not sit the cradle near,
Weeping tear on infant's tear;

And not sit both night & day,
Wiping all our tears away?
O, no! never can it be!
Never, never can it be!

He doth give his joy to all;
He becomes an infant small;
He becomes a man of woe;
He doth feel the sorrow too.

Think not thou canst sigh a sigh
And thy maker is not by;
Think not thou canst weep a tear
And thy maker is not near.

O! he gives to us his joy
That our grief he may destroy;
Till our grief is fled & gone
He doth sit by us and moan.

Setzte sich zum Neste nicht
In Erbarmen und Beschwicht,
Setzte sich nicht an die Wiege,
Weinend über Weinens Züge,

Säß nicht Tag' und Nächte dort
Und wischte alle Tränen fort?
O nein! niemals kann das sein!
Niemals, niemals kann das sein!

Er gibt allen Freude hin;
Er ist selbst ein kleines Kind;
Er ist selbst ein Mann voll Schmerz,
Kummervoll sein eignes Herz.

Denk nicht, ein Seufzer flieht von dir,
Und dein Schöpfer wär' nicht hier;
Denk nicht, wenn du den Tränen nah,
Wäre nicht dein Schöpfer da.

Oh! er gibt, was ihm gehört,
Daß er unser Leid zerstört;
Bis gewichen unser Leid,
Sitzt er bei uns allezeit.

29
SONGS
of the
EXPERIENCE
1794
The Author & Printer W Blake

SONGS OF EXPERIENCE

Introduction

Hear the voice of the Bard!
Who Present, Past, & Future, sees;
Whose ears have heard
The Holy Word
That walk'd among the ancient trees,

Calling the lapsed Soul,
And weeping in the evening dew;
That might controll
The starry pole,
And fallen, fallen light renew!

"O Earth, O Earth, return!
Arise from out the dewy grass;
Night is worn,
And the morn
Rises from the slumberous mass.

"Turn away no more;
Why wilt thou turn away?
The starry floor,
The wat'ry shore,
Is giv'n thee till the break of day."

LIEDER DER ERFAHRUNG

Eingang

Hört des Barden Stimme an!
Der sieht ins Gestern, Heut und Morgen ein;
Des Ohr vernahm,
Als erklang
Das Heil'ge Wort im alten Hain

Und die Seele, die entflohn,
Anrief in des Abends Tau,
Sie mög' drohn
Dem Sternendom
Und als Licht erneun das Grau.

»O Erde, umfasse dein Reich!
Erheb dich aus tauigem Gras;
Die Nacht ist bleich,
Und Frühe sogleich
Steigt aus dem schlummernden Naß.

Wende dich ab nimmermehr;
Warum wendst du dich, sag?
Das Sternenheer
Und Strand und Meer
Sind dir gegeben noch vor Tag.«

EARTH'S ANSWER

Earth rais'd up her head
From the darkness dread & drear.
Her light fled,
Stony dread!
And her locks cover'd with grey despair.

"Prison'd on wat'ry shore,
Starry Jealousy does keep my den:
Cold and hoar,
Weeping o'er,
I hear the father of the ancient men.

"Selfish father of men!
Cruel, jealous, selfish fear!
Can delight,
Chain'd in night,
The virgins of youth and morning bear?

"Does spring hide its joy
When buds and blossoms grow?
Does the sower
Sow by night,
Or the plowman in darkness plow?

"Break this heavy chain
That does freeze my bones around.
Selfish! vain!
Eternal bane!
That free Love with bondage bound."

Der Erde Antwort

Mühsam hob die Erde sich
Aus dem Dunkel trüb und tot.
Versteinert wich
Von ihr das Licht,
Ihre Locken grau von Not.

»Am Strand, wo ich gefangen,
Liegt Sternenneid um meine Höhle schwer.
Rauhreifkalt,
Weinend schallt
Des Menschenvaters Stimme her.

Menschenvater, Selbstsucht du!
Grausam, neidisch und verschlagen!
Kann im Strick
Der Nacht das Glück
Die Jungfraun von Jugend und Morgen tragen?

Birgt der Frühling seine Lust,
Wenn er sich in Blüten kleid't?
Sät der Bauer
In der Nacht
Oder pflügt bei Dunkelheit?

Brich die Ketten kalt und schwer,
Die um meinen Leib gespannt.
Eitler Spruch!
Ew'ger Fluch!
Der freie Liebe so in Fesseln band!«

THE CLOD AND THE PEBBLE

"Love seeketh not Itself to please,
Nor for itself hath any care,
But for another gives its ease,
And builds a Heaven in Hell's despair."

So sung a little Clod of Clay
Trodden with the cattle's feet,
But a Pebble of the brook
Warbled out these metres meet:

"Love seeketh only Self to please,
To bind another to Its delight,
Joys in another's loss of ease,
And builds a Hell in Heaven's despite."

HOLY THURSDAY

Is this a holy thing to see
In a rich and fruitful land,
Babes reduc'd to misery,
Fed with cold and usurous hand?

Is that trembling cry a song?
Can it be a song of joy?
And so many children poor?
It is a land of poverty!

And their sun does never shine,
And their fields are bleak & bare,
And their ways are fill'd with thorns:
It is eternal winter there.

Der Lehm und der Kiesel

»Liebe sucht nicht ihr Begehr,
Hat um sich nicht irgend Not,
Gibt ihre Ruh dem andern her
Und baut einen Himmel der Hölle zum Spott.«

Ein kleiner Klumpen Lehm so sang,
Der von den Küh'n getreten ward,
Doch ein Kiesel auf dem Hang
Sang den Vers auf diese Art:

»Liebe sucht nur ihr Begehr,
Bind't den andern an ihr Sein,
Freut sich, bringt sie ihm Beschwer,
Und baut eine Hölle in den Himmel hinein.«

Heiliger Donnerstag

Ist dies heilig anzuschaun,
In einem reichen, fruchtbar'n Land:
Kinderlein in schierer Not,
Ernährt von kalter Wuchrerhand?

Ist dieser Schrei, der bebt, ein Lied?
Kann es ein Lied der Freude sein?
Und so viele Kinder arm?
Dies sind der Armut Länderein!

Und ihre Sonne scheinet nie,
Brach die Felder und verschneit,
Und voll Dornen jeder Weg:
Dort ist ewig Winterszeit.

For where-e'er the sun does shine,
And where-e'er the rain does fall,
Babe can never hunger there,
Nor poverty the mind appall.

THE LITTLE GIRL LOST

In futurity
I prophetic see
That the earth from sleep
(Grave the sentence deep)

Shall arise and seek
For her maker meek;
And the desart wild
Become a garden mild.

* * *

In the southern clime,
Where the summer's prime
Never fades away,
Lovely Lyca lay.

Seven summers old
Lovely Lyca told;
She had wander'd long
Hearing wild birds' song.

"Sweet sleep, come to me
Underneath this tree.
Do father, mother weep,
Where can Lyca sleep?

Denn wo immer Sonne scheint
Und der Regen Felder netzt,
Gibt's nicht Kinder ohne Brot
Und Armut, die den Geist entsetzt.

Das kleine verlorengegangene Mädchen

Einer künft'gen Zeit
Ist mein Blick geweiht:
Da die Erd', die schlief,
(Ernst der Spruch und tief),

Aus dem Schlaf erwacht
Und dem Schöpfer lacht.
Und die Wüste wild
Wird zum Garten mild.

* * *

In dem warmen Süd,
Wo stets Sommer glüht,
Lag einst Lyca schön,
Lieblich anzusehn.

Lycas Sommer war
Grad im siebten Jahr;
Lang war sie geirrt,
Von Vogellied verführt.

»Komm mir, süßer Traum,
Unter diesem Baum.
Mutter, weinest du?
Wo fänd ich dann Ruh?

"Lost in desart wild
Is your little child.
How can Lyca sleep
If her mother weep?

"If her heart does ake
Then let Lyca wake;
If my mother sleep,
Lyca shall not weep.

"Frowning, frowning night,
O'er this desart bright
Let thy moon arise
While I close my eyes."

Sleeping Lyca lay
While the beasts of prey,
Come from caverns deep,
View'd the maid asleep.

The kingly lion stood
And the virgin view'd,
Then he gamboll'd round
O'er the hallow'd ground.

Leopards, tygers, play
Round her as she lay,
While the lion old
Bow'd his mane of gold

And her bosom lick,
And upon her neck
From his eyes of flame
Ruby tears there came;

While the lioness
Loos'd her slender dress,
And naked they convey'd
To caves the sleeping maid.

Verlorn in Wüstenein
Ist dein Töchterlein.
Wie find't Lyca Ruh?
Mutter, weinest du?

Wenn ihr Herz voll Ach,
Bleibt auch Lyca wach;
Wenn sie Schlaf umflicht,
Weint auch Lyca nicht.

Düstre, düstre Nacht,
Hältst die Wüstenwacht,
Send mir Mondenschein,
Daß ich schlafe ein.«

Als sie schlief sodann,
Kamen Raubtier' an
Aus den Höhlen tief,
Sahen, wie sie schlief.

König Löwe kam,
Sah das Mägdlein an
Und sprang dann im Rund
Um den heiligen Grund.

Pardel, Tiger viel
Nahen ihr im Spiel,
Und der alte Leu
Senkt die Mähne scheu:

Aus dem Aug', das loht,
Manche Träne rot
Ihre Brust bedeckt,
Die er zärtlich leckt;

Die Löwin befreit
Dieweil sie vom Kleid,
Und trägt dann geschwind
Zur Höhle das Kind.

The Little Girl Found

All the night in woe
Lyca's parents go
Over vallies deep,
While the desarts weep.

Tired and woe-begone,
Hoarse with making moan,
Arm in arm seven days
They trac'd the desart ways.

Seven nights they sleep
Among shadows deep,
And dream they see their child
Starv'd in desart wild.

Pale, thro' pathless ways
The fancied image strays
Famish'd, weeping, weak,
With hollow piteous shriek.

Rising from unrest,
The trembling woman prest
With feet of weary woe:
She could no further go.

In his arms he bore
Her, arm'd with sorrow sore;
Till before their way
A couching lion lay.

Turning back was vain:
Soon his heavy mane
Bore them to the ground.
Then he stalk'd around,

DAS KLEINE WIEDERGEFUNDENE MÄDCHEN

Lycas Eltern ziehn
Durch die Täler hin,
All die Nacht in Leid,
Durch die Wüste weit.

Müd, verzehrt von Harm,
Stöhnend, Arm in Arm,
Sieben Tage lang
Führte sie ihr Gang.

Sieben Nächte lang
Schlafen ein sie bang,
Träumen, daß ihr Kind
Tod durch Hunger find't.

Durch die Wüste wild
Irrt das liebe Bild,
Klagend, weinend, schwach,
Dem sie folgen nach.

Als die Frau in Hast
Endet ihre Rast,
Schmerzt ihr Fuß zu sehr:
Sie kann nicht weiter mehr.

Er, in Schmerzlichkeit,
Trug im Arm ihr Leid,
Bis auf ihren Pfad
Hin ein Löwe trat.

Kein Gedank' an Flucht:
Seiner Mähne Wucht
Zwingt sie ohne Müh.
Dann umkreist er sie,

Smelling to his prey;
But their fears allay
When he licks their hands,
And silent by them stands.

They look upon his eyes
Fill'd with deep surprise,
And wondering behold
A spirit arm'd in gold.

On his head a crown,
On his shoulders down
Flow'd his golden hair.
Gone was all their care.

"Follow me," he said;
"Weep not for the maid;
In my palace deep
Lyca lies asleep."

Then they followed
Where the vision led,
And saw their sleeping child
Among tygers wild.

To this day they dwell
In a lonely dell;
Nor fear the wolvish howl
Nor the lions' growl.

Seines Fangs gewiß.
Doch die Kümmernis
Weicht, da er nun still
Ihre Hände lecken will.

Staunend fällt zurück
Auf sein Aug' ihr Blick:
Einen Geist sie sahn,
Golden angetan.

Auf die Schultern bar
Wallt sein goldnes Haar,
Und sein erstes Wort
Nimmt die Sorgen fort:

»Folgt mir nur geschwind;
Weint nicht um das Kind;
In meines Schlosses Hut
Eure Lyca ruht.«

Und sie folgen ihm,
Wo er sie führt hin,
Sahn, wie Lyca tief
Unter Tigern schlief,

Wohnen noch bis heut
In Tales Einsamkeit,
Fürchten nicht den Schrei
Von Tiger oder Leu.

THE CHIMNEY SWEEPER

A little black thing among the snow,
Crying "weep! 'weep!' in notes of woe!
"Where are thy father & mother? say?"
"They are both gone up to the church to pray.

"Because I was happy upon the heath,
And smil'd among the winter's snow,
They clothed me in the clothes of death,
And taught me to sing the notes of woe.

"And because I am happy & dance & sing,
They think they have done me no injury,
And are gone to praise God & his Priest & King,
Who make up a heaven of our misery."

NURSE'S SONG

When the voices of children are heard on the green
And whisp'rings are in the dale,
The days of my youth rise fresh in my mind,
My face turns green and pale.

Then come home, my children, the sun is gone down,
And the dews of night arise;
Your spring & your day are wasted in play,
And your winter and night in disguise.

DER SCHORNSTEINFEGER

Ein kleines schwarzes Ding im Schnee,
Das ruft ›weint, weint‹ in Tönen des Weh!
»Wo sind dein Vater und deine Mutter? rede!«
»Beide zur Kirche hinauf zum Gebete.

Denn weil ich glücklich war auf der Heide
Und lächelte im Winterschnee,
Steckten sie mich in des Todes Kleide
Und lehrten mich singen die Töne des Weh.

Und weil ich so froh bin und singe so gern,
So denken sie, sie taten mir nicht weh,
Und preisen nun Gott und die Priester und Herrn,
Daß aus unserem Elend ihr Himmel entsteh'.«

DER KINDERFRAU LIED

Wenn die Stimmen von Kindern zu hör'n auf dem Grün,
Und Säuseln erfüllt das Tal,
Kommt meine Jugend mir frisch in den Sinn,
Mein Antlitz wird grün und fahl.

Kommt heim, meine Kinder, die Sonne, sie sank,
Und auf steigt der Tau nun der Nacht,
Euer Frühling und Tag sind verschwendet im Spiel,
Und Winter und Nacht in Verkleidung verbracht.

THE SICK ROSE

O rose, thou art sick!
The invisible worm
That flies in the night,
In the howling storm,

Has found out thy bed
Of crimson joy,
And his dark secret love
Does thy life destroy.

THE FLY

Little Fly,
Thy summer's play
My thoughtless hand
Has brush'd away.

Am not I
A fly like thee?
Or art not thou
A man like me?

For I dance,
And drink, & sing,
Till some blind hand
Shall brush my wing.

Die kranke Rose

O Rose, du bist krank!
Der unsichtbare Wurm,
Der die Nacht durchfliegt
Im heulenden Sturm,

Fand dein Bett
Purpurner Freude,
Und seiner dunklen
Heimlichen Liebe
Fällt dein Leben zur Beute.

Die Fliege

Kleine Fliege,
Deines Sommers Freude
Fegte meine Hand
Achtlos beiseite.

Bin ich denn nicht
Eine Fliege gleich dir?
Oder bist du
Ein Mensch nicht gleich mir?

Denn ich tanze
Und trinke und singe,
Bis eine blinde Hand
Mir bricht meine Schwinge.

If thought is life
And strength & breath,
And the want
Of thought is death;

Then am I
A happy fly,
If I live
Or if I die.

THE ANGEL

I dreamt a Dream! what can it mean?
And that I was a maiden Queen,
Guarded by an Angel mild:
Witless woe was ne'er beguil'd!

And I wept both night and day,
And he wip'd my tears away,
And I wept both day and night,
And hid from him my heart's delight.

So he took his wings and fled;
Then the morn blush'd rosy red;
I dried my tears, & arm'd my fears
With ten thousand shields and spears.

Soon my Angel came again:
I was arm'd, he came in vain;
For the time of youth was fled,
And grey hairs were on my head.

Wenn Denken ist Leben
Und Atem und Kraft,
Und Abkehr vom Denken
Den Tod erst erschafft,

Bin ich eine Fliege
In Glück und Verderb,
Ob ich nun lebe
Oder sterb.

DER ENGEL

Mir träumt' ein Traum! was ist sein Sinn?
Ich war keusche Königin,
Beschirmt von einem Engel mild:
Grundlos Gram ward nie gestillt!

Und ich weinte Tag und Nacht,
Und er trocknete die Zähren;
Und ich weinte Tag und Nacht
Und verbarg ihm mein Begehren.

So auf Schwingen er entwich;
Frührot flammte das Gefild;
Trocknen Augs bewehrte ich
Meine Furcht mit Schwert und Schild.

Bald mein Engel neu erschien:
Umsonst, da ich gewappnet war:
Meine Jugend war dahin,
Und mein Haupt trug graues Haar.

THE TYGER

Tyger! Tyger! burning bright
In the forests of the night,
What immortal hand or eye
Could frame thy fearful symmetry?

In what distant deeps or skies
Burnt the fire of thine eyes?
On what wings dare he aspire?
What the hand dare sieze the fire?

And what shoulder, & what art,
Could twist the sinews of thy heart?
And when thy heart began to beat,
What dread hand? & what dread feet?

What the hammer? what the chain?
In what furnace was thy brain?
What the anvil? what dread grasp
Dare its deadly terrors clasp?

When the stars threw down their spears,
And water'd heaven with their tears,
Did he smile his work to see?
Did he who made the Lamb make thee?

Tyger! Tyger! burning bright
In the forests of the night,
What immortal hand or eye,
Dare frame thy fearful symmetry?

Der Tiger

Tiger! Tiger! Brand, entfacht
In den Wäldern tiefer Nacht,
Welch unsterblich Aug' und Hand
Hat dich in dein Maß gebannt?

Welch ferne Himmel oder Tiefen
Dir die Glut ins Auge riefen?
Welche Schwing' trug seinen Flug?
Wessen Hand den Funken schlug?

Welche Schulter, welche Kraft
Hat die Sehnen dir gestrafft,
Als sich dein Herz zum Schlag geballt?
Welch Hand und Fuß? mit welch Gewalt?

Welcher Hammer? welche Stirn?
Welcher Tiegel barg dein Hirn?
Welcher Amboß? welcher Griff,
Der an diese Schrecken striff?

Als die Stern' die Speere senkten
Und mit Tränen Himmel tränkten,
Freut' er da des Werkes sich?
Schuf er, der auch das Lamm schuf, dich?

Tiger, Tiger! Brand, entfacht
In den Wäldern tiefer Nacht,
Welch unsterblich Hand vermaß
Sich, zu geben dir dein Maß?

MY PRETTY ROSE-TREE

A flower was offer'd to me,
Such a flower as May never bore;
But I said "I've a Pretty Rose-tree,"
And I passed the sweet flower o'er.

Then I went to my Pretty Rose-tree,
To tend her by day and by night;
But my Rose turn'd away with jealousy,
And her thorns were my only delight.

AH! SUN-FLOWER

Ah, Sun-flower! weary of time,
Who countest the steps of the Sun,
Seeking after that sweet golden clime
Where the traveller's journey is done:

Where the Youth pined away with desire,
And the pale Virgin shrouded in snow
Arise from their graves, and aspire
Where my Sun-flower wishes to go.

Mein schöner Rosenstrauch

Man bot mir eine Blume an,
Wie sie der Mai noch nicht getragen;
Doch sagt' ich, daß ich eine schöne Rose hätt',
Und hab' die süße Blume ausgeschlagen.

Ich ging, wo meine schöne Rose stand,
Sie zu pflegen Tag und Nacht;
Jedoch sie hat sich eifersüchtig abgewandt
Und mir nur Dornen dargebracht.

Ach! Sonnenblume

Ach, Sonnenblume, müd der Zeiten,
Die du der Sonne Schritte mißt
Und suchst nach jenen goldnen Breiten,
Wo des Wandrers Weg zu Ende ist:

Wo der Jüngling, den Wünsche verzehren,
Und die Jungfrau im Linnen aus Schnee
Erstehn aus dem Grab im Begehren,
Den Weg meiner Blume zu gehn.

THE LILLY

The modest Rose puts forth a thorn,
The humble Sheep a threat'ning horn;
While the Lilly white shall in Love delight,
Nor a thorn, nor a threat, stain her beauty bright.

THE GARDEN OF LOVE

I went to the Garden of Love,
And saw what I never had seen:
A Chapel was built in the midst,
Where I used to play on the green.

And the gates of this Chapel were shut,
And "Thou shalt not" writ over the door;
So I turn'd to the Garden of Love
That so many sweet flowers bore;

And I saw it was filled with graves,
And tomb-stones where flowers should be;
And Priests in black gowns were walking their rounds,
And binding with briars my joys & desires.

Die Lilie

Die züchtige Rose trägt einen Dorn,
Das sanfte Schaf ein drohendes Horn,
Während die Lilie in Liebe sich hält
Und nicht Dorn noch Droh'n ihre Schönheit entstellt.

Der Garten der Liebe

Ich ging in den Garten der Liebe
Und sah, was noch nie ich gesehn:
Wo einst ich gespielt auf dem Rasen,
Sah eine Kapelle ich stehn.

Und verschlossen war'n ihre Tore,
Und »Du sollst nicht« war an sie geschlagen;
So wandt' ich mich hin in den Garten der Liebe,
Der so viele süße Blumen getragen;

Und ich sah, daß er voll war von Gräbern
Und Steinen anstelle des Blust,
Und schwarze Priester im Grunde machten die Runde
Und banden mit Ranken meine Freude und Lust.

THE LITTLE VAGABOND

Dear Mother, dear Mother, the Church is cold,
But the Ale-house is healthy & pleasant & warm;
Besides I can tell where I am used well,
Such usage in Heaven will never do well.

But if at the Church they would give us some Ale,
And a pleasant fire our souls to regale,
We'd sing and we'd pray all the live-long day,
Nor ever once wish from the Church to stray.

Then the Parson might preach, & drink, & sing,
And we'd be as happy as birds in the spring;
And modest Dame Lurch, who is always at Church,
Would not have bandy children, nor fasting, nor birch.

And God, like a father rejoicing to see
His children as pleasant and happy as he,
Would have no more quarrel with the Devil or the Barrel,
But kiss him, & give him both drink and apparel.

LONDON

I wander thro' each charter'd street,
Near where the charter'd Thames does flow,
And mark in every face I meet
Marks of weakness, marks of woe.

In every cry of every Man,
In every Infant's cry of fear,
In every voice, in every ban,
The mind-forg'd manacles I hear.

Der kleine Landstreicher

Lieb Mutter, lieb Mutter, die Kirche ist kalt,
Doch im Wirtshaus ist's lustig und wohlig und warm,
Dort ist mir zumut, als ging' es mir gut,
Im Himmel erging' es mir nimmer so gut.

Doch tät in der Kirche man Bier uns bescheren
Und ein wohliges Feuer, unsre Seelen zu nähren,
Wir sprächen Gebete von frühe bis späte,
Und keiner wär mehr, der der Kirche enträte.

Der Pfarrer könnt' pred'gen und trinken dabei,
Und wir wären so glücklich wie Vöglein im Mai,
Den Damen, den frommen, die zur Kirche stets kommen,
Wäre ihr Fasten und Strafen genommen.

Und Gott, der als Vater sich freute zu sehn
Seine Kinder in Glück und Wohlergehn,
Hätt' nimmermehr Zank mit Teufel und Schank,
Sondern küßt' ihn und gäbe ihm Kleidung und Trank.

London

Wenn ich durch graue Straßen geh,
Wo grau die Themse fließt im Trüben,
Sind in jed' Antlitz, das ich seh,
Nur Weh und Schwäche eingeschrieben.

In jedem Schrei von Kind und Mann,
In jeder Angst, die unbefriedet,
In jeder Stimme, jedem Bann
Klirr'n Ketten, die der Geist geschmiedet.

How the Chimney-sweeper's cry
Every black'ning Church appalls;
And the hapless Soldier's sigh
Runs in blood down Palace walls.

But most thro' midnight streets I hear
How the youthful Harlot's curse
Blasts the new born Infant's tear,
And blights with plagues the Marriage hearse.

THE HUMAN ABSTRACT

Pity would be no more
If we did not make somebody Poor;
And Mercy no more could be
If all were as happy as we.

And mutual fear brings peace,
Till the selfish loves increase:
Then Cruelty knits a snare,
And spreads his baits with care.

He sits down with holy fears,
And waters the ground with tears;
Then Humility takes its root
Underneath his foot.

Soon spreads the dismal shade
Of Mystery over his head;
And the Catterpiller and Fly
Feed on the Mystery.

Des Schornsteinfegers Schrei der Wut
Bringt schwarze Kirchen zum Erschauern;
Des Kriegers Seufzer rinnt in Blut
Hinab von der Paläste Mauern.

Doch zumeist zur Mitternacht
Belegt der Dirne Fluch mit Plagen
Das Kindchen, das grad aufgewacht,
Und der Hochzeit Leichenwagen.

Das Wesen des Menschen

Mitleid könnte nicht bestehn,
Entstünde Armut nicht aus Gier;
Erbarmen müßte untergehn,
Wenn alle so glücklich wären wie wir.

Die Furcht vorm andern wahrt den Frieden,
Bis Selbstsucht drüber wächst hinaus:
Dann knüpft die Grausamkeit ihr Netz
Und legt bedacht die Köder aus.

Und sitzt nun da in heil'ger Furcht,
Begießt den Grund mit Tränenguß;
So wurzelt sich die Demut ein
Unter ihrem Fuß.

Bald breitet ihr zu Häupten sich
Des Geheimnis Schatten schwer;
Und die Raupe naht, daß sie
Vom Geheimnis zehr'.

And it bears the fruit of Deceit,
Ruddy and sweet to eat;
And the Raven his nest has made
In its thickest shade.

The Gods of the earth and sea
Sought thro' Nature to find this Tree;
But their search was all in vain:
There grows one in the Human Brain.

INFANT SORROW

My mother groan'd! my father wept.
Into the dangerous world I leapt:
Helpless, naked, piping loud:
Like a fiend hid in a cloud.

Struggling in my father's hands,
Striving against my swadling bands,
Bound and weary I thought best
To sulk upon my mother's breast.

A POISON TREE

I was angry with my friend:
I told my wrath, my wrath did end.
I was angry with my foe:
I told it not, my wrath did grow.

Und es trägt die Frucht der List,
Rosigrot und süß,
Und der Rabe baut sein Nest
Ins dichte Blattverlies.

Götter suchten diesen Baum
Über See und Land;
Ihre Suche war umsonst:
Er wächst im menschlichen Verstand.

Kindliches Leid

Der Vater weinte, Mutter gellt'!
So sprang ich in die rauhe Welt:
Hilflos, nackt und lauthals schrei'nd:
In Wolken gehüllt wie der böse Feind.

Ringend in des Vaters Hand
Und der Windel, die mich band,
Müde hielt's fürs Beste ich,
An Mutters Brust zu bergen mich.

Der giftige Baum

Ich war zornig auf den Freund:
Ich sprach's aus, mein Zorn gab Ruh'.
Ich war zornig auf den Feind:
Ich verschwieg's, mein Zorn nahm zu.

And I water'd it in fears,
Night & morning with my tears;
And I sunned it with smiles,
And with soft deceitful wiles.

And it grew both day and night,
Till it bore an apple bright;
And my foe beheld it shine,
And he knew that it was mine,

And into my garden stole
When the night had veil'd the pole:
In the morning glad I see
My foe outstretch'd beneath the tree.

A LITTLE BOY LOST

Nought loves another as itself,
Nor venerates another so,
Nor is it possible to Thought
A greater than itself to know:

"And Father, how can I love you
Or any of my brothers more?
I love you like the little bird
That picks up crumbs around the door."

The Priest sat by and heard the child,
In trembling zeal he siez'd his hair:
He led him by his little coat,
And all admir'd the Priestly care.

Und in Furcht begoß ich ihn
Und mit Tränen Tag und Nacht,
Und in Lächeln sonnt' ich ihn
Und in Listen falsch und sacht.

Und er wuchs bei Tag und Nacht
Und trug einen Apfel fein,
Und mein Feind sah seine Pracht,
Und er wußte, er war mein,

Und er stahl sich zu ihm, kaum
Daß gedunkelt war die Nacht:
Tot sah ich ihn unterm Baum,
Als ich morgens aufgewacht.

Ein verlorener Knabe

Nichts liebt den andern so wie sich,
Hat ihn niemals so verehrt,
Und daß er Größres kennt als sich,
Ist dem Gedanken ganz verwehrt:

»Und, Vater, wie zög meine Liebe dann
Dich oder meine Brüder vor?
Ich lieb dich wie das Vögelchen,
Das Krumen aufpickt vor dem Tor.«

Der Priester, der das Kind vernahm,
Hat's zitternd vor Eifer am Schopfe gepackt:
Er führt's an seinem Kräglein um,
Und alle priesen seine Acht.

And standing on the altar high,
"Lo! what a fiend is here!" said he,
"One who sets reason up for judge
Of our most holy Mystery."

The weeping child could not be heard,
The weeping parents wept in vain;
They strip'd him to his little shirt,
And bound him in an iron chain;

And burn'd him in a holy place,
Where many had been burn'd before:
The weeping parents wept in vain.
Are such things done on Albion's shore?

A LITTLE GIRL LOST

Children of the future Age
Reading this indignant page,
Know that in a former time
Love! sweet Love! was thought a crime.

In the Age of Gold,
Free from winter's cold,
Youth and maiden bright
To the holy light,
Naked in the sunny beams delight.

Once a youthful pair,
Fill'd with softest care,
Met in garden bright
Where the holy light
Had just remov'd the curtains of the night.

Er sprach, am hohen Altar steh'nd:
»Seht, welch ein Dämon geht hier um,
Der die Vernunft zum Richter setzt
Über das heiligste Mysterium.«

Das weinende Kind war nicht zu hör'n,
Die weinenden Eltern man weinen läßt;
Sie zogen es aus bis auf sein Hemd
Und banden mit eiserner Kette es fest;

Verbrannten es an heil'gem Ort,
Wo viele schon verbrannt:
Die weinenden Eltern weinten umsonst.
Geschieht dies auch an Albions Strand?

EIN VERLORENES MÄDCHEN

Kinder ihr der künft'gen Zeiten,
Die ihr lest solch schnöde Seiten,
Wisset, daß in Zeiten alt
Die Liebe, süße Liebe! als Verbrechen galt.

In der goldnen Zeit,
Frei von Winters Leid,
Freuten im Verein
Knab' und Mädchen rein
Sich nackt im heil'gen, hellen Sonnenschein.

Einst fand sich ein Paar,
Das voll Liebe war,
Ein im hellen Hain,
Als der heil'ge Schein
Fiel in der nächt'gen Schleier Dunkel ein.

There, in rising day,
On the grass they play;
Parents were afar,
Strangers came not near,
And the maiden soon forgot her fear.

Tired with kisses sweet,
They agree to meet
When the silent sleep
Waves o'er heaven's deep,
And the weary tired wanderers weep.

To her father white
Came the maiden bright;
But his loving look,
Like the holy book,
All her tender limbs with terror shook.

"Ona! pale and weak!
To thy father speak:
O, the trembling fear!
O, the dismal care!
That shakes the blossoms of my hoary hair."

Dorten spielen sie
In der ersten Früh;
Kein Vater war da,
Kein Fremder war nah,
Vergessen die Furcht, eh' die Maid sich's versah.

Müd vom süßen Kuß
Faßten sie Beschluß,
Neu vereint zu sein,
Wenn der Himmelsschein
Schlummert und der müde Wandrer weint.

Zu dem Vater heim
Kam das Mädchen rein;
Seiner Liebe Spruch
Aus dem heil'gen Buch
Fuhr ihr durch zarte Glieder wie ein Fluch.

»Ona! bleich und siech!
Zu dem Vater sprich:
Oh, die bange Scham!
Oh, die Sorge lahm!
Die meinem Haar die letzte Blüte nahm.«

ADDITIONAL POEMS

To Tirzah

Whate'er is Born of Mortal Birth
Must be consumed with the Earth
To rise from Generation free:
Then what have I to do with thee?

The Sexes sprung from Shame & Pride,
Blow'd in the morn; in evening died;
But Mercy chang'd Death into Sleep;
The Sexes rose to work & weep.

Thou, Mother of my Mortal part,
With cruelty didst mould my Heart,
And with false self-decieving tears
Didst bind my Nostrils, Eyes, & Ears:

Didst close my Tongue in senseless clay,
And me to Mortal Life betray.
The Death of Jesus set me free:
Then what have I to do with thee?

ZUSÄTZLICHE GEDICHTE

An Tirzah

Was sterblicher Geburt entsproß,
Muß wieder in der Erde Schoß,
Von Zeit und Alter frei zu sein:
Was hätt' ich dann mit dir gemein?

Geschlecht entsprang aus Scham und Stolz,
Bis Abend seine Blüte schmolz;
Als Gnade Tod in Schlaf verkehrt',
Ward den Geschlechtern Müh' beschert.

Du, Mutter meines sterblich Sein,
Schmolzst Härte in mein Herz hinein,
Die du mit Tränen eitlen Stands
Mir Aug' und Ohr und Nase bandst:

Schlossest mich ins Erdenkleid,
Trogst mich so mit Sterblichkeit.
Doch Jesu Tod ließ frei mich sein:
Was hätt' ich dann mit dir gemein?

THE SCHOOLBOY

I love to rise in a summer morn
When the birds sing on every tree;
The distant huntsman winds his horn,
And the sky-lark sings with me.
O! what sweet company.

But to go to school in a summer morn,
O! it drives all joy away;
Under a cruel eye outworn,
The little ones spend the day
In sighing and dismay.

Ah! then at times I drooping sit,
And spend many an anxious hour,
Nor in my book can I take delight,
Nor sit in learning's bower,
Worn thro' with the dreary shower.

How can the bird that is born for joy
Sit in a cage and sing?
How can a child, when fears annoy,
But droop his tender wing,
And forget his youthful spring?

O! father & mother, if buds are nip'd
And blossoms blown away,
And if the tender plants are strip'd
Of their joy in the springing day,
By sorrow and care's dismay,

How shall the summer arise in joy,
Or the summer fruits appear?
Or how shall we gather what griefs destroy,
Or bless the mellowing year,
When the blasts of winter appear?

Der Schulknabe

Ich lieb's, am Sommermorgen aufzustehn,
Wenn Vögel singen im Geäst,
Fern der Hörner Klänge wehn
Und sich die Lerche hören läßt.
O welch süßes Freudenfest!

Doch sommers in die Schule gehn,
Oh! da will alle Freude fliehn;
Von kalten Augen angesehn,
Gehet unser Tag dahin
In Seufzern und in trübem Sinn.

Ach! dann wird mein Kopf so schwer,
Und manche Stunde ist mir bang;
Find' am Buch nicht Freude mehr,
In der Bank hält's mich nicht lang,
Ganz zermürbt vom dumpfen Zwang.

Wie kann der Vogel, zur Freude geboren,
Im Käfig noch ans Singen denken?
Wie kann ein Kind, in Ängsten verloren,
Anders als die Schwingen senken,
Statt sich dem Frühling hinzuschenken?

O Vater und Mutter! wenn Zweige entlaubt
Und entflogen Blüten und Blust,
Und wenn die zarten Pflänzchen beraubt
Im Morgenrot schon der Lust,
Daß Leid nur und Not bleibt bewußt,

Wie soll dann der Sommer in Freude erstehn,
Wie Sommers Frucht gedeihn?
Wie sollen wir ernten, was Gram ließ vergehn,
Oder dem reifenden Jahre uns weihn,
Wenn Winter bricht mit Stürmen herein?

The Voice of the Ancient Bard

Youth of delight, come hither,
And see the opening morn,
Image of truth new born.
Doubt is fled, & clouds of reason,
Dark disputes & artful teazing.
Folly is an endless maze,
Tangled roots perplex her ways.
How many have fallen there!
They stumble all night over bones of the dead,
And feel they know not what but care,
And wish to lead others, when they should be led.

A Divine Image

Cruelty has a Human Heart,
And Jealousy a Human Face;
Terror the Human Form Divine,
And Secrecy the Human Dress.

The Human Dress is forged Iron,
The Human Form a fiery Forge,
The Human Face a Furnace seal'd,
The Human Heart its hungry Gorge.

Des alten Barden Stimme

Freudige Jugend, komm her!
Sieh, wie der Morgen sich erhebt,
Drin Wahrheit neuerstanden lebt.
Zweifel und Dunst der Vernunft sind entflohn,
Düstere Streitsucht und kunstvoller Hohn.
Torheit ist ein Labyrinth,
Des Wege voller Wurzeln sind.
Wie viele kamen dort zu Fall!
Sie stolpern in Nacht über Totengebein
Und wissen nicht, was außer Not sie verspüren,
Und dennoch möchten sie andere führen,
Die selber als erste geführt sollten sein.

Ein Bild Gottes

Grausamkeit hat ein menschliches Herz,
Ein menschliches Gesicht der Neid;
Schrecken die göttliche Menschengestalt,
Und Heimlichkeit das menschliche Kleid.

Das menschliche Kleid ist geschmiedet Metall,
Die Menschengestalt der Schmiedestatt Grund,
Das menschliche Antlitz ein Ofen in Glut,
Das menschliche Herz sein hungriger Schlund.

39
The SICK ROSE
O Rose thou art sick.
The invisible worm,
That flies in the night
In the howling storm:
Has found out thy bed
Of crimson joy:
And his dark secret love
Does thy life destroy.

VERSES AND FRAGMENTS

From the Rossetti and Pickering Manuscripts

VERSE UND FRAGMENTE

aus Handschriften

FIRST SERIES

* * *

Never seek to tell thy love
Love that never told can be;
For the gentle wind does move
Silently, invisibly.

I told my love, I told my love,
I told her all my heart,
Trembling, cold, in ghastly fears –
Ah, she doth depart.

Soon as she was gone from me
A traveller came by
Silently, invisibly –
O, was no deny.

* * *

I laid me down upon a bank
Where love lay sleeping.
I heard among the rushes dank
Weeping, Weeping.

Then I went to the heath & the wild
To the thistles & thorns of the waste
And they told me how they were beguil'd,
Driven out, & compel'd to be chaste.

Erste Folge

* * *

Niemals suche zu gestehn
Liebe, die der Sprache bar;
Denn die sanften Winde wehn
Schweigend hin und unsichtbar.

Ich sprach zu meiner Liebsten, sprach
Aus meinem Herzen ihr;
Zitternd, kalt, in grauser Furcht –
Ach, entfloh sie mir.

Kaum daß sie gegangen war,
Kam ein Wanderer
Schweigend an und unsichtbar –
Ach, war keine Wehr.

* * *

Ich legt' mich auf ein Ufer hin,
Wo die Liebe schlief.
Ich hörte, wie durchs feuchte Schilf
Klagen, Klagen lief.

Dann ging ich auf die wilde Heide,
Zu Disteln und Dornen in Wüstenein,
Die mir erzählten, wie List sie vertrieben
Und schließlich gezwungen, keusch zu sein.

* * *

I saw a chapel all of gold
That none did dare to enter in,
And many weeping stood without,
Weeping, mourning, worshipping.

I saw a serpent rise between
The white pillars of the door,
And he forc'd & forc'd & forc'd,
Down the golden hinges tore.

And along the pavement sweet,
Set with pearls & rubies bright,
All his slimy length he drew,
Till upon the altar white

Vomiting his poison out
On the bread & on the wine.
So I turn'd into a sty
And laid me down among the swine.

* * *

I asked a thief to steal me a peach:
He turned up his eyes.
I ask'd a lithe lady to lie her down:
Holy & meek she cries.

As soon as I went an angel came:
He wink'd at the thief
And smil'd at the dame,
And without one word spoke

* * *

Ich sah eine Kirche aus Gold,
Die zu betreten keiner gewagt,
Und viele standen weinend davor,
Weinend, betend, verzagt.

Und eine Schlange reckte sich
Aus weißem Pfeilerwerk empor,
Die brach und brach mit aller Kraft
Aus goldnen Angeln das Tor.

Und über hellen Marmorgrund,
Besetzt mit Perlen und Rubin,
Zog sie ihre schleim'ge Spur
Zum weißen Altar hin,

Und dort spie sie aus ihr Gift,
Hin auf Brot und Wein.
Da wandt' ich mich in einen Stall
Und legte mich zum Schwein.

* * *

Ich bat einen Dieb, einen Pfirsich zu stehlen:
Er schlug die Augen auf.
Ich bat ein hübsch Fräulein, sich lang zu legen:
Heilig und fromm schrie sie auf.

Ein Engel kam, sobald ich ging:
Der blinzelte dem Diebe zu
Und lächelte zum Fräulein hin,
Und ohne daß ein Wort er sprach,

Had a peach from the tree,
And 'twixt earnest & joke
Enjoy'd the Lady.

* * *

I heard an Angel singing
When the day was springing,
"Mercy, Pity, Peace
Is the world's release."

Thus he sung all day
Over the new mown hay,
Till the sun went down
And haycocks looked brown.

I heard a Devil curse
Over the heath & the furze,
"Mercy could be no more,
If there was nobody poor,

"And pity no more could be,
If all were as happy as we."
At his curse the sun went down,
And the heavens gave a frown.

Down pour'd the heavy rain
Over the new reap'd grain,
And Miseries' increase
Is Mercy, Pity, Peace.

Ward ihm die Frucht gepflückt,
Und unter Scherzen ward danach
Vom Fräulein er beglückt.

* * *

Ich hörte, wie ein Engel sang,
Als sich der Tag zum Himmel schwang:
»Gnade, Mitleid, Frieden
Unsre Welt behüten.«

Überm Heu, das frisch gemäht,
Sang er so von früh bis spät,
Bis die Sonne unterging
Und der Schober braun erschien.

Ich hörte eines Teufels Fluch
Über Moor und Heidebruch:
»Gnade könnte nicht bestehn,
Wenn wir keine Armut sähn,

Und auch Mitleid gäb's nicht mehr,
Wenn ein jeder glücklich wär.«
Bei seinem Fluch die Sonne wich,
Und die Himmel wölkten sich.

Nieder schwoll des Regens Zorn
Auf das frischgeschnittne Korn,
Und die Not verfügen
Gnade, Mitleid, Frieden.

A CRADLE SONG

Sleep, Sleep, beauty bright
Dreaming o'er the joys of night.
Sleep, Sleep: in thy sleep
Little sorrows sit & weep.

Sweet Babe, in thy face
Soft desires I can trace
Secret joys & secret smiles
Little pretty infant wiles.

As thy softest limbs I feel
Smiles as of the morning steal
O'er thy cheek & o'er thy breast
Where thy little heart does rest.

O, the cunning wiles that creep
In thy little heart asleep.
When thy little heart does wake,
Then the dreadful lightnings break.

From thy cheek & from thy eye
O'er the youthful harvests nigh
Infant wiles & infant smiles
Heaven & Earth of peace beguiles.

* * *

I fear'd the fury of my wind
Would blight all blossoms fair & true;
And my sun it shin'd & shin'd
And my wind it never blew.

Ein Wiegenlied

Schlafe, schlaf', mein süßes Kind,
Träume bringt die Nacht gelind.
Schlafe, schlaf': in deiner Ruh'
Fällt dir kleine Sorge zu.

Süßes Kind, im Antlitz dir
Leis Verlangen ich verspür,
Lust und Lächeln insgeheim,
Kinderlisten süß und klein.

Wenn dich meine Hand befühlt,
Leise sich ein Lächeln stiehlt
Dir auf Wangen, in die Brust,
Wo dein Herzchen ruht in Lust.

O die schlaue List, die dringt
In dein Herz, das Schlummer zwingt.
Wenn dein kleines Herz erwacht,
Bricht ihr Blitz hervor mit Macht.

Und von Aug' und Wange dir
Strömt des Kinderlächelns Zier,
Ach! vor dessen Lust und List
Erd' wie Himmel machtlos ist.

* * *

Ich sorgte, meines Windes Wut
Schad' den Blüten wahr und schön;
Und ließ scheinen Sonnenglut,
Und ließ keine Winde wehn.

But a blossom fair or true
Was not found on any tree;
For all blossoms grew & grew
Fruitless, false, tho' fair to see.

* * *

Why should I care for the men of thames,
Or the cheating waves of charter'd streams,
Or shrink at the little blasts of fear
That the hireling blows into my ear?

Tho' born on the cheating banks of Thames,
Tho' his waters bathed my infant limbs,
The Ohio shall wash his stains from me:
I was born a slave, but I go to be free.

Infant Sorrow

My mother groan'd, my father wept;
Into the dangerous world I leapt,
Helpless, naked, piping loud,
Like a fiend hid in a cloud.

Struggling in my father's hands
Striving against my swaddling bands,
Bound & weary, I thought best
To sulk upon my mother's breast.

Doch die Blüte wahr und schön
Fand sich nicht an irgend Baum;
Fruchtlos, falsch die Blüten stehn,
Wenn auch lieblich anzuschaun.

* * *

Was gingen die Menschen der Themse mich an,
Die trügenden Wellen des Stroms grau und zahm;
Und machten gar kleine Ängste mich still,
Die mir der Mietling ins Ohr flüstern will?

Wurde ich auch an der Themse geboren
Und hab' sie als Kind mir zum Bade erkoren,
Wäscht der Ohio von ihr einst mich rein:
Geboren als Sklave, werd' frei ich dann sein.

Kindliches Leid

Der Vater weinte, Mutter gellt'!
So sprang ich in die rauhe Welt:
Hilflos, nackt und lauthals schrei'nd:
In Wolken gehüllt wie der böse Feind.

Ringend in des Vaters Hand
Und der Windel, die mich band,
Müde hielt's fürs Beste ich,
An Mutters Brust zu bergen mich.

When I saw that rage was vain,
And to sulk would nothing gain,
Turning many a trick & wile,
I began to soothe & smile.

And I sooth'd day after day
Till upon the ground I stray;
And I smil'd night after night,
Seeking only for delight.

And I saw before me shine
Clusters of the wand'ring vine,
And many a lovely flower & tree
Stretch'd their blossoms out to me.

My father then with holy look,
In his hands a holy book,
Pronounc'd curses on my head
And bound me in a mirtle shade.

In a Mirtle Shade

Why should I be bound to thee,
O my lovely mirtle tree?
Love, free love, cannot be bound
To any tree that grows on ground.

O, how sick & weary I
Underneath my mirtle lie,
Like to dung upon the ground
Underneath my mirtle bound.

Als ich sah, daß meine Wut
Und mein Schmollen zu nichts gut,
Wälzend manchen Kniff und Dreh,
Ward ich still und lächelte.

Ich ward stiller Tag für Tag,
Wenn ich auf dem Boden lag;
Und ich lächelt' Nacht für Nacht,
Hatt' nur meiner Freuden acht.

Und ich sah vor mir des Weins
Reben leuchten hellen Scheins,
Und manch Baum und Blumenstrauß
Streckt' nach mir die Blüten aus.

In der Hand ein heil'ges Buch,
Sprach mein Vater einen Fluch
Auf mein Haupt mit heil'gem Blick:
Myrtenschatten band mein Glück.

Im Myrtenschatten

Ich sollt' an dich gebunden sein,
Schönes Myrtenbäumchen mein?
Liebe, die kann nie an ein
Einzig Ding gebunden sein.

Oh, wie liege müd und siech
Unter meiner Myrte ich,
Lieg' wie Dung in schwerem Traum
Unter meinem Myrtenbaum.

Oft my mirtle sigh'd in vain
To behold my heavy chain;
Oft my father saw us sigh,
And laugh'd at our simplicity.

So I smote him & his gore
Stain'd the roots my mirtle bore.
But the time of youth is fled,
And grey hairs are on my head.

* * *

Silent, Silent Night
Quench the holy light
Of thy torches bright.

For possess'd of Day
Thousand spirits stray
That sweet joys betray

Why should joys be sweet
Used with deceit
Nor with sorrows meet?

But an honest joy
Does itself destroy
For a harlot coy.

Oft seufzt' meine Myrte da,
Wenn sie meine Kette sah;
Oft sah uns mein Vater an,
Lachte unsrer Einfalt dann.

Da erschlug ich ihn: sein Blut
Fleckte meine Myrte rot.
Doch die Jugend war entflohn,
Und mein Haupt ist grau nun schon.

* * *

Stille, stille Nacht,
End' die heil'ge Wacht
Deiner Lichter Pracht.

Denn im Tag erstehn
Geister, ausersehn,
Süße Freud' zu schmähn.

Warum sollt', läßt Schein
Freude nur gedeihn,
Frei von Leid sie sein?

Doch wenn Freude rein,
Gibt sie ihre Weihn
Selbst der Dirne drein.

* * *

O lapwing, thou fliest around the heath,
Nor seest the net that is spread beneath.
Why dost thou not fly among the corn fields?
They cannot spread nets where a harvest yields.

* * *

Thou hast a lap full of seed,
And this is a fine country.
Why dost thou not cast thy seed
And live in it merrily?

Shall I cast it on the sand
And turn it into fruitful land?
For on no other ground
Can I sow my seed
Without tearing up
Some stinking weed.

To Nobodaddy

Why art thou silent & invisible,
Father of Jealousy?
Why dost thou hide thy self in clouds
From every searching Eye?

* * *

O Kiebitz, fliegst über die Heide
Und siehst das Netz nicht, das gelegt.
Was fliegst du nicht durch das Getreide?
Kein Netz liegt, wo sich Ernte regt.

* * *

Dein Schoß ist voller Saat
Und dies ein schönes Land.
Warum säst du sie nicht aus
Und lebst in ihm in frohem Stand?

Soll ich sie säen in den Sand,
Ihn zu verwandeln in fruchtbares Land?
Denn auf keinen andern Grund
Kann ich meine Saaten streun,
Ohne daß zuvor ich ihn
Muß von Unkraut erst befrein.

An den Niemandsvater

Was bist du stumm und unsichtbar,
Vater du der Eifersucht?
Warum birgst in Wolken du
Dich vorm Auge, das dich sucht?

Why darkness & obscurity
In all thy words & laws,
That none dare eat the fruit but from
The wily serpent's jaws?
Or is it because Secresy gains females' loud applause?

* * *

Are not the joys of morning sweeter
Than the joys of night?
And are the vig'rous joys of youth
Ashamed of the light?

Let age & sickness silent rob
The vineyards in the night;
But those who burn with vig'rous youth
Pluck fruits before the light.

* * *

Love to faults is always blind,
Always is to joy inclin'd,
Lawless, wing'd, & unconfin'd,
And breaks all chains from every mind.

Deceit to secresy confin'd,
Lawful, cautious, & refin'd;
To every thing but interest blind,
And forges fetters for the mind.

Warum steigt nur wirrer Sinn
Auf aus deiner Satzung Laut,
Daß der Schlange Frucht allein
Man zu essen sich getraut?
Oder ist's, weil Heimlichkeit sich des Weibes Gunst erfreut?

* * *

Sind des Morgens Freuden süßer
Als die nächt'gen Freuden nicht?
Schämen sich der Jugend Freuden
Etwa vor dem hellen Licht?

Alter mag und sieche Schwäche
Gärten plündern in der Nacht;
Doch wer brennt in starker Jugend,
Pflückt die Frucht, wenn Licht erwacht.

* * *

Liebe ist vor Fehlern blind,
Die in allem Freude find't;
Beschwingt, gesetzlos, unbeschränkt
Sie des Geistes Ketten sprengt.

Trug ist auf Heimlichkeit beschränkt,
Der nur an seinen Vorteil denkt;
Bedacht, gesetzestreu, beengt
Er den Geist in Fesseln zwängt.

THE WILD FLOWER'S SONG

As I wander'd the forest,
The green leaves among,
I heard a wild flower
Singing a song:

"I slept in the dark
In the silent night,
I murmur'd my fears
And I felt delight.

"In the morning I went
As rosy as morn
To seek for new Joy,
But I met with scorn."

SOFT SNOW

I walked abroad in a snowy day:
I ask'd the soft snow with me to play:
She play'd & she melted in all her prime,
And the winter call'd it a dreadful crime.

Der Wildblume Lied

Als im Wald ich wanderte
Unter grünen Blättern lang,
Hörte ich, wie eine Blume
Dieses Liedchen sang:

»Ich schlief im Dunkel
Der schweigenden Nacht;
Ich murmelt' in Ängsten,
Bis entzückt ich erwacht.

Ich ging im ros'gen Morgen
So rot wie er davon;
Ich suchte neue Freuden
Und traf doch nur auf Hohn.«

Weicher Schnee

Ich ging, als Schnee am Tage fiel,
Und lud den weichen Schnee zum Spiel:
Er schmolz im Spiel in meiner Hand,
Und der Winter hat mich Verbrecher genannt.

MERLIN'S PROPHECY

The harvest shall flourish in wintry weather
When two virginities meet together:
The King & the Priest must be tied in a tether
Before two virgins can meet together.

DAY

The Sun arises in the East,
Cloth'd in robes of blood & gold;
Swords & spears & wrath increast
All around his bosom roll'd,
Crown'd with warlike fires & raging desires.

THE MARRIAGE RING

"Come hither my sparrows,
My little arrows.
If a tear or a smile
Will a man beguile,
If an amorous delay
Clouds a sunshiny day,
If the step of a foot
Smites the heart to its root,
'Tis the marriage ring
Makes each fairy a king."

Merlins Prophezeiung

Die Ernte wird sprießen in Wettern und Winden,
Wenn zwei Jungfräulichkeiten sich finden:
König und Priester muß derselbe Strick binden,
Daß sich zwei Jungfraun können finden.

Tag

Die Sonne stieg herauf im Ost
In Gewändern blutig-golden;
Schwerter und Speere und wachsender Zorn
Rings um ihren Busen rollten,
Den krönten rebellische Flammen und rasendes Verlangen.

Der Ehering

»Kommt her, meine Spätzchen,
Meine pfeilschnellen Schätzchen.
Wenn Lächeln oder Zähren
Einen Mann betören,
Wenn der Liebe Säumigsein
Überwölkt den Sonnenschein,
Wenn dem Fußtritt es gelingt,
Daß ein Herz in Stücke birst,
Macht der Ehering
Jeden Elf zum Fürst.«

So a fairy sung.
From the leaves I sprung.
He leap'd from the spray
To flee away.
But in my hat caught
He soon shall be taught.
Let him laugh, let him cry,
He's my butterfly;
For I've pull'd out the sting
Of the marriage ring.

* * *

The sword sung on the barren heath,
The sickle in the fruitful field:
The sword he sung a song of death,
But could not make the sickle yield.

* * *

Abstinence sows sand all over
The ruddy limbs & flaming hair,
But Desire Gratified
Plants fruits of life & beauty there.

Als ein Elf so sang,
Ich hervor aus Blättern sprang.
Er entwich dem Sprühn,
Um mir zu entfliehn.
Doch ich fing ihn rasch im Hut,
Lehrte und verwahrt' ihn gut.
Soll er weinen, soll er lachen,
Er ist mein Schmetterling;
Denn ich zog den Stachel
Aus dem Ehering.

* * *

Das Schwert sang auf der öden Heide,
Die Sichel in des Felds Getreide:
Das Schwert ein Lied vom Tode sang
Und doch die Sichel nicht bezwang.

* * *

Enthaltsamkeit streut groben Sand
Auf flammend Haar und Glieder hin;
Doch Verlangen, das gestillt,
Läßt in Schönheit sie erblühn.

* * *

In a wife I would desire
What in whores is always found –
The lineaments of Gratified desire.

* * *

If you trap the moment before it's ripe,
The tears of repentence you'll certainly wipe;
But if once you let the ripe moment go
You can never wipe off the tears of woe.

ETERNITY

He who binds to himself a joy
Does the winged life destroy;
But he who kisses the joy as it flies
Lives in eternity's sun rise.

* * *

In einer Frau wollt' ich begehren,
Was in Huren stets zu finden –
Daß sie dem Verlangen Erfüllung gewähren.

* * *

Fängst, ehe er reif, du den Augenblick ein,
Wirst nicht ohne Tränen der Reue du sein.
Doch läßt du ihn erst, wenn er reif ist, vorbei,
Bist nie mehr von Tränen des Kummers du frei.

Ewigkeit

Wer eine Freude an sich bindet,
Der zerstört beschwingtes Leben,
Doch wer im Flug sie küßt und findet,
Lebt vom ew'gen Licht umgeben.

The Question Answer'd

What is it men in women do require?
The lineaments of Gratified Desire.
What is it women do in men require?
The lineaments of Gratified Desire.

* * *

The look of love alarms
Because 'tis fill'd with fire;
But the look of soft deceit
Shall win the lover's hire.

* * *

Which are beauties sweetest dress?
Soft deceit & idleness,
These are beauties sweetest dress.

DIE ANTWORT AUF DIE FRAGE

Was ist es, das Männer in Frauen begehren?
Daß sie dem Verlangen Erfüllung gewähren.
Was ist es, das Frauen in Männern begehren?
Daß sie dem Verlangen Erfüllung gewähren.

* * *

Der Blick der Liebe schreckt,
Weil er von Feuern heiß;
Doch der Blick des sanften Trugs
Gewinnt der Liebe Preis.

* * *

Was ist der Schönheit liebstes Kleid?
Sanfter Trug und Eitelkeit
Sind der Schönheit liebstes Kleid.

MOTTO TO THE SONGS OF INNOCENCE & OF EXPERIENCE

The Good are attracted by Men's perceptions,
And think not for themselves;
Till Experience teaches them to catch
And to cage the Fairies & Elves.

And then the Knave begins to snarl
And the Hypocrite to howl;
And all his good Friends shew their private ends,
And the Eagle is known from the Owl.

* * *

An old maid early – e'er I knew
Ought but the love that on me grew;
And now I'm cover'd o'er & o'er
And wish that I had been a whore.

O, I cannot, cannot find
The undaunted courage of a Virgin Mind,
For Early I in love was crost,
Before my flower of love was lost.

Motto für die Lieder der Unschuld und Erfahrung

Den Guten verlockt die sinnliche Welt,
Daß er an sich selbst nicht denkt,
Bis ihn die Erfahrung lehrt,
Wie man Feen und Elfen fängt.

Und dann beginnen die Schurken zu knurr'n,
Und die Heuchler beginnen zu heulen,
Und ihr aller Zweck schlüpft aus dem Versteck,
Und es scheiden sich Adler von Eulen.

* * *

Früh eine alte Jungfer, wußt' ich nie,
Welch Liebe sich in mir geregt,
Und wünsch', nun ich vor ihr bewahrt,
Daß ich als Hure hätt' gelebt.

Oh, ich kann den Mut nicht finden,
Der jungfräulich Geist erfüllt,
Denn meine Liebe ward enttäuscht,
Ehe sie noch ihre Blüte enthüllt.

* * *

"Let the Brothels of Paris be opened
With many an alluring dance
To awake the Pestilence thro' the city,"
Said the beautiful Queen of France.

The King awoke on his couch of gold,
As soon as he heard these tidings told:
"Arise & come, both fife & drum,
And the Famine shall eat both crust & crumb."

Then he swore a great & solemn Oath:
"To kill the people I am loth,
But If they rebel, they must go to hell:
They shall have a Priest & a passing bell."

Then old Nobodaddy aloft
Farted & belch'd & cough'd,
And said, "I love hanging & drawing & quartering
Every bit as well as war & slaughtering.
Damn praying & singing,
Unless they will bring in
The blood of ten thousand by fighting or swinging."

The Queen of France just touched this Globe,
And the Pestilence darted from her robe;
But our good Queen quite grows to the ground,
And a great many suckers grow all around.

Fayette beside King Lewis stood;
He saw him sign his hand;
And soon he saw the famine rage
About the fruitful land.

* * *

»Macht auf die Bordelle von Paris
Und laßt sie tanzen drin,
Damit in der Stadt die Pest erwacht«,
Sprach Frankreichs schöne Königin.

Der König erwachte auf goldenem Bett,
Sobald er die Kunde vernahm:
»Pfeife und Trommel soll'n nun erklingen,
Und Hunger soll jedes Krümchen verschlingen.«

Da schwur er den großen, erhabenen Schwur:
»Menschen zu töten, liegt mir fern von Natur,
Doch jeder Rebell fahre zur Höll':
Priester und Glöckchen sei'n ihm zur Stell'.«

Da furzte, rülpste, hustete
Der Niemandsvater in der Höh'
Und sprach: »Ich liebe das Strecken und Vierteln und Hängen,
Jed' bißchen so sehr wie Morden und Sengen.
Verdammt sein soll'n Beten und Singen,
Wenn sie nicht bringen
Das Blut von zehntausend, gefallen im Ringen.«

Die Königin faßt kaum den Stab,
Da schnellt die Pest aus ihrem Kleid;
Sie stand wie angewurzelt da;
Und Speichellecker weit und breit.

Fayette stand neben König Louis;
Er sah ihn winken mit der Hand,
Und bald sah er die Hungersnot
Wüten durch das reiche Land.

Fayette beheld the Queen to smile
And wink her lovely eye;
And soon he saw the pestilence
From street to street to fly.

Fayette beheld the King & Queen
In tears & iron bound;
But mute Fayette wept tear for tear,
And guarded them around.

Fayette, Fayette, thou'rt bought & sold,
And sold is thy happy morrow;
Thou gavest the tears of Pity away
In exchange for the tears of sorrow.

Who will exchange his own fire side
For the steps of another's door?
Who will exchange his wheaten loaf
For the links of a dungeon floor?

O, who would smile on the wintry seas,
& Pity the stormy roar?
Or who will exchange his new born child
For the dog at the wintry door?

* * *

A fairy leapt upon my knee
Singing & dancing merrily;
I said, "Thou thing of patches, rings,
Pins, Necklaces, & such like things,
Disguiser of the Female Form,
Thou paltry, gilded, poisonous worm!"
Weeping, he fell upon my thigh,

Fayette sah, wie die Königin
Lächelnd den Mund verzog;
Und bald sah er, wie die Pest
Durch die Straßen flog.

Fayette sah König und Königin
In eiserne Bande gelegt;
Er weint' nur Trän' auf Träne stumm
Und wachte unentwegt.

Fayette, Fayette, gekauft und verkauft;
Verkauft ist dein glückliches Morgen;
Du gabest die Tränen des Mitleids hinweg
Und fandest die Tränen der Sorgen.

Wer tauschte ein den eignen Herd
Für eines andern Schwelle?
Und wer sein gutes Weizenbrot
Für eine Kerkerzelle?

Oh, wer hätt' Mitleid mit dem Sturm
Und lächelte dem eis'gen Meer?
Wer gäb' für einen Hund vorm Haus
Sein Neugebornes her?

* * *

Eine Fee sprang auf mein Knie;
Fröhlich sang und tanzte sie;
Ich sprach: »Du Ding von Bändern, Ringen,
Broschen, Ketten und solch Dingen,
Verbirgst die weibliche Gestalt,
Wurm, so giftig, kläglich, kalt!«
Weinend fiel sie auf mein Bein

And thus in tears did soft reply:
"Knowest thou not, O Fairies' Lord!
How much by us Contemn'd, Abhorr'd,
Whatever hides the Female form
That cannot bear the Mental storm?
Therefore in Pity still we give
Our lives to make the Female live;
And what would turn into disease
We turn to what will joy & please."

TO MRS. ANNA FLAXMAN

A little Flower grew in a lonely Vale.
Its form was lovely but its colours pale.
One standing in the Porches of the Sun,
When his Meridian Glories were begun,
Leap'd from the steps of fire & on the grass
Alighted where this little flower was.
With hands divine he mov'd the gentle Sod
And took the Flower up in its native Clod;
Then planting it upon a Mountain's brow –
"'Tis your own fault if you don't flourish now."

Und gab schmerzlich flüsternd drein:
»Weißt du nicht, o Herr der Feen,
Daß wir selbst mit Abscheu sehn,
Was verbirgt der Frau Gestalt
Vor des geist'gen Sturms Gewalt?
Darum, daß sie lebe, geben
Wir in Mitleid unser Leben;
Was sonst der Kränke fiel' anheim,
Soll ihr Lust und Freude sein.«

An Mrs. Anna Flaxman

Ein Blümchen wuchs in einem stillen Tal,
Von Form gar lieblich, doch von Farbe fahl.
Doch einer nahe bei der Sonne Thron,
Als sie im hohen Mittag prangt' in Loh'n,
Sprang von den Feuerstufen auf das Land,
Wo in den Gluten jenes Blümchen stand.
Mit göttlich Händen nahm samt einem Hauf
Von Muttererde er das Blümchen auf
Und pflanzte es am Bergeshange ein:
»Dein eigner Fehl nun, kannst du nicht gedeihn.«

SECOND SERIES

* * *

The Angel that presided o'er my birth
Said, "Little creature, form'd of Joy & Mirth,
Go love without the help of any Thing on Earth."

MORNING

To find the Western path
Right thro' the Gates of Wrath
I urge my way;
Sweet Mercy leads me on:
With soft repentant moan
I see the break of day.

The war of swords & spears
Melted by dewy tears
Exhales on high;
The Sun is freed from fears
And with soft grateful tears
Ascends the sky.

ZWEITE FOLGE

* * *

Der Engel, der über meiner Geburt gethront,
Sprach: »Kleines Wesen, von Schmerzen und Jubel bewohnt,
Geh hin und liebe, ohne daß irgendein Ding auf Erden dich
schont.«

MORGEN

Suchend nach dem Pfad im Westen
Eile durch des Zornes Festen
Ungestüm ich hin;
Doch süße Gnade führt mich,
Und meine Reue rührt sich
In des Tags Beginn.

Vor den Tränen sanften Taus
Lischt die Schlacht der Schwerter aus,
Die hoch droben brennt;
Die Sonne, von der Furcht befreit,
Weint und klimmt in Dankbarkeit
Auf ins Firmament.

* * *

Mock on, Mock on, Voltaire, Rousseau:
Mock on, Mock on; 'tis all in vain!
You throw the sand against the wind,
And the wind blows it back again.

And every sand becomes a Gem
Reflected in the beams divine;
Blown back they blind the mocking Eye,
But still in Israel's paths they shine.

The Atoms of Democritus
And Newton's Particles of light
Are sands upon the Red sea shore,
Where Israel's tents do shine so bright.

THE MENTAL TRAVELLER

I travel'd thro' a Land of Men,
A Land of Men & Women too,
And heard & saw such dreadful things
As cold Earth wanderers never knew.

For there the Babe is born in joy
That was begotten in dire woe;
Just as we Reap in joy the fruit
Which we in bitter tears did sow.

And if the Babe is born a Boy
He's given to a Woman Old,
Who nails him down upon a rock,
Catches his shrieks in cups of gold.

* * *

Spottet nur, Voltaire, Rousseau:
Spottet nur; vergeblich Mühn!
Ihr werft den Sand nur in den Wind,
Der bläst ihn wieder zu euch hin.

Jed' Sandkorn blinkt als Edelstein,
Wenn Gottes Lichtstrahl auf es fällt,
Daß es des Spötters Auge blend't,
Doch Israel den Pfad erhellt.

Die Atome Demokrits
Und Newtons Teilchen Licht sind Sand
Am Roten Meer, wo Israels
Gezelte scheinen hell am Strand.

Der Reisende im Geiste

Ich reiste durch ein Menschenland,
Ein Land von Männern und auch Fraun,
Und hört' und sah solch Schrecken dort,
Wie Erdenwandrer niemals schaun.

Dort wird in Lust geborn das Kind,
Das ward gezeugt in gräßlich Weh;
Wie wir in Freude ernten Frucht,
Die wir in Tränen ausgesät.

Und wenn das Kind ein Junge ist,
Kommt es in einer Alten Hut;
Die nagelt es an einen Fels
Und fängt in goldner Schal' sein Blut.

She binds iron thorns around his head,
She pierces both his hands & feet,
She cuts his heart out at his side
To make it feel both cold & heat.

Her fingers number every Nerve,
Just as a Miser counts his gold;
She lives upon his shrieks & cries,
And she grows young as he grows old.

Till he becomes a bleeding youth,
And she becomes a Virgin bright;
Then he rends up his Manacles
And binds her down for his delight.

He plants himself in all her Nerves,
Just as a Husbandman his mould;
And she becomes his dwelling place
And Garden fruitful seventy fold.

An aged Shadow, soon he fades,
Wand'ring round an Earthly Cot,
Full filled all with gems & gold
Which he by industry had got.

And these are the gems of the Human Soul,
The rubies & pearls of a lovesick eye,
The countless gold of the akeing heart,
The martyr's groan & the lover's sigh.

They are his meat, they are his drink;
He feeds the Beggar & the Poor
And the wayfaring Traveller:
For ever open is his door.

His grief is their eternal joy;
They make the roofs & walls to ring;

Sie flicht ihm Dornen um sein Haupt,
Durchbohrt ihm Hand und Fuß mit Fleiß,
Sie schneid't das Herz ihm aus der Seit',
Daß es sich anfühlt kalt und heiß.

Ihr Finger zählt ihm jeden Nerv,
So wie den Goldschatz zählt der Geiz;
Sie lebt von seinem Ruf und Schrei,
Und wird er alt, wird jung ihr Reiz.

Bis er ein Jüngling ist voll Blut,
Sie eine Jungfrau strahlend rein;
Dann wirft er seine Fesseln ab
Und gibt sie seinem Willen drein.

Er pflanzt sich selbst in all ihr Sein,
Dem Gärtner, der das Beet pflanzt, gleich;
Und sie wird seine Wohnstatt und
Sein Garten siebzigfältig reich.

Er schwindet bald als Schatten hin,
Der um ein Erdenhüttchen schweift,
Das voller Gold und Edelstein',
Die seine Mühe angehäuft.

Der Seele Edelsteine sind's,
Und des verliebten Augs Rubin,
Des wehen Herzens zahllos Gold,
Des Märters und Verliebten Flehn.

Sie sind ihm Speise, sind ihm Trank,
Er labt den armen Bettelmann,
Und Wanderern, die weit gereist,
Ist seine Tür stets aufgetan.

Sein Kummer ist ihr ewig Glück;
Sie machen, daß sein Haus erklingt,

Till from the fire on the hearth
A little Female Babe does spring.

And she is all of solid fire
And gems & gold, that none his hand
Dares stretch to touch her Baby form,
Or wrap her in his swaddling-band.

But She comes to the Man she loves,
If young or old, or rich or poor;
They soon drive out the aged Host,
A Beggar at another's door.

He wanders weeping far away,
Until some other take him in;
Oft blind & age-bent, sore distrest,
Untill he can a Maiden win.

And to allay his freezing Age
The Poor Man takes her in his arms;
The Cottage fades before his sight,
The Garden & its lovely Charms.

The Guests are scatter'd thro' the land,
For the Eye altering alters all;
The Senses roll themselves in fear,
And the flat Earth becomes a Ball;

The stars, sun, Moon, all shrink away,
A desart vast without a bound,
And nothing left to eat or drink,
And a dark desart all around.

The honey of her Infant lips,
The bread & wine of her sweet smile,
The wild game of her roving Eye,
Does him to Infancy beguile;

Bis aus des Herdes Feuer flugs
Ein kleines weiblich Kind entspringt.

Und sie besteht aus Feuer ganz
Und Gold, daß niemand seine Hand
Nur nach ihr auszustrecken wagt,
Zu wickeln sie ins Windelband.

Doch sie sucht jenen, den sie liebt,
Ob alt und grau, ob jung und schön;
Und bald muß ihr betagter Wirt
Vor fremder Türe betteln gehn.

Er wandert weinend weit hinaus,
Bis ihn ein Fremder zu sich nimmt;
Oft blind und altersschwach, geplagt,
Bis er ein Mädchen sich gewinnt.

Zu mindern seines Alters Frost,
Hält sie der Arme eng umfaßt;
Des Gartens und des Hüttchens Reiz
Sind rasch vor seinem Blick verblaßt.

Die Gäste sind verstreut durchs Land;
Das Aug', das unstet, wandelt all';
Die Sinne wogen rings in Furcht,
Die flache Erde wird zum Ball;

Es schwinden Sonne, Mond und Stern,
Nur Wüste grenzenlos und leer,
Und nichts von Speise oder Trank,
Nur dunkle Wüste rings umher.

Der Honig ihres Kindermunds
Und ihres Lächelns Brot und Wein,
Das wilde Schweifen ihres Augs
Verführn ihn, wieder Kind zu sein;

For as he eats & drinks he grows
Younger & younger every day;
And on the desart wild they both
Wander in terror & dismay.

Like the wild Stag she flees away,
Her fear plants many a thicket wild;
While he pursues her night & day,
By various arts of Love beguil'd,

By various arts of Love & Hate,
Till the wide desart planted o'er
With Labyrinths of wayward Love,
Where roam the Lion, Wolf & Boar,

Till he becomes a wayward Babe,
And she a weeping Woman Old.
Then many a Lover wanders here;
The Sun & Stars are nearer roll'd.

The trees bring forth sweet Extacy
To all who in the desart roam;
Till many a City there is Built,
And many a pleasant Shepherd's home.

But when they find the frowning Babe,
Terror strikes thro' the region wide:
They cry "The Babe! the Babe is Born!"
And flee away on Every side.

For who dare touch the frowning form,
His arm is wither'd to its root;
Lions, Boars, Wolves, all howling flee,
And every Tree does shed its fruit.

Denn wie er ißt und trinkt, wird er
Nur jünger stets mit jedem Tag;
Und durch die wilde Wüste ziehn
In Schrecken sie und wirrer Klag'.

Dann flieht sie wie das wilde Reh,
Manch Dickicht pflanzt sie, das er quert;
Dieweil er Tag und Nacht ihr folgt,
Von ihrer Liebeskunst betört,

Von ihrer Kunst von Lieb' und Haß,
Bis in der weiten Wüste blüht
Der Liebe launisch Labyrinth,
Drin Löwe, Wolf und Eber zieht;

Bis er ein launisch Kindchen wird,
Und sie ein altes Weib, das greint.
Dann wandert manch Verliebter hier;
Und näher Stern und Sonne scheint.

Die Bäume bringen süße Lust
Dem Wandrer, der in Wüsten geht,
Bis dort so manche schöne Stadt
Und manche Schäferhütte steht.

Doch finden sie das finstre Kind,
Erfüllt der Schreck die Gegend weit:
Sie schrein: »Geboren ist das Kind!«
Und fliehn davon nach jeder Seit'.

Denn wer es anzurühren wagt,
Des Arm verdorrt ihm aufs Gebein;
Und Eber, Wolf und Löwe fliehn,
Und Bäume lassen Früchte sein.

And none can touch that frowning form,
Except it be a Woman Old;
She nails him down upon the Rock,
And all is done as I have told.

THE CRYSTAL CABINET

The Maiden caught me in the Wild,
Where I was dancing merrily;
She put me into her Cabinet
And Lock'd me up with a golden Key.

This Cabinet is form'd of Gold
And Pearl & Crystal shining bright,
And within it opens into a World
And a little lovely Moony Night.

Another England there I saw,
Another London with its Tower,
Another Thames & other Hills,
And another pleasant Surrey Bower,

Another Maiden like herself,
Translucent, lovely, shining clear,
Threefold each in the other clos'd –
O, what a pleasant trembling fear!

O, what a smile! a threefold Smile
Fill'd me, that like a flame I burn'd;
I bent to Kiss the lovely Maid,
And found a Threefold Kiss return'd.

Und keiner kann dem Kinde nahn
Als nur die Alte, die's erwählt;
Sie nagelt es an einen Fels,
Und es geschieht, wie ich erzählt.

Der kristallene Schrein

Das Mädchen fing mich ein im Wald,
Darin ich tanzte sorgenlos;
Sie setzte mich in ihren Schrein,
Den sie mit goldnem Schlüssel schloß.

Aus hellem Gold ist dieser Schrein
Und Perlen und Kristall gemacht
Und öffnet sich in eine Welt
Und eine kleine Mondennacht.

Ein zweites England sah ich dort,
Ein zweites London mit dem Tower
Und einen zweiten Themsestrand
Und einen zweiten Surrey Bower,

Ein zweites Mädchen gleich ihr selbst,
Scheinend, lieblich, strahlend rein,
Das dreifach in sich selbst sich schloß –
O welch erregend süße Pein!

O welch ein dreifach Lächeln hat
Mich da mit Flammenbrand erfüllt;
Ich beugte mich zum Kuß zu ihr,
Den dreifach ich zurückerhielt.

I strove to sieze the inmost Form
With ardor fierce & hands of flame,
But burst the Crystal Cabinet,
And like a Weeping Babe became –

A weeping Babe upon the wild,
And Weeping Woman pale reclin'd,
And in the outward air again
I fill'd with woes the passing Wind.

AUGURIES OF INNOCENCE

To see a World in a Grain of Sand
And a Heaven in a Wild Flower,
Hold Infinity in the palm of your hand
And Eternity in an hour.

A Robin Red breast in a Cage
Puts all Heaven in a Rage.
A dove house fill'd with doves & Pigeons
Shudders Hell thro' all its regions.
A dog starv'd at his Master's Gate
Predicts the ruin of the State.
A Horse misus'd upon the Road
Calls to Heaven for Human blood.
Each outcry of the hunted Hare
A fibre from the Brain does tear.
A Skylark wounded in the wing,
A Cherubim does cease to sing.
The Game Cock clip'd & arm'd for fight
Does the Rising Sun affright.
Every Wolf's & Lion's howl
Raises from Hell a Human Soul.
The wild deer, wand'ring here & there,

Ich strebt' nach ihrer innren Form
Mit flammend wilder Glut und Hand,
Doch sprengte den kristallnen Schrein,
Daß ich als Kind mich wiederfand –

Als Kind, das weint' im wilden Wald,
Und eine bleiche Frau entwich,
Und wieder in der freien Luft
Füllte den Wind mit Klagen ich.

Weissagungen der Unschuld

Die Welt zu sehn im Korn aus Sand,
Das Firmament im Blumenbunde,
Unendlichkeit halt' in der Hand
Und Ewigkeit in einer Stunde.

Ein Hänfling, der im Bauer singt,
Zum Zorne alle Himmel bringt.
Ein Schlag, in dem sich Tauben regen,
Läßt tiefste Höllengründe beben.
Ein Hund, der hungert vor dem Haus,
Sagt den Ruin des Staats voraus.
Ein Pferd, an dem man Unrecht tut,
Ruft Himmel an um Menschenblut.
Des gehetzten Wildes Schrei
Reißt des Gehirnes Nerv entzwei.
Gebrochen einer Lerche Schwingen,
Und ein Cherub läßt vom Singen.
Der Hahn, den man zum Kampf bewehrt,
Den ersten Sonnenstrahl verstört.
Jedes Wolfs und Löwen Schrei
Setzt Seelen aus der Hölle frei.
Der Hirsch, der streift bergauf, bergab,

Keeps the Human Soul from Care.
The Lamb misus'd breeds Public strife
And yet forgives the Butcher's Knife.
The Bat that flits at close of Eve
Has left the Brain that won't Believe.
The Owl that calls upon the Night
Speaks the Unbeliever's fright.
He who shall hurt the little Wren
Shall never be belov'd by Men.
He who the Ox to wrath has mov'd
Shall never be by Woman lov'd.
The wanton Boy that kills the Fly
Shall feel the Spider's enmity.
He who torments the Chafer's sprite
Weaves a Bower in endless Night.
The Catterpiller on the Leaf
Repeats to thee thy Mother's grief.
Kill not the Moth nor Butterfly,
For the Last Judgment draweth nigh.
He who shall train the Horse to War
Shall never pass the Polar Bar.
The Beggar's Dog & Widow's Cat,
Feed them & thou wilt grow fat.
The Gnat that sings his Summer's song
Poison gets from Slander's tongue.
The poison of the Snake & Newt
Is the sweat of Envy's Foot.
The Poison of the Honey Bee
Is the Artist's Jealousy.
The Prince's Robes & Beggar's Rags
Are Toadstools on the Miser's Bags.
A truth that's told with bad intent
Beats all the Lies you can invent.
It is right it should be so;
Man was made for Joy & Woe;
And when this we rightly know
Thro' the World we safely go,
Joy & Woe are woven fine,

Hält Sorgen von der Seele ab.
Das Lamm, um das entbrannt ein Streit,
Des Schlächters Messer doch verzeiht.
Die Fledermaus, die abends schwirrt,
Entstammt dem Hirn, das Zweifel schürt.
Der Ruf der Eule in der Nacht:
Furcht, die im Zweifelnden erwacht.
Wer den kleinen Spatz betrübt,
Wird von Menschen nie geliebt.
Wer den Stier zum Zorne trieb,
Wird nie von einer Frau geliebt.
Der Knabe, der die Fliege fängt,
Der Spinne Feindschaft auf sich lenkt.
Wer des Käfers Geister quält,
Nacht zur Wohnstatt sich erwählt.
Die Raupe an des Baumes Stamm
Erzählt dir deiner Mutter Gram.
Nicht den kleinsten Falter schlag,
Denn es naht der Jüngste Tag.
Wer das Pferd zum Krieg bestimmt,
Nie des Nordpols Schranke nimmt.
Der Witwe Katze, Bettlers Hund,
Füttre sie, und du wirst rund.
Das Gift im Stich der Sommermücke
Ist des Verleumders schnöde Tücke.
Das Gift von Schlange und Geschmeiß
Ist von Neides Fuß der Schweiß.
Das Gift der Honigbiene ist
Des Künstlers Eifersucht und List.
Des Fürsten Samt, des Bettlers Filz
Sind des Geldsacks Schimmelpilz.
Wahrheit, die aus Mißgunst spricht,
Schlägt alle Lügen, die erdicht't.
Dies hat seine Richtigkeit;
Uns bestimmt sind Freud und Leid;
Wenn wir dies nur recht verstehn,
Sicher durch die Welt wir gehn;
Fein gewebt sind Freud und Leid,

A Clothing for the Soul divine;
Under every grief & pine
Runs a joy with silken twine.
The Babe is more than swadling Bands;
Throughout all these Human Lands
Tools were made, & Born were hands,
Every Farmer Understands.
Every Tear from Every Eye
Becomes a Babe in Eternity;
This is caught by Females bright
And return'd to its own delight.
The Bleat, the Bark, Bellow & Roar
Are Waves that Beat on Heaven's Shore.
The Babe that weeps the Rod beneath
Writes Revenge in realms of death.
The Beggar's Rags, fluttering in Air,
Does to Rags the Heavens tear.
The Soldier, arm'd with Sword & Gun,
Palsied strikes the Summer's Sun.
The poor Man's Farthing is worth more
Than all the Gold on Afric's Shore.
One Mite wrung from the Labrer's hands
Shall buy & sell the Miser's Lands:
Or, if protected from on high,
Does that whole Nation sell & buy.
He who mocks the Infant's Faith
Shall be mock'd in Age & Death.
He who shall teach the Child to Doubt
The rotting Grave shall ne'er get out.
He who respects the Infant's faith
Triumphs over Hell & Death.
The Child's Toys & the Old Man's Reasons
Are the Fruits of the Two seasons.
The Questioner, who sits so sly,
Shall never know how to Reply.
He who replies to words of Doubt
Doth put the Light of Knowledge out.
The Strongest Poison ever known

Für die göttlich Seel' ein Kleid;
Unter jedem Gram und Harm
Läuft einer Freude seidnes Garn.
Das Kind ist mehr als Windelband;
Überall in Menschenland
Gibt es Werkzeug, gibt es Händ',
Die ein jeder Landmann kennt.
Jede Träne, die entrinnt,
Wird in der Ewigkeit zum Kind,
Das eine reine Frau auffängt
Und seinem eignen Glücke schenkt.
Das Blöken, Muhen, Röhren, Bellen
Sind himmlischer Gestade Wellen.
Das Kind, das weinte unterm Streich,
Schreibt Rache noch in Todes Reich.
Der Fetzen, den der Bettler weist,
Den Himmel auch in Fetzen reißt.
Der Krieger mit Gewehr und Schwert
Des Sommers Sonnenschein versehrt.
Des Armen Groschen hat mehr Wert
Als alles Gold aus ferner Erd'.
Ein Scherflein aus des Werkmanns Hand
Kauft und verkauft des Wuchrers Land:
Und kommt von oben Schutz und Rat,
Verkauft's und kauft's den ganzen Staat.
Wer des Kindes Glauben spott't,
Erntet Spott in Not und Tod.
Wer das Kind den Zweifel lehrt,
Wird von Grab und Tod verheert.
Wer des Kindes Glauben ehrt,
Ist vor Höll' und Tod bewehrt.
Des Kindes Spiel, des Greises Ruh'
Stehn den zwei Lebensaltern zu.
Der Schlaue, der das Fragen liebt,
Weiß doch nicht, wie man Antwort gibt.
Wer auf den Zweifel Antwort gibt,
Hat des Wissens Licht getrübt.
Das stärkste Gift, das je bekannt,

Came from Caesar's Laurel Crown.
Nought can deform the Human Race
Like to the Armour's iron brace.
When Gold & Gems adorn the Plow
To peaceful Arts shall Envy Bow.
A Riddle or the Cricket's Cry
Is to Doubt a fit Reply.
The Emmet's Inch & Eagle's Mile
Make Lame Philosophy to smile.
He who Doubts from what he sees
Will ne'er Believe, do what you Please.
If the Sun & Moon should doubt,
They'd immediately Go out.
To be in a Passion you Good may do,
But no Good if a Passion is in you.
The Whore & Gambler, by the State
Licenc'd, build that Nation's Fate.
The Harlot's cry from Street to Street
Shall weave Old England's winding Sheet.
The Winner's Shout, the Loser's Curse,
Dance before dead England's Hearse.
Every Night & every Morn
Some to Misery are Born.
Every Morn & every Night
Some are Born to sweet delight.
Some are Born to sweet delight,
Some are Born to Endless Night.
We are led to Believe a Lie
When we see not Thro' the Eye
Which was Born in a Night to perish in a Night
When the Soul Slept in Beams of Light.
God Appears & God is Light
To those poor Souls who dwell in Night,
But does a Human Form Display
To those who Dwell in Realms of day.

Cäsars Lorbeerkranz entstammt.
Nichts entstellt die Menschlichkeit
Wie der Rüstung Eisenkleid.
Wenn den Pflug schmückt das Geschmeid,
Beugt vor der Kunst sich auch der Neid.
Ein Rätsel oder Grillenlied
Dem Zweifel rechte Antwort gibt.
Der Ameis' und des Adlers Strecken
Lahmer Weisheit Lächeln wecken.
Wer bezweifelt, was er sieht,
Glaubt euch nie, trotz aller Müh'.
Wär'n Mond und Sonne frei von Zweifeln nicht,
Erlöschte augenblicks ihr Licht.
Gut, wenn ihr Leidenschaften hegt,
Doch nicht, wenn euch *nur* Leidenschaft bewegt.
Die Hure, die der Staat erlaubt,
Jenes Staates Schicksal baut.
Gassenlang der Hure Fluch
Webt Alt Englands Leichentuch.
Des Siegers Ruf, Verlierers Klagen
Tanzen vor Englands Leichenwagen.
Jede Nacht und jeden Morgen
Wachen manche auf in Sorgen.
Jeden Morgen, jede Nacht
Zum Entzücken wer erwacht.
Manche sind zum Entzücken erwacht,
Manche geboren zu endloser Nacht.
Wir werden einer Lüge glauben,
Wenn wir nicht sehn durch unsre Augen,
Die geboren in Nacht, zu vergehen im Nichts,
Als die Seele schlief in Strahlen des Lichts.
Gott erscheint und Gott ist Licht
Den Seelen, welche Nacht umflicht;
Doch er weist sein menschlich Bild
Jenen, die der Tag umhüllt.

THE GREY MONK

"I die, I die!" the Mother said,
"My Children die for lack of Bread.
What more has the merciless Tyrant said?"
The Monk sat down on the Stony Bed.

The blood red ran from the Grey Monk's side,
His hands & feet were wounded wide,
His Body bent, his arms & knees
Like to the roots of ancient trees.

His eye was dry; no tear could flow:
A hollow groan first spoke his woe.
He trembled & shudder'd upon the Bed;
At length with a feeble cry he said:

"When God commanded this hand to write
In the studious hours of deep midnight,
He told me the writing I wrote should prove
The Bane of all that on Earth I lov'd.

"My Brother starv'd between two Walls,
His Children's Cry my Soul appalls;
I mock'd at the wrack & griding chain,
My bent body mocks their torturing pain.

"Thy Father drew his sword in the North,
With his thousands strong he marched forth;
Thy Brother has arm'd himself in Steel
To avenge the wrongs thy Children feel.

"But vain the Sword & vain the Bow,
They never can work War's overthrow.
The Hermit's Prayer & the Widow's tear
Alone can free the World from fear.

Der graue Mönch

»Ich sterb«, sprach die Mutter, »ich sterbe, und tot
Sind bald auch die Kinder; sie haben kein Brot.
Was sprach er, der gnadenlose Tyrann?«
Der Mönch trat ans steinerne Lager heran.

Das rote Blut begann aus seinem Leib zu fließen,
Und er war wund an Händen und Füßen;
Sein Körper gebeugt, seine Arme und Knie,
Uralter Bäume Wurzeln glichen sie.

Aus seinem trocknen Auge keine Träne rann:
Ein dumpfes Stöhnen zeugte nur von seinem Gram.
Dann bebte er und schauderte dabei,
Und sprach zuletzt mit schwachem Schrei:

»Als Gott hier diese Hand zu schreiben hieß,
Wenn ich allnächtlich mich zum Studium niederließ,
Da sprach er, was ich schrieb, sollt' werden
Zum Fluch all jener, die ich liebt' auf Erden.

Mein Bruder mußt' im Kerker Hungers sterben;
Der Schrei seiner Kinder ist mein Verderben;
Ich spottete der Streckbank und der Kette Stahl,
Mein müder Körper spottet ihrer Folterqual.

Dein Vater zückt' sein Schwert im Nord
Und zog mit seinen Tausend fort;
Dein Bruder wappnet' sich in Erz,
Zu rächen deiner Kinder Schmerz.

Doch Schwert und Erz bringt keinen Sieg;
Sie überwinden nie den Krieg.
Dein Weinen und mein Flehn allein
Können die Welt von Furcht befrein.

"For a Tear is an Intellectual Thing,
And a Sigh is the Sword of an Angel King,
And the bitter groan of the Martyr's woe
Is an Arrow from the Almightie's Bow.

"The hand of Vengeance found the Bed
To which the Purple Tyrant fled;
The iron hand crush'd the Tyrant's head
And became a Tyrant in his stead."

LONG JOHN BROWN AND LITTLE MARY BELL

Little Mary Bell had a Fairy in a Nut,
Long John Brown had the Devil in his Gut;
Long John Brown lov'd Little Mary Bell,
And the Fairy drew the Devil into the Nut-shell.

Her Fairy skip'd out & her Fairy Skip'd in;
He laugh'd at the Devil saying "Love is a Sin."
The Devil he raged & the Devil he was wroth,
And the Devil enter'd into the Young Man's broth.

He was soon in the Gut of the loving Young Swain,
For John eat & drank to drive away Love's pain;
But all he could do he grew thinner & thinner,
Tho' he eat & drank as much as ten Men for his dinner.

Some said he had a Wolf in his stomach day & night,
Some said he had the Devil & they guess'd right;
The Fairy skip'd about in his Glory, Joy & Pride,
And he laugh'd at the Devil till poor John Brown died.

Denn eine Träne hat geistigen Wert,
Ein Seufzer ist eines Engels Schwert,
Und des Märters Schrei, der gellt,
Ein Pfeil, von Gottes Hand geschnellt.

Die Hand der Rache fand den Thron,
Dahin der Purpurne Tyrann entflohn,
Zerschmetterte sein Haupt sodann
Und ward statt seiner zum Tyrann.«

DER LANGE JOHN BROWN UND DIE KLEINE MARY BELL

Die kleine Mary Bell hatt' eine Fee in einer Nuß,
Der lange John Brown den Teufel im Leib;
Der lange John Brown liebt' die kleine Mary Bell,
Und die Fee zog den Teufel in die Nußschale schnell.

Ihre Fee huscht' heraus und huscht' hinein geschwinde;
Sie lachte des Teufels, der sprach: »Liebe ist Sünde.«
Der Teufel, er raste und war zornig wie nie,
Und da schlüpft' er hinein in des jungen Manns Brüh'.

Und bald so im Leib des verliebten Schäfers er saß,
Denn sein Leid zu vergessen, trank John und aß;
Doch was er auch tat, er ward immer dünner,
Ob er auch aß und trank wie zehn Männer.

Manche meinten, er hätt' einen Wolf da im Magen,
Manche meinten, den Teufel, und 's war richtig geraten;
Die Fee hüpft' herum in der frohesten Laun',
Und sie lachte des Teufels, bis gestorben John Brown.

Then the Fairy skip'd out of the old Nut shell,
And woe & alack for Pretty Mary Bell!
For the Devil crept in when the Fairy skip'd out,
And there goes Miss Bell with her fusty old Nut.

WILLIAM BOND

I wonder whether the Girls are mad,
And I wonder whether they mean to kill,
And I wonder if William Bond will die,
For assuredly he is very ill.

He went to Church in a May morning
Attended by Fairies, one, two & three;
But the Angels of Providence drove them away,
And he return'd home in Misery.

He went not out to the Field nor Fold
He went not out to the Village nor Town,
But he came home in a black, black cloud,
And took to his Bed & there lay down.

And an Angel of Providence at his Feet,
And an Angel of Providence at his Head,
And in the midst a Black, Black Cloud,
And in the midst the Sick Man on his Bed.

And on his Right hand was Mary Green,
And on his Left hand was his Sister Jane,
And their tears fell thro' the black, black Cloud
To drive away the sick man's pain.

"O William, if thou dost another Love,
Dost another Love better than poor Mary,

Da schlüpfte die Fee aus der Nußschale schnell,
Und Weh und Ach um die hübsche Mary Bell!
Denn der Teufel kroch hinein, als die Fee ihr entschlupft,
Und da geht nun Miss Bell mit ihrer muffigen Nuß.

William Bond

Ich frag' mich, sind die Mädchen toll,
Und ich frag' mich, woll'n sie gar seinen Tod,
Und ich frag' mich, ob William Bond sterben muß,
Denn ganz gewiß ist groß seine Not.

Er ging zur Kirche eines Morgens im Mai,
Von Feen begleitet, zweien und drein;
Doch die Engel der Vorsehung jagten sie weg,
Und er kehrte elend zurück in sein Heim.

Er ging nicht hinaus zum Feld oder Pferch,
Er ging nicht in Dorf oder Stadt hinaus,
Er kehrte in schwarzer Wolke zurück
Und legt' sich ins Bett und blieb liegen zuhaus.

Und ein Engel der Vorsehung ihm zu Häupten,
Und ein Engel der Vorsehung ihm zu Füßen,
Und dazwischen eine Wolke so schwarz,
Und dazwischen der kranke Mann in den Kissen.

Zur Rechten stand ihm Mary Green,
Zur Linken seine Schwester Jane,
Und ihre Tränen fielen durch die schwarze Wolke,
Daß seine Schmerzen sollten gehn.

»O William, wenn du eine andre liebst,
Eine andre mehr liebst als Mary Green,

Go & take that other to be thy Wife,
And Mary Green shall her servant be."

"Yes, Mary, I do another Love,
Another I Love far better than thee,
And Another I will have for my Wife;
Then what have I to do with thee?

"For thou art Melancholy Pale,
And on thy Head is the cold Moon's shine,
But she is ruddy & bright as day,
And the sun beams dazzle from her eyne."

Mary trembled & Mary chill'd
And Mary fell down on the right hand floor,
That William Bond & his Sister Jane
Scarce could recover Mary more.

When Mary woke & found her Laid
On the Right hand of her William dear,
On the Right hand of his loved Bed,
And saw her William Bond so near,

The Fairies that fled from William Bond
Danced around her Shining Head;
They danced over the Pillow white,
And the Angels of Providence left the Bed.

I thought Love liv'd in the hot sun shine,
But O, he lives in the Moony light!
I thought to find Love in the heat of day,
But sweet Love is the Comforter of Night.

Seek Love in the Pity of others' Woe,
In the gentle relief of another's care,
In the darkness of night & the winter's snow,
In the naked & outcast, Seek Love there!

Dann geh und nimm jene andre zum Weib,
Und die arme Mary sei ihre Dienerin.«

»Ja, Mary, ich lieb' eine andre,
Eine andre lieb' ich viel mehr als dich,
Und eine andre will ich zur Frau;
Was hätt' mit dir zu schaffen ich?

Denn du bist die bleiche Melancholie,
Auf deinem Haupt ruht Mondschein fahl;
Doch sie ist rosig und hell wie der Tag,
Aus ihrem Aug strömt Sonnenstrahl.«

Mary schauderte in Frost
Und fiel zu seiner Rechten hin,
Daß William Bond und seine Schwester Jane
Kaum wieder belebten ihre Sinn'.

Als Mary erwachte und plötzlich lag
Zur Rechten ihres William da,
Zu seiner Rechten auf seinem Bett,
Und ihrem William so nahe sich sah,

Tanzten die Feen, die von William geflohn,
Ihr um das Haupt, das leuchtete hell;
Sie tanzten übers weiße Kissen hin,
Und die Engel der Vorsehung flohn von der Stell'.

Ich dachte, Liebe lebt' im heißen Sonnenschein,
Doch ach, sie ist im Mondlicht auferwacht!
Ich dachte, Liebe fänd' ich in des Tages Glut,
Doch süße Liebe ist der Tröster in der Nacht.

Sucht Liebe im Mitleid mit anderer Weh,
Im sanften Lindern von anderer Müh',
Im Dunkel der Nacht und im Winterschnee,
Bei den Nackten, Verstoßnen, dort findet ihr sie!

THE SMILE

There is a Smile of Love,
And there is a Smile of Deceit,
And there is a Smile of Smiles
In which these two Smiles meet.

And there is a Frown of Hate,
And there is a Frown of Disdain,
And there is a Frown of Frowns
Which you strive to forget in vain,

For it sticks in the Heart's deep core
And it sticks in the deep Back bone;
And no Smile that ever was smil'd,
But only one Smile alone,

That betwixt the Cradle & Grave
It only once Smil'd can be;
But, when it once is Smil'd,
There's an end to all Misery.

THE GOLDEN NET

Three Virgins at the break of day:
"Whither, young Man, whither away?
Alas for woe! alas for woe!"
They cry, & tears for ever flow.
The one was Cloth'd in flames of fire,
The other Cloth'd in iron wire,
The other Cloth'd in tears & sighs
Dazling bright before my Eyes.
They bore a Net of golden twine

Das Lächeln

Es gibt ein Lächeln der Liebe,
Und es gibt ein Lächeln der List,
Und es gibt ein Lächeln der Lächeln,
Das diese beiden in sich schließt.

Und es gibt einen Blick des Hasses,
Und es gibt einen Blick, der verflucht,
Und es gibt einen Blick der Blicke,
Den man vergeblich zu vergessen sucht,

Denn er frißt sich tief ins Herz,
Und er frißt sich ins Gebein;
Und kein Lächeln, das jemals gelächelt,
Nur ein einziges Lächeln allein,

Kann zwischen Wiege und Grab
Gelächelt werden ein einziges Mal;
Doch sobald es einmal gelächelt,
Ist es das Ende aller Qual.

Das goldene Netz

Drei Jungfraun, als der Tag brach an:
»Wohin des Weges, junger Mann?
Ach und Weh! Ach und Weh!«
Und ihre Tränen strömen jäh.
Die eine in feurige Flammen,
Die andre in eiserne Krammen,
Die dritte in Tränen gekleid't,
Die flimmerten in Helligkeit.
Ein Netz, geknüpft aus goldnem Garn,

To hang upon the branches fine.
Pitying I wept to see the woe
That Love & Beauty undergo,
To be consum'd in burning Fires
And in ungratified desires,
And in tears cloth'd Night & day
Melted all my Soul away.
When they saw my Tears, a Smile
That did Heaven itself beguile,
Bore the Golden Net aloft
As on downy Pinions soft
Over the Morning of my day.
Underneath the Net I stray,
Now intreating Burning Fire,
Now intreating Iron Wire,
Now intreating Tears & Sighs.
O when will the morning rise?

MARY

Sweet Mary, the first time she ever was there,
Came into the Ball room among the Fair;
The young Men & Maidens around her throng,
And these are the words upon every tongue:

"An Angel is here from the heavenly climes,
Or again does return the golden times;
Her eyes outshine every brilliant ray,
She opens her lips – 'tis the Month of May."

Mary moves in soft beauty & conscious delight
To augment with sweet smiles all the joys of the Night,
Nor once blushes to own to the rest of the Fair
That sweet Love & Beauty are worthy our care.

Hingen sie an Zweig und Farn.
Ich weinte, als ich inneward,
Welch Los der Liebe aufgespart,
Verzehrt zu werden von Flammen
Und ungestilltem Verlangen,
Und in heißer Tränen Lauf
Löst' sich meine Seele auf.
Als sie mich weinen sahen, schwang
Ein Lächeln, das selbst Himmel zwang,
Wie auf sanfter Schwingen Flaum
Das goldne Netz hoch in den Raum
Über meines Tags Beginn.
Unterm Netz zog ich dahin,
Bald flehend zu brennenden Flammen,
Bald flehend zu eisernen Krammen,
Bald flehend zu Tränen: O wann
Hebt der neue Morgen an?

Mary

Die süße Mary ging zum ersten Mal
Unter die Schönen zum Tanz in den Saal;
Von Männern und Mädchen wird sie umrund't,
Und dies sind die Worte aus aller Mund:

»Hier weilt ein Engel mit himmlischem Blick,
Oder die goldene Zeit kehrt zurück;
Ihr Auge glänzt heller als strahlender Schein,
Sie öffnet die Lippen – Mai muß es sein.«

Ihrer Schönheit bewußt ging Mary einher;
Ihr Lächeln versüßt' aller Freude noch mehr;
Und ohne Erröten verkündete sie,
Daß Liebe und Schönheit wohl wert unsrer Müh'.

In the Morning the Villagers rose with delight
And repeated with pleasure the joys of the night,
And Mary arose among Friends to be free,
But no Friend from henceforward thou, Mary, shalt see.

Some said she was proud, some call'd her a whore,
And some, when she passed by, shut to the door;
A damp cold came o'er her, her blushes all fled;
Her lillies & roses are blighted & shed.

"O, why was I born with a different Face?
Why was I not born like this Envious Race?
Why did Heaven adorn me with bountiful hand,
And then set me down in an envious Land?

"To be weak as a Lamb & smooth as a dove,
And not to raise Envy, is call'd Christian Love;
But if you raise Envy your Merit's to blame
For planting such spite in the weak & the tame.

"I will humble my Beauty, I will not dress fine,
I will keep from the Ball, & my Eyes shall not shine;
And if any Girl's Lover forsakes her for me,
I'll refuse him my hand & from Envy be free."

She went out in Morning attir'd plain & neat;
"Proud Mary's gone Mad," said the Child in the Street;
She went out in Morning in plain neat attire,
And came home in Evening bespatter'd with mire.

She trembled & wept, sitting on the Bed side;
She forgot it was Night, & she trembled & cried;
She forgot it was Night, she forgot it was Morn,
Her soft Memory imprinted with Faces of Scorn,

Am Morgen, als freudig die Dörfler erwacht,
Erinnern sie sich an die Freuden der Nacht,
Und Mary stand auf, unter Freunden zu gehn,
Doch, Mary, du sollt'st keine Freunde mehr sehn.

Sie nannten sie stolz und ein lüsternes Ding
Und schlossen die Tür, wenn vorüber sie ging;
Kälte befiel sie, es floh all ihr Rot:
Ihre Lilien und Rosen entblättert und tot.

»Was ward ich geboren mit anderm Gesicht
Und gleiche dem neidischen Völkchen hier nicht?
Was schenkte der Himmel mir solch einen Reiz
Und setzt' mich dann aus in die Länder des Neids?

Was, den Neid nicht zu wecken, wie Taube und Lamm
Schwach ist und sanft, trägt der Christenlieb' Nam';
Doch euere Schuld ist's, wenn Eifersucht schwillt,
Weil ihr Schwache und Zahme mit Bosheit erfüllt.

Ich will mich verleugnen und mach' mich nicht fein;
Ferne dem Tanz, berg' mein Aug' keinen Schein;
Und wenn wegen mir wer ein Mädchen verschmäht,
Will ich mich verweigern, daß Neid nicht entsteht.«

Sie ging des Morgens aus, adrett geschmückt;
Die Kinder sagten: »Mary ward verrückt«;
Sie ging des Morgens aus in schmuckem Putz
Und kehrte abends heim bespritzt mit Schmutz.

Sie zittert' und weint', als ihr Bett sie gemacht;
Sie zittert' und weint' und vergaß, daß es Nacht;
Vergaß, daß es Nacht war, vergaß, daß es Früh';
Im Geist sah die Gesichter der Verachtung sie,

With Faces of Scorn & with Eyes of disdain
Like foul Fiends inhabiting Mary's mild Brain;
She remembers no Face like the Human Divine.
All Faces have Envy, sweet Mary, but thine;

And thine is a Face of sweet Love in despair,
And thine is a Face of mild sorrow & care,
And thine is a Face of wild terror & fear
That shall never be quiet till laid on its bier.

The Land of Dreams

Awake, awake, my little Boy!
Thou wast thy Mother's only joy;
Why dost thou weep in thy gentle sleep?
Awake! thy Father does thee keep.

"O, what Land is the Land of Dreams?
What are its Mountains & what are its Streams?
O Father, I saw my Mother there,
Among the Lillies by waters fair.

"Among the Lambs, clothed in white,
She walk'd with her Thomas in sweet delight.
I wept for joy, like a dove I mourn;
O! when shall I again return?"

Dear Child, I also by pleasant Streams
Have wander'd all Night in the Land of Dreams;
But tho' calm & warm the waters wide,
I could not get to the other side.

Gesichter voll Mißgunst und Augen voll Hohn,
Dämonen gleichend ihren Geist bedrohn;
Und keins glich dem göttlichen Menschengesicht.
Neid, der aus allen, außer deinem, süße Mary, spricht;

Und deins ist das Antlitz der Liebe in Gram,
Und deins ist das Antlitz, das Not überkam,
Und deins ist das Antlitz von Angst und Gefahr,
Das erst seine Ruh' find't, wenn es liegt auf der Bahr'.

Das Land der Träume

Erwach, mein Knäblein, heb den Blick!
Du warst der Mutter einzig Glück;
Was weinst du, der du schlummertest?
Erwach! dein Vater hält dich fest.

»Oh, was ist der Träume Land?
Welch Berge, welcher Ströme Strand?
Oh, dort sah ich die Mutter stehn,
Am Flusse unter Lilien gehn.

In Weiß gekleidet, ging mit Tom
Sie unter Lämmern froh am Strom.
Ich, der nun traurig, weint' vor Glück;
Oh, wann kehr dorthin ich zurück?«

Lieb Kind, auch ich zog schon am Strand
Der Ströme nachts durch Traumes Land;
War auch ihr Wasser still und licht,
Gelangt' ich doch hinüber nicht.

"Father, O Father! what do we here
In this Land of unbelief & fear?
The Land of Dreams is better far,
Above the light of the Morning Star."

DEDICATION OF THE ILLUSTRATIONS TO BLAIR'S 'GRAVE'

TO THE QUEEN

The Door of Death is made of Gold,
That Mortal Eyes cannot behold;
But, when the Mortal Eyes are clos'd,
And cold and pale the Limbs repos'd,
The Soul awakes; and, wond'ring, sees
In her mild Hand the golden Keys:
The Grave is Heaven's golden Gate,
And rich and poor around it wait;
O Shepherdess of England's Fold,
Behold this Gate of Pearl and Gold!

To dedicate to England's Queen
The Visions that my Soul has seen,
And, by Her kind permission, bring
What I have borne on solemn Wing
From the vast regions of the Grave,
Before Her Throne my Wings I wave;
Bowing before my Sov'reign's Feet,
"The Grave produc'd these Blossoms sweet
In mild repose from Earthly strife;
The Blossoms of Eternal Life!"

»O Vater, warum weilen wir
Im Land von Furcht und Zweifel hier?
Weit schöner ist der Träume Land,
Das in der Sterne Licht ich fand.«

Widmung der Illustrationen zu Blairs ›Grave‹

An die Königin

Das Tor des Tods aus Gold besteht,
Das sterblich Auge nie erspäht;
Doch wenn die Lider zu sich tun
Und kalt und bleich die Glieder ruhn,
Erwacht die Seele, denn sie fand
Die goldnen Schlüssel in der Hand:
Das Grab ist Himmels goldnes Tor,
Und Arm' und Reiche stehn davor:
O Englands große Hirtin, hier
Sieh Gold und Perlen an der Tür!

Sei Englands Herrin anvertraut,
Was meine Seele dort geschaut;
Mög sie gewährn, daß ich sogleich
Ihr bringe, was aus wüstem Reich
Des Grabs ich her auf Schwingen trug:
Vor ihrem Thron neigt sich mein Flug
Zu meiner Herrin Fuß hinab:
»Solch süße Blüte schuf das Grab
In milder Rast von ird'scher Müh';
Des ew'gen Lebens Blüte sieh!«

* * *

Why was Cupid a Boy
And why a boy was he?
He should have been a Girl
For ought that I can see.

For he shoots with his bow,
And the Girl shoots with her Eye,
And they both are merry & glad
And laugh when we do cry.

And to make Cupid a Boy
Was the Cupid Girl's mocking plan;
For a boy can't interpret the thing
Till he is become a man.

And then he's so pierc'd with cares
And wounded with arrowy smarts,
That the whole business of his life
Is to pick out the heads of the darts.

'Twas the Greeks' love of war
Turn'd Love into a Boy,
And Woman into a Statue of Stone –
And away flew every Joy.

* * *

When a Man has Married a Wife, he finds out whether
Her knees & elbows are only glewed together.

* * *

Wenn Cupido die Liebe war,
Warum ein Knabe dann?
Er hätt' ein Mädchen sollen sein,
Soviel ich sehen kann.

Denn wenn er trifft mit seinem Pfeil,
So trifft das Mädchen mit dem Blick,
Und beide sind sie stolz und froh,
Und unser Kummer ist ihr Glück.

Daß Cupido ein Knab' sollt' sein,
War der Liebe list'ger Plan;
Denn ein Knab' versteht sie nicht,
Eh' er nicht ward zum Mann.

Und dann durchbohren Not und Müh'
Gleich scharfen Pfeilen ihn,
Daß er die Zeit damit verbringt,
Die Spitzen auszuziehn.

So schuf der Griechen Lieb' zum Krieg
Den Knaben Cupido
Und als Bild aus Stein die Frau –
Und alle Freude floh.

* * *

Wenn ein Mann sich ein Weib nahm, find't er ohne Mühe,
Ob zusammengeleimt ihre Arme und Kniee.

ON THE VIRGINITY OF THE VIRGIN MARY & JOHANNA SOUTHCOTT

Whate'er is done to her she cannot know,
And if you'll ask her she will swear it so.
Whether 'tis good or evil none's to blame:
No one can take the pride, no one the shame.

* * *

Grown old in Love from Seven till Seven times Seven,
I oft have wish'd for Hell for Ease from Heaven.

* * *

Since all the Riches of this World
May be gifts from the Devil & Earthly Kings,
I should suspect that I worship'd the Devil
If I thank'd my God for Worldly things.

Auf die Jungfräulichkeit der Jungfrau Maria und Johanna Southcotts

Sie kann ja nicht wissen, was ihr geschehn:
Und wird es beschwörn, wollt ihr fragen sie gehn.
Ob's gut oder böse, sie trägt's keinem nach:
Und keinem wird Ruhm, und keinem die Schmach.

* * *

Gealtert in Liebe von sieben bis sieben mal sieben,
Wünscht' oft ich zur Hölle, daß der Himmel erspart mir geblieben.

* * *

Da es wohl sein kann, daß jed' Gut auf Erden
Von Fürst und Teufel auf uns fällt,
Hege ich Zweifel, ob ich nicht ehrte den Teufel,
Dankte ich Gott für die Güter der Welt.

* * *

I rose up at the dawn of day –
Get thee away! get thee away!
Pray'st thou for Riches? away! away!
This is the Throne of Mammon grey.

Said I, "This sure is very odd.
I took it to be the Throne of God.
For every Thing besides I have:
It is only for Riches that I can crave.

"I have Mental Joy & Mental Health
And Mental Friends & Mental wealth;
I've a Wife I love & that loves me;
I've all but Riches Bodily.

"I am in God's presence night & day,
And he never turns his face away.
The accuser of sins by my side does stand
And he holds my money bag in his hand.

"For my worldly things God makes him pay,
And he'd pay more if to him I would pray;
And so you may do the worst you can do:
Be assur'd Mr. devil I won't pray to you.

"Then If for Riches I must not Pray,
God knows I little of Prayers need say.
So as a Church is known by its Steeple,
If I pray it must be for other People.

"He says, if I do not worship him for a God,
I shall eat coarser food & go worse shod;
So as I don't value such things as these,
You must do, Mr. devil, just as God please."

* * *

Auf stand ich in der ersten Früh' –
Davon! davon! von dannen flieh!
Um Reichtum betest du? davon!
Dies ist des grauen Mammon Thron.

Da sprach ich: »Seltsam ist dies schon.
Ich dachte, es sei Gottes Thron.
Denn ich hab' alles außer dem:
Ich könnte nur um Reichtum flehn.

Hab' geistige Freude und geistigen Mut
Und geistige Freunde und geistiges Gut;
Ich liebe und habe die Lieb' meines Weibs;
Hab' alles außer den Gütern des Leibs.

Ich steh' vor Gottes Angesicht,
Das er von mir wendet nicht.
Der Teufel, der zur Seit' mir steht,
In Händen meine Börse dreht.

Für mein irdisches Gut zahlt Gott er Entgelt,
Und zahlte wohl mehr, wenn zu ihm ich mich stellt';
So tu nur dein Ärgstes, wie's ist deine Pflicht:
Sei versichert, Herr Teufel, zu dir bet' ich nicht.

Denn darf ich nicht um Reichtum flehn,
Weiß Gott, muß kaum ich beten gehn.
Drum, wie die Spitz' am Kirchturm steht,
Muß andern gelten mein Gebet.

Er sagt, wenn ich ihn nicht verehrte als Gott,
Trüg' ich gröbere Schuh' und litt' größere Not;
Doch da dies mein Höchstes nicht ist auf der Welt,
Mußt tun du, Herr Teufel, wie Gott es gefällt.«

THREE POEMS

DREI GEDICHTE

From 'Milton'

And did those feet in ancient time
Walk upon England's mountains green?
And was the holy Lamb of God
On England's pleasant pastures seen?

And did the Countenance Divine
Shine forth upon our clouded hills?
And was Jerusalem builded here
Among these dark Satanic Mills?

Bring me my Bow of burning gold:
Bring me my Arrows of desire:
Bring me my Spear: O clouds unfold!
Bring me my Chariot of fire.

I will not cease from Mental Fight,
Nor shall my Sword sleep in my hand
Till we have built Jerusalem
In England's green & pleasant Land.

To Thomas Butts, 2nd October 1800

To my Friend Butts I write
My first Vision of Light,
On the yellow sands sitting.
The Sun was Emitting
His Glorious beams
From Heaven's high Streams.
Over Sea, over Land
My Eyes did Expand
Into regions of air

Aus ›Milton‹

Und zogen diese Füße einst
Auch über Englands grüne Höh'n?
Und war Gottes heil'ges Lamm
Auf Englands Weiden einst zu sehn?

Und schien einst Gottes Angesicht
Auf unsere bewölkte Flur?
Und ward Jerusalem erbaut
Hier zwischen Satansmühlen nur?

Bringt meinen Bogen glühnden Golds:
Bringt meinen Pfeil der Sehnsucht mir:
Bringt meinen Speer: O Wolken, weicht!
Bringt mir mein feurig Streitgeschirr!

Ich lasse nicht vom geist'gen Kampf,
Nicht ruht das Schwert in meiner Hand,
Bis wir Jerusalem erbaut
In Englands grünem, schönem Land.

Aus einem Brief an Thomas Butts vom 2. Oktober 1800

Meinem Freund Butts schreibe ich
Meine erste Vision des Lichts,
Auf gelben Sanden sitzend.
Die Sonnenstrahlen blitzend
Glänzten und zogen
Auf den himmlischen Wogen.
Übers Land, übers Meer
Schweift' mein Auge umher,
In Gefilde der Luft,

Away from all Care,
Into regions of fire
Remote from Desire;
The Light of the Morning
Heaven's Mountains adorning:
In particles bright
The jewels of Light
Distinct shone & clear.
Amaz'd & in fear
I each particle gazed,
Astonish'd, Amazed;
For each was a Man
Human-form'd. Swift I ran,

For they beckon'd to me
Remote by the Sea,
Saying: "Each grain of Sand,
Every Stone on the Land,
Each rock & each hill,
Each fountain & rill,
Each herb & each tree,
Mountain, hill, earth & sea,
Cloud, Meteor & Star,
Are Men seen Afar."
I stood in the Streams
Of Heaven's bright beams,
And Saw Felpham sweet
Beneath my bright feet
In soft Female charms;
And in her fair arms
My Shadow I knew
And my wife's shadow too,
And My Sister & Friend.

We like Infants descend
In our Shadows on Earth,
Like a weak mortal birth.
My Eyes more and more

Fern aller Schwere,
In Gefilde des Feuers,
Fern dem Begehren.
Des Morgens Schein
Hüllte rings die Berge ein.
In Splittern der Helle
Blitzten des Lichtes Juwelen
Deutlich und klar.
Erstaunt sah ich da
Des Lichts kleinste Splitter,
Erstaunt und mit Zittern;
Denn jedes erschien
In Menschengestalt.
Rasch eilte ich hin,
Denn sie winkten mir her
Von fern überm Meer
Und sprachen: »Jedes Korn Sand,
Jeder Stein auf dem Land,
Jeder Hügel und Fels,
Jeder Tropfen des Quells,
Jedes Kraut, jeder Baum,
Land, Meer und im Raum
Die Wolke, der Stern,
Sind Menschen, strahlend und fern.«
Ich stand in den Wogen
Der Strahlen, die zogen,
Und mir zu Füßen
Sah ich Felpham mich grüßen
Als ein liebliches Weib.
Ihre Arme, ihr Leib
Bargen meinen Schatten
Und den meiner Gattin,
Und den meiner Schwester
Und meines Freunds Butts.
Wie Kinder stiegen wir herab
Als Schatten auf den Erdenleib
Zur Geburt in Sterblichkeit.
Und mein Blick schweift' umher

Like a Sea without shore
Continue Expanding,
The Heavens commanding,
Till the Jewels of Light,
Heavenly Men beaming bright,
Appear'd as One Man,
Who complacent began
My limbs to infold
In his beams of bright gold;
Like dross purg'd away
All my mire & my clay.
Soft consum'd in delight
In his bosom Sun bright
I remain'd. Soft he smil'd,
And I heard his voice Mild
Saying: "This is My Fold,
O thou Ram horn'd with gold,
Who awakest from Sleep
On the Sides of the Deep.
On the Mountains around
The roarings resound
Of the lion & wolf,
The loud Sea & deep gulf.
These are guards of My Fold,
O thou Ram horn'd with gold!"
And the voice faded mild.
I remain'd as a Child;
All I ever had known
Before me bright Shone.
I saw you & your wife
By the fountains of Life.
Such the Vision to me
Appear'd on the sea.

Wie ein uferlos Meer,
Den Himmeln befehlend,
Bis des Lichtes Juwelen,
Himmlische Menschen
In strahlender Helle,
Als Einer erschienen,
Der zartsam und hold
Meine Glieder umfing
Mit seinen Strahlen hellen Golds
Und mich befreite
Vom irdischen Kleide.
Ich ruhte in Wonne
In seines Busens Sonne.
Er lächelt' mich an,
Und seine Stimme erklang:
»*Meine* Hürde ist dies,
O Widder mit dem goldnen Vlies,
Der du eben noch schliefest
Auf den Hängen der Tiefe.
Aus Bergen und Wald
Das Brüllen erschallt
Von Löwe und Wolf,
Von lauter See und tiefem Golf.
Die Wächter meiner Hürde sind dies,
O Widder mit dem goldnen Vlies.«
Und die Stimme verklang.
Ich blieb als Kind zurück.
Was je war mein Glück,
Was je ich gewußt,
Schien vor mir hell.
Ich sah dich und dein Weib
An des Lebens Quell.
So kam sie mir her,
Die Vision überm Meer.

To Thomas Butts, 16th August 1803

O why was I born with a different face?
Why was I not born like the rest of my race?
When I look, each one starts! when I speak, I offend;
Then I'm silent & passive & lose every Friend.

Then my verse I dishonour, My pictures despise,
My person degrade & my temper chastise;
And the pen is my terror, the pencil my shame;
All my Talents I bury, and dead is my Fame.

I am either too low or too highly priz'd;
When Elate I am Envy'd, When Meek I'm despis'd.

Aus einem Brief an Thomas Butts vom 16. August 1803

Was ward ich geboren mit anderm Gesicht?
Was gleiche dem Rest meiner Rasse ich nicht?
Sprech ich und blicke, so sind sie mir feind;
Und schweigsam und duldsam verlier' ich den Freund.

Dann halt ich für niedrig, was ich schreibe und mal',
Kasteie mein Wesen mir selber zur Qual;
Und der Stift ist mir Schrecken, der Pinsel mir Schmach;
Ich begrabe mein Können, und mein Ruhm stirbt ihm nach.

Meine Schätzung geht ständig zu kurz oder weit;
Wenn mild, trifft mich Schmähung, wenn begeistert, der Neid.

THE
MARRIAGE
of
HEAVEN
and
HELL

PROPHETIC BOOKS

PROPHETISCHE BÜCHER

THE MARRIAGE OF HEAVEN AND HELL

The Argument

Rintrah roars & shakes his fires in the burden'd air;
Hungry clouds swag on the deep.

Once meek, and in a perilous path,
The just man kept his course along
The vale of death.
Roses are planted where thorns grow,
And on the barren heath
Sing the honey bees.

Then the perilous path was planted,
And a river and a spring
On every cliff and tomb,
And on the bleached bones
Red clay brought forth;

Till the villain left the paths of ease,
To walk in perilous paths, and drive
The just man into barren climes.

Now the sneaking serpent walks
In mild humility,
And the just man rages in the wilds
Where lions roam.

Rintrah roars & shakes his fires in the burden'd air;
Hungry clouds swag on the deep.

As a new heaven is begun, and it is now thirty-three years since its advent, the Eternal Hell revives. And lo! Swedenborg is the Angel sitting at the tomb: his writings are the linen clothes folded

DIE HOCHZEIT VON HIMMEL UND HÖLLE

Eingang

Rintrah donnert & schüttelt seine Feuer in der lastenden Luft;
Hungrige Wolken schweben über der Tiefe.

Einst, fromm und auf gefährlichem Pfad,
Hielt der Gerechte fest an seinem Weg
Durch das Tal des Todes.
Rosen stehn, wo Dornen wachsen,
Und auf der öden Heide summen die Honigbienen.

Dann ward der gefährliche Pfad angelegt,
Und ein Fluß und ein Quell
Auf jeder Klippe, jedem Grab,
Und auf den verblichnen Gebeinen
Erschien roter Lehm;

Bis der Böse die Pfade der Bequemlichkeit verließ,
Um auf gefährlichen Pfaden zu wandeln und
Den Gerechten in öden Landstrich zu treiben.

Nun ergeht sich die hinterhältige Schlange
In milder Demut,
Und der Gerechte rast in der Wildnis,
Wo Löwen schweifen.

Rintrah donnert & schüttelt seine Feuer in der lastenden Luft;
Hungrige Wolken schweben über der Tiefe.

Da ein neuer Himmel begonnen hat, und es nun dreiunddreißig Jahre seit seiner Ankunft sind, lebt die Ewige Hölle wieder auf. Und siehe! Swedenborg ist der Engel, der am Grabe sitzt: seine

up. Now is the dominion of Edom, & the return of Adam into Paradise. See Isaiah xxxiv & xxxv Chap.

Without Contraries is no progression. Attraction and Repulsion, Reason and Energy, Love and Hate, are necessary to Human existence.

From these contraries spring what the religious call Good & Evil. Good is the passive that obeys Reason. Evil is the active springing from Energy.

Good is Heaven. Evil is Hell.

THE VOICE OF THE DEVIL

All Bibles or sacred codes have been the causes of the following Errors:

1. That Man has two real existing principles:Viz: a Body & a Soul.

2. That Energy, call'd Evil, is alone from the Body; & that Reason, call'd Good, is alone from the Soul.
3. That God will torment Man in Eternity for following his Energies.

But the following Contraries to these are True:

1. Man has no Body distinct from his Soul; for that call'd Body is a portion of Soul discern'd by the five Senses, the chief inlets of Soul in this age.

2. Energy is the only life, and is from the Body; and Reason is the bound or outward circumference of Energy.
3. Energy is Eternal Delight.

Those who restrain desire, do so because theirs is weak enough to be restrained; and the restrainer or reason usurps its place & governs the unwilling.

And being restrain'd, it by degrees becomes passive, till it is only the shadow of desire.

Schriften sind die gefalteten Leintücher. Nun ist das Reich Edoms & die Rückkehr Adams ins Paradies. Siehe Jesaja Kap. 34 & 35.

Ohne Gegensätze gibt es keine Entwicklung. Anziehung und Abstoßung, Vernunft und Energie, Liebe und Haß sind notwendig für das menschliche Dasein.

Diesen Gegensätzen entspringt, was die Gläubigen Gut & Böse nennen. Gut ist das Passive, das der Vernunft gehorcht. Böse ist das Aktive, das der Energie entspringt.

Gut ist Himmel. Böse ist Hölle.

Die Stimme des Teufels

Alle Bibeln oder heiligen Gesetzbücher sind die Ursache folgender Irrtümer gewesen:

1. Daß der Mensch zwei tatsächlich bestehende Prinzipien hat: Nämlich: einen Körper & eine Seele.
2. Daß Energie, Böse genannt, allein des Körpers ist & daß Vernunft, Gut genannt, allein von der Seele ist.
3. Daß Gott den Menschen, der seiner Energie folgt, in Ewigkeit martern wird.

Aber die folgenden Gegensätze zu diesen sind Wahr:

1. Der Mensch hat keinen von seiner Seele getrennten Körper; denn was Körper genannt wird, ist ein Teil der Seele, erspäht von den fünf Sinnen, den Haupteingängen der Seele in dieser Zeitlichkeit.
2. Energie ist das einzige Leben und stammt her aus dem Körper; und Vernunft ist der Einband oder äußere Umkreis der Energie.
3. Energie ist Ewiges Entzücken.

Diejenigen, die das Verlangen bezähmen, tun dies, weil das ihre schwach genug ist, bezähmt zu werden; und der Bezähmer oder die Vernunft nimmt seinen Platz ein & beherrscht den Willenlosen.

Und bezähmt wird es Grad für Grad passiv, bis es nur noch der Schatten des Verlangens ist.

The history of this is written in Paradise Lost, & the Governor or Reason is call'd Messiah.

And the original Archangel, or possessor of the command of the heavenly host, is call'd the Devil or Satan, and his children are call'd Sin & Death.

But in the Book of Job, Milton's Messiah is call'd Satan.

For this history has been adopted by both parties.

It indeed appear'd to Reason as if Desire was cast out; but the Devil's account is, that the Messiah fell, & formed a heaven of what he stole from the Abyss.

This is shewn in the Gospel, where he prays to the Father to send the comforter, or Desire, that Reason may have Ideas to build on; the Jehovah of the Bible being no other than he who dwells in flaming fire.

Know that after Christ's death, he became Jehovah.

But in Milton, the Father is Destiny, the Son a Ratio of the five senses, & the Holy-ghost Vacuum!

Note: The reason Milton wrote in fetters when he wrote of Angels & God, and at liberty when of Devils & Hell, is because he was a true Poet and of the Devil's party without knowing it.

A MEMORABLE FANCY

As I was walking among the fires of hell, delighted with the enjoyments of Genius, which to Angels look like torment and insanity, I collected some of their Proverbs; thinking that as the sayings used in a nation mark its character, so the Proverbs of Hell show the nature of Infernal wisdom better than any description of buildings or garments.

When I came home: on the abyss of the five senses, where a flat sided steep frowns over the present world, I saw a mighty Devil folded in black clouds, hovering on the sides of the rock: with

Diese Geschichte ist niedergeschrieben im Verlorenen Paradies, & der Herrscher oder die Vernunft wird Messias genannt.

Und der ursprüngliche Erzengel oder Herrscher der himmlischen Heerscharen wird der Teufel oder Satan genannt und seine Kinder Sünde & Tod.

Aber im Buch Hiob wird Miltons Messias Satan genannt.

Denn diese Geschichte ist von beiden Parteien aufgegriffen worden.

Es erschien der Vernunft tatsächlich, als sei das Verlangen vertrieben worden; aber es ist des Teufels Verdienst, daß der Messias fiel & einen Himmel bildete aus dem, was er dem Abgrund stahl.

Dies zeigt das Leben Jesu, wo er den Vater bittet, den Tröster oder das Verlangen zu senden, daß die Vernunft Ideen haben möge, auf die sie aufbauen könne; der Jehovah der Bibel war kein anderer als der in flammendem Feuer wohnte.

Wisset, daß nach Christi Tod er Jehovah wurde.

Aber in Milton ist der Vater die Vorsehung, der Sohn eine Ratio der fünf Sinne & der Heilige Geist ein Vakuum!

Merke: Der Grund, warum Milton in Fesseln schrieb, wenn er von Engeln & Gott schrieb, und in Freiheit, wenn von Teufeln & Hölle, ist, daß er ein wirklicher Dichter war und von des Teufels Partei, ohne es zu wissen.

Eine merkenswerte Phantasie

Als ich durch die Feuer der Hölle ging, entzückt von den Freuden des Geistes, die den Engeln Qual und Wahnsinn scheinen, sammelte ich einige ihrer Sprichwörter; ich dachte daran, daß, wie die Redensarten einer Nation ihren Charakter aufzeigen, die Sprichwörter der Hölle die Natur der Infernalen Weisheit besser zeigen als jede Beschreibung von Bauten oder Gewändern.

Als ich nach Hause kam: über den Abgrund der fünf Sinne, wo ein glattwandiger Abhang finster über die Welt hinblickt, sah ich einen mächtigen Teufel in schwarzen Wolken verborgen, die

corroding fires he wrote the following sentence now percieved by the minds of men, & read by them on earth:

How do you know but ev'ry Bird that cuts the airy way,
Is an immense world of delight, clos'd by your senses five?

PROVERBS OF HELL

In seed time learn, in harvest teach, in winter enjoy.
Drive your cart and your plow over the bones of the dead.
The road of excess leads to the palace of wisdom.
Prudence is a rich, ugly old maid courted by Incapacity.

He who desires but acts not, breeds pestilence.
The cut worm forgives the plow.
Dip him in the river who loves water.
A fool sees not the same tree that a wise man sees.
He whose face gives no light, shall never become a star.
Eternity is in love with the productions of time.
The busy bee has no time for sorrow.
The hours of folly are measur'd by the clock; but of wisdom, no clock can measure.
All wholesome food is caught without a net or a trap.
Bring out number, weight & measure in a year of dearth.
No bird soars too high, if he soars with his own wings.

A dead body revenges not injuries.
The most sublime act is to set another before you.
If the fool would persist in his folly he would become wise.

Folly is the cloke of knavery.

wogten zu Seiten des Felsens: mit fressendem Feuer schrieb er den folgenden Satz, nun vernommen vom Geiste der Menschen & von ihnen auf Erden verlesen:

Wie willst du wissen, ob nicht jeder Vogel, der den Luftweg
durchschneidet,
Eine ungeheure Welt des Entzückens ist, verschlossen deinen fünf
Sinnen?

SPRICHWÖRTER DER HÖLLE

Zur Zeit der Saat lerne, zur Ernte lehre, im Winter genieße.
Lenke deinen Wagen und Pflug über die Gebeine der Toten.
Die Straße des Übermaßes führt zum Palast der Weisheit.
Vorsicht ist eine reiche, häßliche alte Jungfer, hofiert von
Unfähigkeit.
Er, der begehrt, aber nicht handelt, brütet die Pest.
Der zerschnittene Wurm vergibt dem Pflug.
Stoße den in den Fluß, der das Wasser liebt.
Ein Narr sieht nicht denselben Baum, den ein Weiser sieht.
Er, dessen Antlitz kein Licht aussendet, wird nie zum Stern.
Die Ewigkeit ist verliebt in die Hervorbringungen der Zeit.
Die emsige Biene hat keine Zeit, sich zu grämen.
Die Stunden der Torheit werden von der Uhr gemessen, aber
diejenigen der Weisheit kann keine Uhr messen.
Alle gesunde Nahrung wird ohne Netz oder Falle gefangen.
Verkünde Zahl, Maß & Gewicht in einem Jahr der dürren Not.
Kein Vogel fliegt zu hoch, wenn er mit seinen eigenen Schwingen
fliegt.
Eine Leiche rächt sich nicht für Kränkungen.
Die erhabenste Tat ist es, einen anderen vor sich zu setzen.
Wenn der Narr auf seiner Narrheit bestünde, würde er weise
werden.
Torheit ist der Mantel der Schurkenhaftigkeit.

Shame is Pride's cloke.
Prisons are built with stones of Law, Brothels with bricks of Religion.
The pride of the peacock is the glory of God.
The lust of the goat is the bounty of God.
The wrath of the lion is the wisdom of God.
The nakedness of woman is the work of God.
Excess of sorrow laughs. Excess of joy weeps.
The roaring of lions, the howling of wolves, the raging of the stormy sea, and the destructive sword, are portions of eternity, too great for the eye of man.

The fox condemns the trap, not himself.
Joys impregnate. Sorrows bring forth.
Let man wear the fell of the lion, woman the fleece of the sheep.
The bird a nest, the spider a web, man friendship.

The selfish, smiling fool, & the sullen, frowning fool shall be both thought wise, that they may be a rod.

What is now proved was once only imagin'd.
The rat, the mouse, the fox, the rabbet watch the roots; the lion, the tyger, the horse, the elephant watch the fruits.

The cistern contains: the fountain overflows.
One thought fills immensity.
Always be ready to speak your mind, and a base man will avoid you.
Every thing possible to be believ'd is an image of truth.

The eagle never lost so much time as when he submitted to learn of the crow.
The fox provides for himself, but God provides for the lion.
Think in the morning. Act in the noon. Eat in the evening. Sleep in the night.
He who has suffer'd you to impose on him, knows you.
As the plow follows words, so God rewards prayers.

Scham ist der Mantel des Stolzes.
Gefängnisse werden mit den Quadern des Gesetzes gebaut, Bordelle mit den Ziegeln der Religion.
Der Stolz des Pfaues ist die Ehre Gottes.
Die Lust des Bockes ist die Überfülle Gottes.
Der Zorn des Löwen ist die Weisheit Gottes.
Die Nacktheit der Frau ist das Werk Gottes.
Übermaß an Sorge lacht. Übermaß an Freude weint.
Das Brüllen der Löwen, das Heulen der Wölfe, das Wüten der stürmischen See und das zerstörerische Schwert sind Bestandteile der Ewigkeit, zu groß für das Auge des Menschen.
Der Fuchs gibt der Falle die Schuld, nicht sich selbst.
Freude zeugt. Leid gebiert.
Lasset den Mann das Fell des Löwen tragen, die Frau die Wolle des Schafs.
Der Vogel ein Nest, die Spinne ein Netz, der Mensch Freundschaft.
Der selbstgewisse, grinsende Narr & der dumpfe, griesgrämige Narr sollen beide für weise gehalten werden, auf daß sie eine Rute der Züchtigung sein mögen.
Was nun erwiesen ist, war einst nur erahnt.
Die Ratte, die Maus, der Fuchs, das Kaninchen achten auf die Wurzeln; der Löwe, der Tiger, das Pferd, der Elefant achten auf die Früchte.
Der Brunnen enthält: der Springquell strömt über.
Ein Gedanke füllt die Unermeßlichkeit aus.
Seid allweil bereit, frei zu sprechen, und der Niedere wird euch meiden.
Ein jedes Ding, das geglaubt werden kann, ist ein Abbild der Wahrheit.
Der Adler verlor niemals soviel Zeit, als da er sich auferlegte, von der Krähe zu lernen.
Der Fuchs sorgt für sich selbst, aber Gott sorgt für den Löwen.
Denke am Morgen. Handle am Mittag. Iß am Abend. Schlafe in der Nacht.
Er, der zuließ, daß du dich ihm aufgedrängt hast, kennt dich.
Wie der Pflug den Worten folgt, so belohnt Gott Gebete.

The tygers of wrath are wiser than the horses of instruction.
Expect poison from the standing water.
You never know what is enough unless you know what is more than enough.
Listen to the fool's reproach! it is a kingly title!
The eyes of fire, the nostrils of air, the mouth of water, the beard of earth.
The weak in courage is strong in cunning.
The apple tree never asks the beech how he shall grow; nor the lion, the horse, how he shall take his prey.
The thankful reciever bears a plentiful harvest.
If others had not been foolish, we should be so.
The soul of sweet delight can never be defil'd.

When thou seest an Eagle, thou seest a portion of Genius; lift up thy head!
As the caterpiller chooses the fairest leaves to lay her eggs on, so the priest lays his curse on the fairest joys.

To create a little flower is the labour of ages.
Damn braces. Bless relaxes.
The best wine is the oldest, the best water the newest.
Prayers plow not! Praises reap not!
Joys laugh not! Sorrows weep not!
The head Sublime, the heart Pathos, the genitals Beauty, the hands & feet Proportion.
As the air to a bird or the sea to a fish, so is contempt to the contemptible.
The crow wish'd every thing was black, the owl that every thing was white.
Exuberance ist Beauty.
If the lion was advised by the fox, he would be cunning.

Improvement makes strait roads; but the crooked roads without Improvement are roads of Genius.
Sooner murder an infant in its cradle than nurse unacted desires.

Where man is not, nature is barren.

Die Tiger des Zorns sind klüger als die Pferde der Anweisung.
Erwarte Verseuchung vom stehenden Wasser.
Du weißt nicht, was genug ist, bevor du nicht weißt, was mehr als genug ist.
Höre auf des Narren Vorwurf! es ist ein Königstitel!
Die Augen von Feuer, die Nüstern von Luft, der Mund von Wasser, der Bart von Erde.
Die Schwachen an Mut sind stark im Betrug.
Der Apfelbaum fragt die Buche nicht, wie er wachsen soll; noch der Löwe das Pferd, woher er seine Beute bekommen soll.
Wer dankbar annimmt, trägt einst reiche Ernte aus.
Wären andere nicht töricht gewesen, müßten wir es sein.
Die Seele des süßen Entzückens kann durch nichts ihre Reinheit verlieren.
Wenn du einen Adler siehst, siehst du einen Bestandteil des Geistes; erhebe dein Haupt!
Wie die Raupe die schönsten Blätter wählt, um ihre Eier darauf abzulegen, so belegt der Priester die schönsten Freuden mit seinem Fluch.
Eine kleine Blume hervorzubringen ist die Mühe von Zeitaltern.
Verdammt sind Fesseln. Gesegnet ihr Lösen.
Der beste Wein ist der älteste, das beste Wasser das jüngste.
Gebete pflügen nicht! Lobpreis erntet nicht!
Freuden lachen nicht! Leiden weinen nicht!
Das Haupt Erhabenheit, das Herz Leidenschaft, das Geschlecht Schönheit, die Hände und Füße Ebenmaß.
Was die Luft dem Vogel oder die See dem Fisch, das ist die Verachtung dem Verächtlichen.
Die Krähe wünschte, jedes Ding sei schwarz, die Eule, jedes Ding sei weiß.
Überschwenglichkeit ist Schönheit.
Wenn der Löwe einen Rat vom Fuchs annähme, würde er ein Betrüger sein.
Vervollkommnung baut gerade Straßen, aber die krummen, unvollkommenen Straßen sind Straßen des Geistes.
Morde eher ein Kind in der Wiege, als daß du unausgeführte Wünsche hegst.
Wo der Mensch nicht ist, ist die Natur öde.

Truth can never be told so as to be understood, and not be believ'd.
Enough! or Too much.

The ancient Poets animated all sensible objects with Gods or Geniuses, calling them by the names and adorning them with the properties of woods, rivers, mountains, lakes, cities, nations, and whatever their enlarged & numerous senses could percieve.

And particularly they studied the genius of each city & country, placing it under its mental deity;

Till a system was formed, which some took advantage of, & enslav'd the vulgar by attempting to realize or abstract the mental deities from their objects: thus began Priesthood;

Choosing forms of worship from poetic tales.

And at length they pronounc'd that the Gods had order'd such things.

Thus men forgot that All deities reside in the human breast.

A MEMORABLE FANCY

The Prophets Isaiah and Ezekiel dined with me, and I asked them how they dared so roundly to assert that God spoke to them; and whether they did not think at the time that they would be misunderstood, & so be the cause of imposition.

Isaiah answer'd: "I saw no God, nor heard any, in a finite organical perception; but my senses discover'd the infinite in everything, and as I was then perswaded, & remain confirm'd, that

Wahrheit kann niemals so gesagt werden, daß man sie versteht
und nicht an sie glaubt.
Genug! oder Zu viel.

Die antiken Dichter beseelten alle Dinge der sinnlichen Wahrnehmung mit Göttern oder Geistern, verliehen ihnen Namen und statteten sie aus mit den Eigenschaften von Wäldern, Flüssen, Bergen, Seen, Städten, Völkern und was immer ihre erweiterten & zahlreichen Sinne gewahren konnten.

Und im besonderen studierten sie den Geist jeder Stadt & jedes Landes, denen sie einen Platz unter ihren jeweiligen geistigen Gottheiten zuwiesen;

Bis ein System entstand, aus dem einige ihren Vorteil zogen und die Masse versklavten, indem sie versuchten, die geistigen Gottheiten zu erkennen oder aus ihren Dingen herauszuziehen: so begann die Priesterschaft;

Die den Werken der Dichter ihre Formen der Anbetung entlehnte.

Und schließlich verkündeten sie, daß die Götter dies so angeordnet hätten.

So vergaßen die Menschen, daß Alle Götter in der menschlichen Brust wohnen.

Eine merkenswerte Phantasie

Die Propheten Jesaja und Hesekiel speisten mit mir, und ich fragte sie, wie sie es wagen konnten, so rundheraus zu verkünden, daß Gott zu ihnen gesprochen habe, und ob sie damals nicht daran gedacht hätten, daß sie mißverstanden & ihre Lehren somit mißbraucht werden könnten.

Jesaja antwortete: »Ich sah keinen Gott noch hörte ich einen, in einer endlich-begrenzten Wahrnehmung meiner Organe; aber meine Sinne entdeckten das Unendliche in Allem, und wie ich

the voice of honest indignation is the voice of God, I cared not for consequences, but wrote."

Then I asked: "Does a firm perswasion that a thing is so, make it so?"

He replied: "All poets believe that it does, & in ages of imagination this firm perswasion removed mountains; but many are not capable of a firm perswasion of any thing."

Then Ezekiel said: "The philosophy of the east taught the first principles of human perception: some nations held one principle for the origin, and some another: we of Israel taught that the Poetic Genius (as you now call it) was the first principle and all the others merely derivative, which was the cause of our despising the Priests & Philosophers of other countries, and prophecying that all Gods would at last be proved to originate in ours & to be the tributaries of the Poetic Genius; it was this that our great poet, King David, desired so fervently & invokes so pathetic'ly, saying by this he conquers enemies & governs kingdoms; and we so loved our God, that we cursed in his name all the deities of surrounding nations, and asserted that they had rebelled: from these opinions the vulgar came to think that all nations would at last be subject to the jews."

"This", said he, "like all firm perswasions, is come to pass; for all nations believe the jews' code and worship the jews' god, and what greater subjection can be?"

I heard this with some wonder, & must confess my own conviction. After dinner I ask'd Isaiah to favour the world with his lost works; he said none of equal value was lost. Ezekiel said the same of his.

dann die Überzeugung gewann & in ihr bestätigt blieb, daß die Stimme der aufrichtigen Empörung die Stimme Gottes ist, kümmerte ich mich nicht um die Folgen, sondern schrieb.«

Darauf fragte ich: »Macht die feste Überzeugung, daß ein Ding so ist, es auch wirklich dazu?«

Er antwortete: »Alle Dichter glauben, daß dem so ist, & in den Zeitaltern der Phantasie versetzte diese feste Überzeugung Berge; doch viele sind nicht dazu fähig, von irgend etwas fest überzeugt zu sein.«

Dann sprach Hesekiel: »Die östliche Philosophie lehrte die ersten Prinzipien der menschlichen Wahrnehmung: einige Völker hielten ein Prinzip für das ursprüngliche und einige ein anderes: wir von Israel lehrten, daß der Poetische Genius (wie ihr ihn nun nennt) das erste Prinzip sei und alle anderen bloß von ihm abgeleitet, was die Ursache dafür war, daß wir die Priester & Philosophen anderer Länder verachteten und verkündeten, es werde sich letztlich erweisen, daß alle Götter in unserem ihren Ursprung hätten & dem Poetischen Genius ihren Tribut schuldeten; dies war es, was unser großer Dichter, König David, so glühend ersehnte & so leidenschaftlich anrief, wenn er sagte, daß er dadurch Feinde besiege und Königreiche beherrsche; und so sehr liebten wir unseren Gott, daß wir in seinem Namen alle Gottheiten der benachbarten Länder verfluchten und behaupteten, daß sie sich in Rebellion erhoben hätten: von diesen Meinungen ausgehend verfiel der gemeine Mann auf den Gedanken, daß alle Völker letzten Endes den Juden untertan sein würden.

Dies«, sprach er, »hat sich, wie alle festen Überzeugungen, erfüllt; denn alle Völker glauben an das Gesetz der Juden und verehren den Gott der Juden, und welche größere Unterwerfung kann es geben?«

Ich hörte dies mit einigem Erstaunen an & muß bekennen, überzeugt worden zu sein. Nach dem Mahle bat ich Jesaja, die Welt mit seinen verlorenen Werken zu beehren; er sagte, nichts von vergleichbarem Werte sei jemals verlorengegangen. Hesekiel sagte dasselbe von seinen.

I also asked Isaiah what made him go naked and barefoot three years? he answer'd: "the same that made our friend Diogenes, the Grecian."

I then asked Ezekiel why he eat dung, & lay so long on his right & left side? he answer'd, "the desire of raising other men into a perception of the infinite: this the North American tribes practise, & is he honest who resists his genius or conscience only for the sake of present ease or gratification?"

The ancient tradition that the world will be consumed in fire at the end of six thousand years is true, as I have heard from Hell.

For the cherub with his flaming sword is hereby commanded to leave his guard at tree of life; and when he does, the whole creation will be consumed and appear infinite and holy, whereas it now appears finite & corrupt.

This will come to pass by an improvement of sensual enjoyment.

But first the notion that man has a body distinct from his soul is to be expunged; this I shall do by printing in the infernal method, by corrosives, which in Hell are salutary and medicinal, melting apparent surfaces away, and displaying the infinite which was hid.

If the doors of perception were cleansed every thing would appear to man as it is, infinite.

For man has closed himself up, till he sees all things thro' narrow chinks of his cavern.

Ich fragte Jesaja auch, was ihn drei Jahre lang nackt und barfuß habe gehen lassen? er antwortete: »dasselbe, das unseren Freund Diogenes den Griechen dies tun ließ.«

Darauf fragte ich Hesekiel, warum er Dung esse und so lange auf seiner rechten & linken Seite liege? er antwortete, »das Verlangen, andere Menschen in den Stand der Wahrnehmung des Unendlichen zu versetzen: dies üben die Nordamerikanischen Stämme, & ist derjenige ehrlich, der seinem Geist oder Gewissen nur um augenblicklicher Genugtuung oder Befriedigung willen widersteht?«

Die alte Überlieferung, daß die Welt nach sechstausend Jahren im Feuer verzehrt werden wird, ist wahr, wie ich von der Hölle gehört habe.

Denn der Cherub mit seinem flammenden Schwert wird hiervon bestimmt, von der Wache über den Baum des Lebens zu lassen; und wenn er dies tut, wird die ganze Schöpfung verzehrt werden und unendlich und heilig erscheinen, wogegen sie jetzt endlich & verderbt erscheint.

Dies wird geschehen durch eine Vervollkommnung der Sinnenfreude.

Doch erst muß die Vorstellung, daß der Mensch einen von seiner Seele verschiedenen Körper habe, ausgemerzt werden; dies werde ich tun durch Drucken nach der höllischen Methode, mit Ätzstoffen, die in der Hölle heilsam und zuträglich sind, indem sie die sichtbaren Oberflächen wegschmelzen und das Unendliche enthüllen, das darunter verborgen lag.

Wenn die Pforten der Wahrnehmung geläutert würden, würde jedes Ding dem Menschen erscheinen, wie es ist, unendlich.

Denn der Mensch hat sich selbst eingeschlossen, bis er alle Dinge nur mehr durch schmale Ritzen seiner Höhle sieht.

A MEMORABLE FANCY

I was in a Printing house in Hell, & saw the method in which knowledge is transmitted from generation to generation.

In the first chamber was a Dragon-Man, clearing away the rubbish from a cave's mouth; within, a number of Dragons were hollowing the cave.

In the second chamber was a Viper folding round the rock & the cave, and others adorning it with gold, silver and precious stones.

In the third chamber was an Eagle with wings and feathers of air: he caused the inside of the cave to be infinite; around were numbers of Eagle-like men who built palaces in the immense cliffs.

In the fourth chamber were Lions of flaming fire, raging around & melting the metals into living fluids.

In the fifth chamber were Unnam'd forms, which cast the metals into the expanse.

There they were reciev'd by Men who occupied the sixth chamber, and took the forms of books & were arranged in libraries.

The Giants who formed this world into its sensual existence, and now seem to live in it in chains, are in truth the causes of its life & the sources of all activity; but the chains are the cunning of weak and tame minds which have power to resist energy; according to the proverb, the weak in courage is strong in cunning.

Thus one portion of being is the Prolific, the other the Devouring: to the Devourer it seems as if the producer was in his chains; but it is not so, he only takes portions of existence and fancies that the whole.

But the Prolific would cease to be Prolific unless the Devourer, as a sea, recieved the excess of his delights.

Some will say: "Is not God alone the Prolific?" I answer: "God

Eine merkenswerte Phantasie

Ich war in einer Druckerei in der Hölle & sah die Methode, mittels derer das Wissen von einer Generation auf die nächste übertragen wird.

In der ersten Kammer war ein Drachenmensch, der eine Höhlenmündung von Unrat säuberte; im Innern erweiterten eine Anzahl Drachen die Höhle.

In der zweiten Kammer ringelte sich eine Viper um Höhle & Fels, und andere brachten ihr Gold, Silber und Edelsteine dar.

In der dritten Kammer war ein Adler mit Schwingen und Federn aus Luft: er bewirkte, daß das Innere der Höhle unendlich war; um ihn waren Scharen adlergleicher Männer, die Paläste auf den gewaltigen Vorsprüngen erbauten.

In der vierten Kammer waren Löwen aus flammendem Feuer, die rasten & die Metalle zu lebendigen Flüssigkeiten schmolzen.

In der fünften Kammer waren Namenlose Formen, die die Metalle in den weiten Raum gossen.

Dort wurden sie empfangen von Männern, welche die sechste Kammer besetzten, und nahmen die Form von Büchern an & wurden aufgestellt in Büchereien.

Die Giganten, welche dieser Welt die Gestalt ihrer sinnlichen Existenz gaben und nun in ihr in Ketten zu leben scheinen, sind in Wahrheit die Ursachen ihres Lebens & die Quellen allen Tätigseins; die Ketten aber sind die Schlauheit schwacher und zahmer Geister, die die Kraft haben, der Energie zu widerstehen; dem Sprichwort zufolge, der Schwache an Mut ist stark im Betrug.

So ist ein Teil des Daseins der Fruchtbare, der andere der Verschlingende: dem Verschlinger scheint es, als läge der Hervorbringende in seinen Ketten; aber dem ist nicht so, er nimmt nur Teile des Daseins und hält sie für das Ganze.

Aber der Fruchtbare würde aufhören, fruchtbar zu sein, wenn nicht der Verschlinger, wie eine See, das Übermaß seiner Entzückungen empfinge.

Einige werden sagen: »Ist nicht Gott allein der Fruchtbare?« Ich

only Acts & Is, in existing beings or Men."

These two classes of men are always upon earth, & they should be enemies: whoever tries to reconcile them seeks to destroy existence.

Religion is an endeavour to reconcile the two.

Note: Jesus Christ did not wish to unite, but to separate them, as in the Parable of sheep and goats! & he says: "I came not to send Peace, but a Sword."

Messiah or Satan or Tempter was formerly thought to be one of the Antediluvians who are our Energies.

A MEMORABLE FANCY

An Angel came to me and said: "O pitiable foolish young man! O horrible! O dreadful state! consider the hot burning dungeon thou art preparing for thyself to all eternity, to which thou art going in such career."

I said: "Perhaps you will be willing to shew me my eternal lot, & we will contemplate together upon it, and see whether your lot or mine is most desirable."

So he took me thro' a stable & thro' a church & down into the church vault, at the end of which was a mill: thro' the mill we went, and came to a cave: down the winding cavern we groped our tedious way, till a void boundless as a nether sky appear'd beneath us, & we held by the roots of trees and hung over this immensity; but I said: "if you please, we will commit ourselves to this void, and see whether providence is here also: if you will not, I will:" but he answer'd: "do not presume, O young man, but as we here remain, behold thy lot which will soon appear when the darkness passes away."

antworte: »Gott Handelt & Ist nur in bestehenden Wesen oder Menschen.«

Diese beiden Klassen von Menschen sind immer auf Erden & sie müssen Feinde sein: wer immer versucht, sie zu versöhnen, sucht das Dasein zu zerstören.

Religion ist die Bemühung, die beiden zu versöhnen.

Merke: Jesus Christus wünschte nicht, sie zu einen, sondern zu scheiden, wie in dem Gleichnis von den Schafen und Böcken! & er sagt: »Ich bin nicht kommen, Frieden zu senden, sondern das Schwert.«

Der Messias oder Satan oder Versucher wurde einst für einen der Antediluvianer gehalten, die unsere Energien ausmachen.

Eine merkenswerte Phantasie

Ein Engel kam zu mir und sprach: »O bedauernswerter törichter Jüngling! O Schrecken! O fürchterlicher Stand! sieh den glutlodernden Kerker, den du dir selbst bereitest in alle Ewigkeit, auf den du zuschreitest auf solchem Wege.«

Ich sagte: »Vielleicht bist du gewillt, mir mein ewiges Los zu zeigen, & wir werden gemeinsam darüber nachsinnen und sehen, ob dein oder mein Los das wünschenswertere ist.«

So führte er mich durch einen Stall & durch eine Kirche & hinunter in den Kirchgarten, an dessen Ende eine Mühle stand: wir gingen durch die Mühle und kamen zu einer Höhle: die sich windende Höhle hinunter ertasteten wir unseren umständlichen Weg, bis eine Leere, grenzenlos wie ein Himmel der Tiefe, unter uns erschien, & wir hielten uns fest an den Wurzeln der Bäume und hingen über dieser Unermeßlichkeit; aber ich sagte: »wenn es dir gefällt, werden wir uns diesem leeren Raum anvertrauen und sehen, ob auch hier die Vorsehung waltet: wenn du nicht willst, ich will«: aber er antwortete: »erdreiste dich nicht, o Jüngling, aber so wir hier verharren, gewahre dein Los, das erscheinen wird, sobald die Dunkelheit weicht.«

So I remain'd with him, sitting in the twisted root of an oak; he was suspended in a fungus, which hung with the head downward into the deep.

By degrees we beheld the infinite Abyss, fiery as the smoke of a burning city; beneath us, at an immense distance, was the sun, black but shining; round it were fiery tracks on which revolv'd vast spiders, crawling after their prey, which flew, or rather swum, in the infinite deep, in the most terrific shapes of animals sprung from corruption; & the air was full of them, & seem'd composed of them: these are Devils, and are called Powers of the air. I now asked my companion which was my eternal lot? he said: "between the black & white spiders."

But now, from between the black & white spiders, a cloud and fire burst and rolled thro' the deep, black'ning all beneath, so that the nether deep grew black as a sea, & rolled with a terrible noise; beneath us was nothing now to be seen but a black tempest, till looking east between the clouds & the waves, we saw a cataract of blood mixed with fire, and not many stones' throw from us appear'd and sunk again the scaly fold of a monstrous serpent; at last, to the east, distant about three degrees, appear'd a fiery crest above the waves; slowly it reared like a ridge of golden rocks, till we discover'd two globes of crimson fire, from which the sea fled away in clouds of smoke; and now we saw it was the head of Leviathan; his forehead was divided into streaks of green & purple like those on a tyger's forehead: soon we saw his mouth & red gills hang just above the raging foam, tinging the black deep with beams of blood, advancing toward us with all the fury of a spiritual existence.

My friend the Angel climb'd up from his station into the mill: I remain'd alone; & then this appearance was no more, but I found myself sitting on a pleasant bank beside a river by moonlight, hearing a harper, who sung to the harp; & his theme was: "The man who never alters his opinion is like standing water, & breeds reptiles of the mind."

So harrte ich mit ihm, in der gewundenen Wurzel einer Eiche sitzend; er schaukelte in einem Pilz, der mit dem Hut niederwärts in die Tiefe hing.

Allmählich gewahrten wir den unendlichen Abgrund, feurig wie der Rauch einer brennenden Stadt; unter uns, in gewaltiger Entfernung, war die Sonne, schwarz, aber scheinend; um sie zogen sich feurige Bahnen, auf denen gewaltige Spinnen kreisten, nach ihrer Beute kriechend, die flog, oder eher schwamm, in der unendlichen Tiefe, in den entsetzlichsten Gestalten von Tieren, die der Verderbnis entsprungen; & die Luft war voll von ihnen & schien aus ihnen zu bestehen: diese sind Teufel und werden Die Mächte der Luft genannt. Ich fragte nun meinen Gefährten, welches mein ewiges Los sei? er sagte: »zwischen den schwarzen & weißen Spinnen.«

Doch nun, zwischen den schwarzen & weißen Spinnen, brachen Feuer und eine Wolke hervor und rollten durch die Tiefe, alles darunten schwärzend, so daß die niedere Tiefe schwarz wurde wie eine See & mit einem gräßlichen Getöse rollte; unter uns war nun nichts zu sehen als ein schwarzer Sturm, bis wir, nach Osten spähend, zwischen den Wolken & Wellen eine Sturzflut von Blut mit Feuer vermischt erblickten, und wenige Steinwürfe von uns entfernt erschienen und versanken dann wieder die schuppigen Faltungen einer gewaltigen Schlange; zuletzt, gen Osten, etwa drei Grade entfernt, erschien ein feuriger Kamm über den Wogen; langsam tauchte er empor gleich einem Grat goldener Felsen, bis wir zwei Kugeln aus purpurnem Feuer entdeckten, vor denen die See in Rauchwolken entfloh; und nun sahen wir, daß es das Haupt des Leviathan war; seine Stirn war geteilt in Streifen von Grün & Purpur gleich jenen an eines Tigers Stirn: alsbald sahen wir sein Maul & rote Kiemen geradewärts über dem tosenden Schaum hängen, die schwarze Tiefe tönend mit Strahlen von Blut und wider uns rasend mit aller Wucht eines geistigen Wesens.

Mein Freund der Engel stieg von seinem Sitz in die Mühle hinauf: ich verblieb allein; und dann verschwand diese Erscheinung, ich aber fand mich an einem lieblichen Flußufer im Mondlicht sitzen und einem Harfner lauschen, der zur Harfe sang; & sein Thema lautete: »Der Mensch, der nie seine Meinung ändert, ist wie stehendes Wasser & züchtet Reptilien des Geistes.«

But I arose and sought for the mill, & there I found my Angel, who, surprised, asked me how I escaped?

I answer'd: "All that we saw was owing to your metaphysics; for when you ran away, I found myself on a bank by moonlight hearing a harper. But now we have seen my eternal lot, shall I shew you yours?" he laugh'd at my proposal; but I by force suddenly caught him in my arms, & flew westerly thro' the night, till we were elevated above the earth's shadow; then I flung myself with him directly into the body of the sun; here I clothed myself in white, & taking in my hand Swedenborg's volumes, sunk from the glorious clime, and passed all the planets till we came to saturn: here I stay'd to rest, & then leap'd into the void between saturn & the fixed stars.

"Here," said I, "is your lot, in this space – if space it may be call'd." Soon we saw the stable and the church, & I took him to the altar and open'd the Bible, and lo! it was a deep pit, into which I descended, driving the Angel before me; soon we saw seven houses of brick; one we enter'd; in it were a number of monkeys, baboons, & all of that species, chain'd by the middle, grinning and snatching at one another, but withheld by the shortness of their chains: however, I saw that they sometimes grew numerous, and then the weak were caught by the strong, and with a grinning aspect, first coupled with, & then devour'd, by plucking off first one limb and then another, till the body was left a helpless trunk; this, after grinning & kissing it with seeming fondness, they devour'd too; and here & there I saw one savourily picking the flesh off his own tail; as the stench terribly annoy'd us both, we went into the mill, & I in my hand brought the skeleton of a body, which in the mill was Aristotle's Analytics.

So the Angel said: "thy phantasy has imposed upon me, & thou oughtest to be ashamed."

I answer'd: "we impose on one another, & it is but lost time to

Aber ich erhob mich und suchte die Mühle, & dort fand ich meinen Engel, der, überrascht, mich fragte, wie ich entkommen?

Ich antwortete: »Alles, was wir sahen, war deiner Metaphysik zuzuschreiben; denn als du entwichest, fand ich mich an einem Ufer im Mondlicht wieder und hörte einen Harfner. Doch nun sahen wir mein ewiges Los, soll ich dir deines zeigen?« er lachte über meinen Vorschlag; aber ich preßte ihn plötzlich mit Gewalt in meine Arme & flog westwärts durch die Nacht, bis wir uns über den Erdschatten erhoben hatten; dann schwang ich mich mit ihm direkt in den Leib der Sonne; hier kleidete ich mich in Weiß & entsank, Swedenborgs Bände zur Hand nehmend, ihrem strahlenden Bereich und querte alle Planeten, bis wir zum Saturn kamen: hier ruhte ich & stürzte mich dann in die Leere zwischen Saturn und den Fixsternen.

»Hier«, sprach ich, »ist dein Los, in diesem Raum – wenn dies Raum genannt werden kann.« Alsbald sahen wir den Stall und die Kirche, & ich nahm ihn mit zum Altar und öffnete die Bibel, und siehe! sie war eine tiefe Grube, in die ich hinabstieg, den Engel vor mir her treibend; alsbald sahen wir sieben Häuser aus Ziegelstein; wir betraten eines; darin war eine Anzahl von Affen, Pavianen & dergleichen, um die Mitte des Leibes gefesselt, grinsend und nach den anderen greifend, aber durch die Kürze ihrer Ketten zurückgehalten: jedoch sah ich, daß ihre Zahl sich mitunter erhöhte, und dann wurden die Schwachen von den Starken gefangen und mit grinsendem Blick erst zum Beischlaf gezwungen & dann verschlungen, indem ein Glied nach dem anderen abgerissen wurde, bis der Körper als ein hilfloser Stumpf übrigblieb; diesen, nachdem sie ihn grinsend & mit scheinbarer Zärtlichkeit abgeküßt hatten, verschlangen sie ebenfalls, und hie & da sah ich einen, der feinschmeckerisch das Fleisch von seinem eigenen Schwanze zupfte; da der Gestank uns beide fürchterlich anwiderte, gingen wir in die Mühle, & in meiner Hand hielt ich das Skelett eines Körpers, das sich in der Mühle als die Analytik des Aristoteles erwies.

Und der Engel sprach: »Deine Phantasie hat sich mir aufgedrängt, & du solltest beschämt sein.«

Ich erwiderte: »wir drängen uns einander auf, & es ist bloße

converse with you whose works are only Analytics."

Opposition is true Friendship.

I have always found that Angels have the vanity to speak of themselves as the only wise; this they do with a confident insolence sprouting from systematic reasoning.

Thus Swedenborg boasts that what he writes is new: tho' it is only the Contents or Index of already publish'd books.

A man carried a monkey about for a shew, & because he was a little wiser than the monkey, grew vain, and conciev'd himself as much wiser than seven men. It is so with Swedenborg: he shews the folly of churches, & exposes hypocrites, till he imagines that all are religious, & himself the single one on earth that ever broke a net.

Now hear a plain fact: Swedenborg has not written one new truth. Now hear another: he has written all the old falsehoods.

And now hear the reason. He conversed with Angels who are all religious, & conversed not with Devils who all hate religion, for he was incapable thro' his conceited notions.

Thus Swedenborg's writings are a recapitulation of all superficial opinions, and an analysis of the more sublime – but no further.

Have now another plain fact. Any man of mechanical talents may, from the writings of Paracelsus or Jacob Behmen, produce ten thousand volumes of equal value with Swedenborg's, and from those of Dante or Shakespear an infinite number.

But when he has done this, let him not say that he knows better than his master, for he only holds a candle in sunshine.

Zeitverschwendung, mit dir zu reden, dessen Werke nur Analytiken sind.«

Widerspruch ist wahre Freundschaft.

Ich habe stets gefunden, daß Engel die Eitelkeit besitzen, von sich selbst als den einzig Weisen zu sprechen; dies tun sie in der selbstsicheren Anmaßung, die dem systematischen Vernunftdenken entspringt.

So brüstet sich Swedenborg, was er schreibe, sei neu: obwohl es nur der Inhalt oder Index schon veröffentlichter Bücher ist.

Ein Mann führte einen Affen zum Vorzeigen herum, & weil er ein wenig klüger als der Affe war, wurde er eitel und hielt sich selber für viel klüger als sieben Männer. So ist es mit Swedenborg: er zeigt die Torheit der Kirchen & stellt die Heuchler bloß, bis er sich einbildet, daß alle gläubig sind & er selbst der einzige auf Erden, der jemals aus einem Netze entronnen.

Nun hört eine einfache Tatsache: Swedenborg hat nicht eine einzige neue Wahrheit geschrieben. Nun hört eine weitere: er hat all die alten Irrtümer aufgeschrieben.

Und nun hört den Grund dafür: Er redete mit Engeln, die alle gläubig sind, & nicht mit Teufeln, die alle den Glauben hassen, denn er war dazu unfähig aufgrund seiner vorgefaßten Meinungen.

So sind Swedenborgs Schriften eine Wiederholung aller oberflächlichen Meinungen und eine Analyse der erhabeneren – aber nicht mehr.

Nun noch eine offensichtliche Tatsache. Jeder Mann von rein mechanischer Begabung kann, ausgehend von den Schriften eines Paracelsus oder Jakob Böhme, zehntausend Bände von gleichem Werte wie Swedenborgs hervorbringen, und ausgehend von denen Dantes oder Shakespeares eine unendliche Anzahl.

Aber wenn er dies getan hat, soll er nicht sagen, daß er es besser wüßte als sein Meister, denn er trägt nur eine Kerze ins Sonnenlicht.

A MEMORABLE FANCY

Once I saw a Devil in a flame of fire, who arose before an Angel that sat on a cloud, and the Devil utter'd these words:

"The worship of God is: Honouring his gifts in other men, each according to his genius, and loving the greatest men best: those who envy or calumniate great men hate God; for there is no other God."

The Angel hearing this became almost blue; but mastering himself he grew yellow, & at last white, pink, & smiling, and then replied:

"Thou Idolater! is not God One? & is not he visible in Jesus Christ? and has not Jesus Christ given his sanction to the law of ten commandments? and are not all other men fools, sinners, & nothings?"

The Devil answer'd: "Bray a fool in a morter with wheat, yet shall not his folly be beaten out of him; if Jesus Christ is the greatest man, you ought to love him in the greatest degree; now hear how he has given his sanction to the law of ten commandments: did he not mock at the sabbath and so mock the sabbath's God? murder those who were murder'd because of him? turn away the law from the woman taken in adultery? steal the labor of others to support him? bear false witness when he omitted making a defence before Pilate? covet when he pray'd for his disciples, and when he bid them shake off the dust of their feet against such as refused to lodge them? I tell you, no virtue can exist without breaking these ten commandments. Jesus was all virtue, and acted from impulse, not from rules."

When he had so spoken, I beheld the Angel, who stretched out his arms, embracing the flame of fire, & he was consumed and arose as Elijah.

Note: This Angel, who is now become a Devil, is my particular friend; we often read the Bible together in its infernal

Eine merkenswerte Phantasie

Einst sah ich einen Teufel in einer Flamme Feuers vor einem Engel erstehen, der auf einer Wolke saß, und der Teufel äußerte folgende Worte:

»Gott verehren heißt: Seine Gaben in anderen Menschen zu ehren, jeden seinem Geiste entsprechend, und die größten Menschen am meisten zu lieben: diejenigen, die große Menschen beneiden oder verleumden, hassen Gott, denn es gibt keinen anderen Gott.«

Der Engel, als er dies hörte, wurde nahezu blau; aber sich selbst bezwingend wurde er gelb & zuletzt weiß, rosa & lächelnd, und dann antwortete er:

»Du Götzenanbeter! ist Gott nicht Einer? & ist er nicht sichtbar in Jesus Christus? und hat nicht Jesus Christus der Satzung der Zehn Gebote seine Zustimmung gegeben? und sind nicht alle anderen Menschen Toren, Sünder & Nichtse?«

Der Teufel antwortete: »Verreibe einen Toren in einem Mörser mit Weizen, und doch wirst du seine Torheit nicht aus ihm herausbekommen; wenn Jesus Christus der größte Mensch ist, solltest du ihn in höchstem Maße lieben; nun höre, wie er der Satzung der Zehn Gebote zugestimmt hat: spottete er nicht des Sabbaths und somit des Gottes des Sabbaths? mordete er nicht jene, die seinetwegen ermordet wurden? wandte er nicht das Gesetz von der Frau, die des Ehebruchs überführt wurde? stahl er nicht die Arbeit anderer zu seinem Unterhalt? leistete er nicht falsch Zeugnis, als er es unterließ, sich vor Pilatus zu verteidigen? hegte er nicht Begehrlichkeit, als er für seine Jünger betete und als er sie hieß, den Staub von ihren Füßen zu schütteln gegen solche, die ihnen das Obdach verweigerten? Ich sage dir, keine Tugend kann existieren, ohne diese Zehn Gebote zu brechen. Jesus war ganz Tugend und handelte aus innerem Antrieb, nicht nach Regeln.«

Als er so gesprochen hatte, sah ich den Engel seine Arme ausstrecken und die Flamme Feuers umarmen, & er wurde verzehrt und erstand als Elias.

Merke: Dieser Engel, der nun ein Teufel geworden ist, ist mein vertrauter Freund; wir lesen oft zusammen die Bibel in ihrem

or diabolical sense, which the world shall have if they behave well.

I have also The Bible of Hell, which the world shall have whether they will or no.

One Law for the Lion & Ox is Oppression.

A SONG OF LIBERTY

1. The Eternal Female groan'd! it was heard over all the Earth.
2. Albion's coast is sick, silent; the American meadows faint!

3. Shadows of Prophecy shiver along by the lakes and the rivers, and mutter across the ocean: France, rend down thy dungeon!

4. Golden Spain, burst the barriers of old Rome!
5. Cast thy keys, O Rome, into the deep down falling, even to eternity down falling,
6. And weep.
7. In her trembling hand she took the new born terror, howling.

8. On those infinite mountains of light, now barr'd out by the atlantic sea, the new born fire stood before the starry king!

9. Flag'd with grey brow'd snows and thunderous visages, the jealous wings wav'd over the deep.
10. The speary hand burned aloft, unbuckled was the shield; forth went the hand of jealousy among the flaming hair, and hurl'd the new born wonder thro' the starry night.

11. The fire, the fire is falling!
12. Look up! look up! O citizen of London, enlarge thy countenance! O Jew, leave counting gold! return to thy oil and

infernalischen oder diabolischen Sinn, dessen die Welt teilhaftig werden soll, so sie sich ordentlich führt.

Ich besitze auch die Bibel der Hölle, die die Welt bekommen soll, ob sie will oder nicht.

Ein Gesetz für Löwe & Ochse ist Unterdrückung.

Ein Gesang der Freiheit

1. Das Ewige Weib stöhnte! es war zu hören auf der ganzen Erde.
2. Albions Küste ist krank, stumm; die Amerikanischen Wiesen verwelken!
3. Schatten der Prophezeiung erschaudern entlang der Seen und Flüsse und murmeln über den Ozean: Frankreich, reiße deinen Kerker nieder!
4. Goldenes Spanien, durchbrich die Schranken des alten Rom!
5. Wirf deine Schlüssel, O Roma, daß sie niederfallen in die Tiefe, niederfallen bis in Ewigkeit,
6. Und weine.
7. In ihre zitternde Hand nahm sie den neugeborenen Schrecken, der heulte.
8. Auf jenen unendlichen Bergen des Lichts, nun versperrt vom Atlantischen Ozean, erstand das neugeborene Feuer vor dem Sternenkönig!
9. Beflaggt mit graubrauigem Schnee und donnernden Antlitzen wogten die eifersüchtigen Schwingen über der Tiefe.
10. Die Hand, die den Speer hielt, brannte in der Höhe; unversehrt war der Schild; es erhob sich die Hand der Eifersucht unter dem flammenden Haar und schleuderte das neugeborene Wunder durch die bestirnte Nacht.
11. Das Feuer, das Feuer fällt nun herab!
12. Schaut auf! Schaut auf! Bewohner Londons, weite dein Antlitz! O Jude, laß ab vom Zählen des Golds! kehre zurück zu

wine. O African! black African! (go, winged thought, widen his forehead.)
13. The fiery limbs, the flaming hair, shot like the sinking sun into the western sea.
14. Wak'd from his eternal sleep, the hoary element roaring fled away.
15. Down rush'd, beating his wings in vain, the jealous king; his grey brow'd councellors, thunderous warriors, curl'd veterans, among helms, and shields, and chariots, horses, elephants, banners, castles, slings, and rocks.

16. Falling, rushing, ruining! buried in the ruins, on Urthona's dens;
17. All night beneath the ruins; then, their sullen flames faded, emerge round the gloomy king.
18. With thunder and fire, leading his starry hosts thro' the waste wilderness, he promulgates his ten commands, glancing his beamy eyelids over the deep in dark dismay,

19. Where the son of fire in his eastern cloud, while the morning plumes her golden breast,
20. Spurning the clouds written with curses, stamps the stony law to dust, loosing the eternal horses from the dens of night, crying:

EMPIRE IS NO MORE! AND NOW THE LION & WOLF SHALL CEASE

CHORUS

Let the Priests of the Raven of dawn no longer, in deadly black, with hoarse note curse the sons of joy. Nor his accepted brethren – whom, tyrant, he calls free – lay the bound or build the roof. Nor pale religious letchery call that virginity that wishes but acts not!

For every thing that lives is Holy.

deinem Öl und Wein. O Afrikaner! schwarzer Afrikaner! (geh, geflügelter Gedanke, weite seine Stirn.)
13. Die feurigen Glieder, das flammende Haar schossen gleich der sinkenden Sonne in die westliche See.
14. Aus seinem ewigen Schlafe erwacht, floh das frostige Element dröhnend davon.
15. Nieder stürzte im Flug, vergeblich mit den Schwingen schlagend, der eifersüchtige König; seine graubrauigen Ratgeber, donnernde Krieger, lockige Altgediente, inmitten von Helmen und Schilden und Kampfwagen, Pferden, Elefanten, Bannern, Schlössern, Schleudern und Felsen.
16. Fallend, stürzend, zerstörend! begraben in den Trümmern auf Urthonas Höhlen;
17. Die ganze Nacht unter den Trümmern; dann, ihre trüben Flammen erloschen, erstehen sie rings um den düsteren König.
18. Mit Donner und Feuer, seine Sternenheere durch die wüste Wildnis führend, verkündet er seine zehn Gebote, mit seinen strahlenden Augenlidern hinblickend über die Tiefe in dunkler Bestürzung,
19. Wo der Sohn des Feuers in seiner östlichen Wolke, während der Morgen ihre goldene Brust befiedert,
20. Die Wolken davontreibt, die mit Flüchen beschrieben, das steinerne Gesetz zu Staub zerstampft, die Rosse der Ewigkeit befreit aus den Höhlen der Nacht und ausruft:

Das Reich ist nicht mehr! Und nun sollen Löwe & Wolf enden

Chorus

Laßt die Priester des Raben der Morgendämmerung nicht länger mehr in tödlichem Schwarz mit heiserer Stimme die Söhne der Freude verfluchen. Nicht sollen seine anerkannten Brüder – die er, der Tyrann, frei nennt – den Grundstein legen oder das Dach setzen. Und nicht soll bleiche Lüsternheit der Religion das Jungfräulichkeit nennen, das wünscht, aber nicht handelt!

Denn alles, was lebt, ist Heilig.

THE
BOOK
of
THEL
The Author & Printer Willm Blake. 1789

THE BOOK OF THEL

Thel's Motto

Does the Eagle know what is in the pit?
Or wilt thou go ask the Mole?
Can Wisdom be put in a silver rod?
Or Love in a golden bowl?

I

The daughters of the Seraphim led round their sunny flocks,
All but the youngest: she in paleness sought the secret air,
To fade away like morning beauty from her mortal day:
Down by the river of Adona her soft voice is heard,
And thus her gentle lamentation falls like morning dew:

"O life of this our spring! why fades the lotus of the water,
Why fade these children of the spring, born but to smile & fall?
Ah! Thel is like a wat'ry bow, and like a parting cloud;
Like a reflection in a glass; like shadows in the water;
Like dreams of infants, like a smile upon an infant's face;
Like the dove's voice; like transient day; like music in the air.
Ah! gentle may I lay me down, and gentle rest my head,

And gentle sleep the sleep of death, and gentle hear the voice
Of him that walketh in the garden in the evening time."

The Lilly of the valley, breathing in the humble grass,
Answer'd the lovely maid and said: "I am a wat'ry weed,
And I am very small and love to dwell in lowly vales;

DAS BUCH VON THEL

Thels Motto

Weiß der Adler, was die Grube birgt?
Willst du den Maulwurf fragen gehn?
Kann Weisheit sein im Silberstab?
Liebe in goldner Schale stehn?

I

Die Töchter der Seraphim hegten ihre sonnigen Herden;
Alle außer der jüngsten: sie suchte bleich verschwiegne Lüfte auf,
Wie Morgenschönheit ihrem Erdentage zu entschwinden:
Am Flusse Adona erklingt nun ihre sanfte Stimme,
Und ihre zarte Klage sinkt wie morgendlicher Tau:

»O Leben hier an unserm Quell, warum vergehn der Lotos
Und Springquells Kinder, nur geborn zu lächeln & zu fall'n?
Ach! Thel ist wie ein Regenbogen, eine ziehnde Wolke;
Ein Schein in eines Spiegels Glas; wie Schatten auf dem Wasser;
Wie Kinderträume, wie ein Lächeln auf des Säuglings Antlitz;
Wie Taubenstimmen; wie ein fliehnder Tag; wie Sang in Lüften.
Ach! sanft will ich niederliegen und mein Haupt zur Ruhe
betten
Und sanft den Schlaf des Todes schlafen, sanft der Stimme dessen,
Der in der Abendzeit im Garten wandelt, lauschen.«

Das Maienglöckchen, atmend im bescheidnen Grase, sprach
Zur holden Maid und gab ihr Antwort: »Ich bin nasses Gras,
Und ich bin klein und wohn' am liebsten in den niedern Auen;

So weak, the gilded butterfly scarce perches on my head.

Yet I am visited from heaven, and he that smiles on all
Walks in the valley and each morn over me spreads his hand,

Saying, 'Rejoice, thou humble grass, thou new-born lilly flower,
Thou gentle maid of silent valleys and of modest brooks;
For thou shalt be clothed in light, and fed with morning manna,
Till summer's heat melts thee beside the fountains and the springs
To flourish in eternal vales.' Then why should Thel complain?
Why should the mistress of the vales of Har utter a sigh?"

She ceas'd & smil'd in tears, then sat down in her silver shrine.

Thel answer'd: "O thou little virgin of the peaceful valley,
Giving to those that cannot crave, the voiceless, the o'ertired;

Thy breath doth nourish the innocent lamb, he smells thy milky
garments,
He crops thy flowers while thou sittest smiling in his face,
Wiping his mild and meekin mouth from all contagious taints.
Thy wine doth purify the golden honey; thy perfume,
Which thou dost scatter on every little blade of grass that
springs,
Revives the milked cow, & tames the fire-breathing steed.
But Thel is like a faint cloud kindled at the rising sun:
I vanish from my pearly throne, and who shall find my place?"

"Queen of the vales," the Lilly answer'd, "ask the tender cloud,
And it shall tell thee why it glitters in the morning sky,
And why it scatters its bright beauty thro' the humid air.
Descend, O little Cloud, & hover before the eyes of Thel."

The Cloud descended, and the Lilly bow'd her modest head
And went to mind her numerous charge among the verdant
grass.

So schwach, kaum ruht der goldne Schmetterling auf meinem
Haupt.
Und doch besucht der Himmel mich, und er, der allem lächelt,
Geht durch das Tal und schirmt mich jeden Morgen mit der
Hand
Und spricht: ›Sei froh, bescheidnes Gras, du neugeborne Blume,
Du sanfte Jungfrau stiller Täler und verhaltner Bäche;
Licht soll dein Kleid und Morgenmanna deine Speise sein,
Bis du in Sommers Hitze schmilzt an Born und Quelle,
Um zu erblühn in ew'gen Talen.‹ Was sollte Thel dann klagen?
Was sollte dann seufzen die Herrin der Täler des Har?«

Sie schwieg in Tränen lächelnd & barg sich in silbernem
Schrein.

Thel gab zur Antwort: »O Jungfrau du des friedevollen Tals,
Die jenen, die nicht bitten können, gibt, den Müd' und
Stummen;
Dein Atem nährt das unschuldsvolle Lamm; es riecht dein
Milchgewand,
Rupft deine Blüte, und du sitzt ihm lächelnd im Gesichte,
Sein mildes Maul von jeder Spur, die es befleckte, säubernd.
Dein Nektar reinigt goldnen Honig; und dein Duft,
Den du auf jedes Hälmchen Gras, das sprießt, herniederstreust,

Belebt die Milchkuh und bezähmt des Rosses Feuerhauch.
Doch Thel gleicht einer Wolke, die der Sonne Aufgang flammte:
Ich schwind' vom Perlenthron, und wer wird meine Stätte
finden?«

Das Blümchen sprach: »Frag', Königin des Tals, die zarte Wolke;
Sie kündet dir, warum sie glänzt im morgendlichen Himmel
Und ihre helle Schönheit durch die feuchten Lüfte breitet.
Steig ab, o kleine Wolke, schwebe vor den Augen Thels.«

Ab stieg die Wolke, und die Blume neigt' ihr keusches Haupt
Und hegte ihre Schutzbefohlenen im grünen Gras.

II

"O little Cloud," the virgin said, "I charge thee tell to me
Why thou complainest not when in one hour thou fade away:

Then we shall seek thee, but not find. Ah! Thel is like to thee:

I pass away: yet I complain, and no one hears my voice."

The Cloud then shew'd his golden head & his bright form emerg'd,
Hovering and glittering on the air before the face of Thel.

"O virgin, know'st thou not our steeds drink of the golden springs
Where Luvah doth renew his horses? Look'st thou on my youth,
And fearest thou, because I vanish and am seen no more,
Nothing remains? O maid, I tell thee, when I pass away
It is to tenfold life, to love, to peace and raptures holy:

Unseen descending, weigh my light wings upon balmy flowers,
And court the fair-eyed dew to take me to her shining tent:
The weeping virgin, trembling kneels before the risen sun,

Till we arise link'd in a golden band and never part,
But walk united, bearing food to all our tender flowers."

"Dost thou, O little Cloud? I fear that I am not like thee,

For I walk thro' the vales of Har, and smell the sweetest flowers,
But I feed not the little flowers; I hear the warbling birds,
But I feed not the warbling birds; they fly and seek their food:
But Thel delights in these no more, because I fade away;
And all shall say, 'Without a use this shining woman liv'd,
Or did she only live to be at death the food of worms?'"

The Cloud reclin'd upon his airy throne and answer'd thus:

II

»O kleine Wolke«, sprach die Maid, »ich bitt' dich, sage mir,
Was du nicht klagst, wenn du doch schwinden mußt in einer Stunde:
Dann suchen wir dich, ohne dich zu finden. Ach! Thel ist gleich dir:
Ich schwinde, doch beklage mich, und niemand will mich hör'n.«
Die Wolke zeigte ihre goldne Stirn & hob sich auf,

In lichter Bildung wogend in der Luft vorm Antlitz Thels.

»O Jungfrau, weißt du nicht, daß unsre Rosse trinken von den goldnen Quellen,
Wo Luvah neue Pferde zäumt? Blickst du auf meine Jugend
Und fürchtest, weil ich schwind' und nimmermehr zu sehen bin,
Daß nichts verbleibt? O Maid, ich sage dir, wenn ich vergehe,
Ist's zum zehnfält'gen Leben, zu Liebe, Frieden, heiliger Verzückung:
Ich sink', und meine leichte Schwinge ruht auf Duft von Blumen
Und wirbt, daß hellen Augs der Tau in sein Gezelt mich führe:
In Keuschheit kniet er weinend vor der aufgegangnen Sonne nieder,
Bis wir erstehn, mit goldnem Band verknüpft, und stets vereint
Und ohne Trennung wandeln, unsre zarten Blumen tränkend.«

»Dies tust du, kleine Wolke? Dann, fürcht' ich, gleiche ich dir nicht;
Ich geh' durch Täler, riechend an den süßesten der Blumen,
Doch tränke ich die Blumen nicht; ich höre Vögel trillern,
Doch füttre ich sie nicht; sie fliegen selbst um ihre Nahrung:
Doch Thel erfreut nun alles dies nicht mehr, da ich vergehe;
Und alle werden sagen: ›Hat sie ohne Zweck gelebt,
Die Strahlende, nur um im Tod die Würmer zu ernähr'n?‹«

Die Wolke lehnte sich auf ihren luft'gen Thron und sprach:

"Then if thou art the food of worms, O virgin of the skies,
How great thy use, how great thy blessing! Every thing that lives

Lives not alone nor for itself. Fear not, and I will call

The weak worm from its lowly bed, and thou shalt hear its voice.
Come forth, worm of the silent valley, to thy pensive queen."

The helpless worm arose, and sat upon the Lilly's leaf,
And the bright Cloud sail'd on, to find his partner in the vale.

III

Then Thel astonish'd view'd the Worm upon its dewy bed.

"Art thou a Worm? Image of weakness, art thou but a Worm?

I see thee like an infant wrapped in the Lilly's leaf.
Ah! weep not, little voice, thou canst not speak, but thou canst weep.
Is this a Worm? I see thee lay helpless & naked, weeping,
And none to answer, none to cherish thee with mother's smiles."

The Clod of Clay heard the Worm's voice & rais'd her pitying head:
She bow'd over the weeping infant, and her life exhal'd
In milky fondness: then on Thel she fix'd her humble eyes.

"O beauty of the vales of Har! we live not for ourselves.
Thou seest me the meanest thing, and so I am indeed.
My bosom of itself is cold, and of itself is dark;
But he, that loves the lowly, pours his oil upon my head,
And kisses me, and binds his nuptial bands around my breast,
And says: 'Thou mother of my children, I have loved thee
And I have given thee a crown that none can take away.'

»Wenn also du die Würmer nährst, o Jungfrau du der Himmel,
Wie groß dein Zweck, wie groß dein Segen! Ein jedes Ding, das lebt,
Lebt nicht allein, noch für sich selbst. Drum fürcht' nicht, wenn ich rufe
Den schwachen Wurm aus seinem niedern Bett; du sollst ihn hören.
Komm, Wurm des stillen Tals, zu deiner Herrin in Gedanken.«

Der Wurm erhob sich und saß auf dem Blumenblatte nieder,
Und strahlend segelte die Wolke zum Gefährten in der Aue.

III

Und staunend schaute Thel den Wurm auf seinem Bett aus Tau.

»Bist du ein Wurm? Der Schwäche Abbild, bist du nur ein Wurm?
Ich sehe dich wie einen Säugling in der Blume Blatt gewickelt.
Ach! kleine Stimme, weine nicht; du kannst nicht sprechen, aber weinen.
Ist dies ein Wurm? Ich seh' dich hilflos, nackt & weinend liegen,
Und keiner gibt dir Antwort, keiner schenkt dir Mutterlächeln.«

Der Klumpen Lehm vernahm den Wurm & hob sein Haupt voll Mitleid:
Er beugte sich hinab zum Weinenden und goß die Milch
Der Zärtlichkeit auf ihn: dann ruhte demutsvoll sein Blick auf Thel.

»O Schönheit der Täler des Har! wir leben nicht für uns.
Du siehst in mir das Niedrigste, und wahr, ich bin's.
Mein Busen selbst ist kalt, und er ist dunkel aus sich selbst;
Doch der das Kleine liebt, begießt mein Haupt mit seinem Öl
Und küßt mich, flicht um meinen Busen seine Hochzeitsbänder
Und spricht: ›Du Mutter meiner Kinder, ja, ich liebte dich
Und gab dir eine Krone, die dir keiner nehmen kann.‹

But how this is, sweet maid, I know not, and I cannot know;
I ponder, and I cannot ponder; yet I live and love."

The daughter of beauty wip'd her pitying tears with her white veil,
And said: "Alas! I knew not this, and therefore did I weep.
That God would love a Worm I knew, and punish the evil foot
That wilful bruis'd its helpless form; but that he cherish'd it

With milk and oil I never knew, and therefore did I weep;
And I complain'd in the mild air, because I fade away,
And lay me down in thy cold bed, and leave my shining lot."

"Queen of the vales," the matron Clay answer'd, "I heard thy sighs,
And all thy moans flew o'er my roof, but I have call'd them down.
Wilt thou, O Queen, enter my house? 'Tis given thee to enter

And to return: fear nothing, enter with thy virgin feet."

IV

The eternal gates' terrific porter lifted the northern bar:
Thel enter'd in & saw the secrets of the land unknown.
She saw the couches of the dead, & where the fibrous roots
Of every heart on earth infixes deep its restless twists:
A land of sorrows & of tears where never smile was seen.

She wander'd in the land of clouds thro' valleys dark, list'ning
Dolours & lamentations; waiting oft beside a dewy grave
She stood in silence, list'ning to the voices of the ground,

Till to her own grave plot she came, & there she sat down,
And heard this voice of sorrow breathed from the hollow pit.

Wie aber dies, du Holde, weiß ich nicht und kann's nicht wissen;
Ich sinne, ohne auszusinnen; doch ich leb' und liebe.«

Der Schönheit Tochter wischte ihre Tränen fort mit weißem Schleier
Und sprach: »Ach! dieses wußt' ich nicht, und darum weinte ich.
Ich wußt', Gott liebte wohl den Wurm und strafte jenen Fuß,
Der ihm mit Absicht die Gestalt zerdrückt; doch daß er ihn umhegt
Mit Milch und Öl, das wußt' ich nicht, und darum weinte ich
Und klagte in der milden Luft, weil ich vergeh' und mich
Nun in dein kaltes Bett leg' und mein lichtes Los verlasse.«

»Kön'gin der Täler«, sprach der mütterliche Lehm, »ich hörte

Dein Stöhnen über meinem Dach, drum rief ich es herab.

Willst du, o Königin, mein Haus betreten? Eintritt und Rückkehr
Stehen dir frei: fürcht' nichts, tritt ein mit jungfräulichem Fuß.«

IV

Der ew'gen Pforten grauser Wächter hob des Nordens Riegel:
Thel trat ins unbekannte Land & schaute sein Geheimnis.
Sie sah der Toten Lager & wo die fasrigen Wurzeln
Jeglichen Herzens auf Erden in Unrast hinab sich gegraben:
Ein Land von Leid & Tränen, wo kein Lächeln je zu sehn.

Sie wanderte im Wolkenland durch dunkle Täler, lauschend
Auf Schmerz & Klagen; oftmals an betautem Grabe weilend,
Stand sie in Schweigen da, den Stimmen aus dem Grunde lauschend,
Bis sie zu ihrem eignen Grabe kam; dort saß sie nieder
Und hörte diese leiderfüllte Stimme aus der hohlen Grube:

"Why cannot the Ear be closed to its own destruction?

Or the glist'ning Eye to the poison of a smile?
Why are Eyelids stor'd with arrows ready drawn,
Where a thousand fighting men in ambush lie?
Or an Eye of gifts & graces show'ring fruits & coined gold?
Why a Tongue impress'd with honey from every wind?
Why an Ear, a whirlpool fierce to draw creations in?
Why a Nostril wide inhaling terror, trembling, & affright?
Why a tender curb upon the youthful burning boy?
Why a little curtain of flesh on the bed of our desire?"

The Virgin started from her seat, & with a shriek
Fled back unhinder'd till she came into the vales of Har.

THE END

»Warum nur ist das Ohr nicht taub vor seiner eigenen
Vernichtung?
Oder das helle Auge blind vor eines Lächelns Gift?
Warum sind Lider denn versehen mit gezückten Pfeilen
Und Hinterhalten, wo sich tausend Schützen bergen?
Oder ein Aug', begnadet & begabt, das Frucht & Münze regnet?
Warum denn eine Zunge, die mit Honig tränkt ein jeder Wind?
Warum ein Ohr, ein Wirbel, gierig, Schöpfung einzusaugen?
Und offne Nüstern, angstvoll zitternd Schrecken einzuatmen?
Warum ein sachter Zügel für des Knaben junge Brände?
Warum ein Vorhang Fleisches vor dem Bette unsrer Lust?«

Die Jungfrau fuhr vom Sitze auf & floh mit einem Schrei
Zurück, von niemand gehindert, in die Täler des Har.

ENDE

VISIONS
of
the Daughters of
Albion
The Eye sees more than the Heart knows.
Printed by Will:m Blake : 1793.

VISIONS OF THE DAUGHTERS OF ALBION

The Eye sees more than the Heart knows

The Argument

I loved Theotormon,
And I was not ashamed;
I trembled in my virgin fears,
And I hid in Leutha's vale!

I plucked Leutha's flower,
And I rose up from the vale;
But the terrible thunders tore
My virgin mantle in twain.

Visions

Enslav'd, the Daughters of Albion weep; a trembling lamentation
Upon their mountains; in their valleys, sighs toward America.

For the soft soul of America, Oothoon, wander'd in woe,
Along the vales of Leutha seeking flowers to comfort her;
And thus she spoke to the bright Marygold of Leutha's vale:
"Art thou a flower? art thou a nymph? I see thee now a flower,
Now a nymph! I dare not pluck thee from thy dewy bed!"

The Golden nymph replied: "Pluck thou my flower, Oothoon the mild!
Another flower shall spring, because the soul of sweet delight

VISIONEN DER TÖCHTER ALBIONS

Das Auge sieht mehr als das Herz weiß

Eingang

Ich liebte Theotormon
Und schämt' mich dessen nicht,
Ich zitterte in Jungfraunangst,
Und ich barg mich in Leuthas Tal!

Ich pflückte Leuthas Blume
Und erhob mich aus dem Tal;
Doch schrecklich rissen Donner mir
Den Jungfraunschleier entzwei.

Visionen

Geknechtet weinten Albions Töchter; eine zitternde Klage
Auf ihren Bergen, in den Tälern seufzte nach Amerika.

Denn dessen sanfte Seele, Oothoon, wanderte in Weh
Durch Leuthas Täler, Blumen suchend, sich zu trösten;
Und so sprach sie zur hellen Ringelblum' in Leuthas Tal:
»Bist Blume oder Nymphe du? Ich seh in dir bald Blume,
Bald Nymphe, und ich wag' nicht, dich von deinem Bette Taus
    zu pflücken!«

Die Goldne Nymphe sprach: »Pflück' meine Blüte, milde
    Oothoon!
Und eine weitre Blume sprießt, denn des Entzückens süße Seele

Can never pass away." She ceas'd, & clos'd her golden shrine.

Then Oothoon pluck'd the flower, saying: "I pluck thee from thy bed,
Sweet flower, and put thee here to glow between my breasts,
And thus I turn my face to where my whole soul seeks."

Over the waves she went in wing'd exulting swift delight,
And over Theotormon's reign took her impetuous course.

Bromion rent her with his thunders; on his stormy bed
Lay the faint maid, and soon her woes appall'd his thunders hoarse.

Bromion spoke: "Behold this harlot here on Bromion's bed,
And let the jealous dolphins sport around the lovely maid!
Thy soft American plains are mine, and mine thy north & south:
Stampt with my signet are the swarthy children of the sun;
They are obedient, they resist not, they obey the scourge;
Their daughters worship terrors and obey the violent.
Now thou maist marry Bromion's harlot, and protect the child
Of Bromion's rage, that Oothoon shall put forth in nine moons' time."

Then storms rent Theotormon's limbs: he roll'd his waves around
And folded his black jealous waters round the adulterate pair.
Bound back to back in Bromion's caves, terror & meekness dwell:

At entrance Theotormon sits, wearing the threshold hard
With secret tears; beneath him sound like waves on a desart shore
The voice of slaves beneath the sun, and children bought with money,
That shiver in religious caves beneath the burning fires
Of lust, that belch incessant from the summits of the earth.

Kann nie vergehn.« Verstummend schloß sie ihren goldnen
Schrein.

Und Oothoon pflückte sie und sprach: »Ich pflücke dich vom
Bette,
Du süße Blume, daß du auferglänzst an meinem Busen,
Und wend' mein Antlitz hin, wo meine Seele sucht.«

Auf Wogen eilte sie dahin in jubelndem Entzücken,
In Theotormons Reich führt' sie ihr ungestümer Lauf.

Bromion riß an ihr mit seinen Donnern; auf dem Bett des
Sturmes
Lag schwach die Maid, und bald entsetzt' ihr Leid die rauhen
Donner.

Bromion sprach: »Sieh diese Hure hier auf des Bromion Lager
Und laß die neidischen Delphine spielen um die Maid!
Mein sind die Ebenen Amerikas, dein Nord & Süd:
Mit meinem Mal versehn der Sonne dunkle Kinder;
Sie sind gefügig, widerstehn nicht, folgen meiner Geißel;
Und ihre Töchter ehr'n den Schrecken und die Grausamkeit.
Nun magst du des Bromion Hure haben und das Kind behüten,
Das seiner Wut entstammt und Oothoon austrägt in neun
Monden.«

Sturm riß an Theotormons Gliedern: ringsum rollt' er Wogen

Und eifersücht'ge schwarze Wasser um das ehebrecherische Paar.
In des Bromion Höhlen Bein an Bein gebunden, hausen
Schrecken und Milde:

Am Eingang Theotormon, des geheime Tränen
Die harte Schwelle netzen; unter ihm erklingen,
Wie Wellen an verödetem Gestad, die Stimmen
Von Sklaven unter der Sonne und verkauften Kindern,
Die schaudern in Höhlen des Glaubens vor brennenden Feuern
Der Lust, die unaufhörlich aufschlagen von den Gipfeln der Erde.

Oothoon weeps not; she cannot weep! her tears are locked up;

But she can howl incessant writhing her soft snowy limbs

And calling Theotormon's Eagles to prey upon her flesh.

"I call with holy voice! Kings of the sounding air,
Rend away this defiled bosom that I may reflect
The image of Theotormon on my pure transparent breast."

The Eagles at her call descend & rend their bleeding prey:
Theotormon severely smiles; her soul reflects the smile,
As the clear spring, mudded with feet of beasts, grows pure & smiles.

The Daughters of Albion hear her woes, & eccho back her sighs.

"Why does my Theotormon sit weeping upon the threshold,
And Oothoon hovers by his side, perswading him in vain?
I cry: arise, O Theotormon! for the village dog
Barks at the breaking day; the nightingale has done lamenting;
The lark does rustle in the ripe corn, and the Eagle returns
From nightly prey and lifts his golden beak to the pure east,

Shaking the dust from his immortal pinions to awake

The sun that sleeps too long. Arise, my Theotormon, I am pure
Because the night is gone that clos'd me in its deadly black.

"They told me that the night & day were all that I could see;
They told me that I had five senses to inclose me up,
And they inclos'd my infinite brain into a narrow circle,
And sunk my heart into the Abyss, a red, round globe, hot burning,
Till all from life I was obliterated and erased.
Instead of morn arises a bright shadow, like an eye

Oothoon weint nicht; sie kann nicht weinen! ihre Tränen sind verschlossen;
Doch stöhnt sie unaufhörlich, ihre sanften weißen Glieder windend,
Und ruft die Adler Theotormons an ihr Fleisch zur Beute.

»Ich ruf mit heil'ger Stimme! Herrscher der tönenden Luft,
Zerreißt mir den befleckten Busen, daß sich widerspiegle
Das Bildnis Theotormons in dem reinen Schimmer meiner Brust.«

Die Adler steigen ab auf ihren Ruf & reißen ihre blut'ge Beute:
Ernst lächelt Theotormon; ihre Seele spiegelt dies,
Wie klarer Quell, von Hufen schlammig, lächelt & sich klärt.

Die Töchter Albions hör'n ihr Weh & tönen ihre Seufzer wider.

»Was sitzt mein Theotormon weinend auf der Schwelle,
Und Oothoon ihm zu Seiten, ihn vergeblich tröstend?
Ich ruf: erheb dich, Theotormon, denn der Hund im Dorfe
Bellt, nun es Tag wird; und die Nachtigall ließ ab vom Klagen;
Die Lerche schlüpft durchs reife Korn, der Adler kehrt zurück
Vom nächt'gen Flug und hebt den goldnen Schnabel gegen Osten,
Den Staub sich schüttelnd von unsterblich Schwingen, daß die Sonne
Erwach' aus allzu langem Schlaf. Erheb dich, Theotormon, ich
Bin rein; die Nacht entschwand, die in ihr tödlich Schwarz mich hüllte.

Sie sagten, Tag & Nacht sei alles, was ich sehen könne;
Sie sagten, daß fünf Sinne mich in sie verschlössen,
Und schlossen mein unendlich Hirn in einen engen Zirkel,
Und senkten in den Grund mein Herz, den roten, glühnden Ball,
Bis ich von allem Leben ausgelöscht war und getilgt.
Anstatt des Morgens steigt ein heller Schatten, wie ein Lidspalt

In the eastern cloud; instead of night a sickly charnel house:
That Theotormon hears me not! to him the night and morn

Are both alike; a night of sighs, a morning of fresh tears,
And none but Bromion can hear my lamentations.

"With what sense is it that the chicken shuns the ravenous hawk?
With what sense does the tame pigeon measure out the
expanse?
With what sense does the bee form cells? have not the mouse &
frog
Eyes and ears and sense of touch? yet are their habitations
And their pursuits as different as their forms and as their joys.
Ask the wild ass why he refuses burdens, and the meek camel
Why he loves man: is it because of eye, ear, mouth, or skin,

Or breathing nostrils? No, for these the wolf and tyger have.

Ask the blind worm the secrets of the grave, and why her spires
Love to curl round the bones of death; and ask the rav'nous snake
Where she gets poison, & the wing'd eagle why he loves the sun;
And then tell me the thoughts of man, that have been hid of
old.

"Silent I hover all the night, and all day could be silent
If Theotormon once would turn his loved eyes upon me.
How can I be defil'd when I reflect thy image pure?
Sweetest the fruit that the worm feeds on, & the soul prey'd on
by woe,
The new wash'd lamb ting'd with the village smoke, & the
bright swan
By the red earth of our immortal river. I bathe my wings,

And I am white and pure to hover round Theotormon's breast."

Then Theotormon broke his silence, and he answered:
"Tell me what is the night or day to one o'erflow'd with woe?

Der Wolk' im Osten; statt der Nacht ein ekles Haus von Toten:
Und Theotormon hört mich nicht! Denn ihm sind Nacht und
Morgen
Gleich; eine Nacht von Seufzern und ein Morgen frischer Tränen,
Und keiner als Bromion kann mich klagen hör'n.

Mit welchem Sinne flieht das Küken vor dem Räuber Falke?
Mit welchem Sinn durchmißt die Taube Raum um Raum?

Mit welchem Sinne formt die Biene Waben? Maus & Frosch,

Besitzen sie nicht Aug' und Ohr und Tastsinn? Und doch: ihr Ort
Und Tun sind so verschieden wie ihr Leib und ihre Freuden.
Den wilden Esel frag', warum die Last er weigert, und das sanfte
Kamel, warum es Menschen liebt: ist's wegen Auge, Ohr, Mund,
Haut
Oder der Nüstern Atem? Nein, dies besitzen Wolf und Tiger
auch.
Den blinden Wurm frag' nach des Grabs Geheimnis und warum
Er sich um das Gebein der Toten ringelt; frag' die Schlange,
Woher ihr Gift kommt, & den Adler nach der Sonne.
Und künd' mir menschliche Gedanken, die verborgen sind seit
lang.

Stumm schweb' ich durch die Nacht und bliebe stumm am Tage,
Höb' Theotormon einmal nur zu mir die vielgeliebten Augen.
Wie kann befleckt ich sein, wenn ich dein reines Bildnis spiegle?
Am süßesten die Frucht, die Wurm nagt, & die wehe Seele,

Das weiße Lamm getönt vom Dorfrauch & der helle Schwan

Von unsres ew'gen Stromes rotem Lehm. Ich netze meine
Schwingen,
Und ich bin weiß und rein, um Theotormons Brust zu
schweben.«

Und Theotormon brach sein Schweigen und erwiderte:
»Sag mir, was ist dem Nacht und Tag, der überfließt von Weh?

Tell me what is a thought, & of what substance is it made?
Tell me what is a joy, & in what gardens do joys grow?
And in what rivers swim the sorrows? and upon what mountains
Wave shadows of discontent? and in what houses dwell the wretched,
Drunken with woe forgotten, and shut up from cold despair?
Tell me where dwell the thoughts forgotten till thou call them forth?
Tell me where dwell the joys of old? & where the ancient loves,
And when will they renew again, & the night of oblivion past,
That I might traverse times & spaces far remote, and bring
Comforts into a present sorrow and a night of pain?
Where goest thou, O thought? to what remote land is thy flight?
If thou returnest to the present moment of affliction
Wilt thou bring comforts on thy wings, and dews and honey and balm,
Or poison from the desart wilds, from the eyes of the envier?"

Then Bromion said, and shook the cavern with his lamentation:

"Thou knowest that the ancient trees seen by thine eyes have fruit,
But knowest thou that trees and fruits flourish upon the earth
To gratify senses unknown? trees, beasts and birds unknown;
Unknown, not unperciev'd, spread in the infinite microscope,
In places yet unvisited by the voyager, and in worlds
Over another kind of seas, and in atmospheres unknown:
Ah! are there other wars beside the wars of sword and fire?
And are there other sorrows beside the sorrows of poverty?
And are there other joys beside the joys of riches and ease?
And is there not one law for both the lion and the ox?
And is there not eternal fire and eternal chains
To bind the phantoms of existence from eternal life?"

Sag, was ist ein Gedanke, & aus welchem Stoff bestehend?
Sag, was ist Freude, & in welchen Gärten wächst sie auf?
In welchem Flusse schwimmt das Leid? auf welchen Bergen
wogt
Die dunkle Unzufriedenheit? wo wohnt der Unglückselige,

Von einst'gem Leide trunken und in der Verzweiflung Bann?
Sag mir, wo wohnt Vergessenes, bis du es zu dir rufst?

Sag mir, wo wohnen einst'ge Freuden? wo die alten Lieben,
Wann soll'n sie sich erneun & ist Vergessens Nacht vorbei,
Daß ferne Räum' & Zeiten ich durchquere, Trost zu bringen
In gegenwärt'ges Leid und eine Nacht der Pein?
Wo gehst du hin, Gedanke? welch fernem Lande gilt dein Flug?
Kehrst du zurück zum jetzigen bedrängten Augenblicke,
Bringst du dann Trost auf deinen Schwingen, Honig, Balsam,
Tau,
Oder ein Gift aus wilden Wüsten, aus des Neiders Auge?«

Dann sprach Bromion und erschütterte die Höhle mit der Klage:

»Du weißt, die alten Bäume, die dein Aug' sieht, tragen Früchte,
Doch weißt du auch, daß Baum und Frucht gedeihn auf Erden,
Um ungekannte Sinne zu erfreun? Baum, Tier und Vogel,
Die ungekannt, doch wahrgenommen mit dem Mikroskop,
An Orten, die kein Wandrer noch besuchte, und in Welten
Jenseits von gänzlich andern Seen, in ungekannten Breiten:
Ah! gibt es andern Krieg als den von Schwert und Feuer?
Und gibt es andres Leid als das der Armut angehört?
Und andres Glück als das von Reichtum und von Muße?
Und gilt nicht *ein* Gesetz nur für den Löwen und den Ochsen?
Und gibt es nicht ein ewig Feuer, ew'ge Ketten,
Des Daseins Schemen von der Ewigkeit zu bannen?«

Then Oothoon waited silent all the day and all the night;
But when the morn arose, her lamentation renew'd.
The Daughters of Albion hear her woes, & eccho back her sighs.

"O Urizen! Creator of men! mistaken Demon of heaven!
Thy joys are tears, thy labour vain to form men to thine image.

How can one joy absorb another? are not different joys

Holy, eternal, infinite? and each joy is a Love.

"Does not the great mouth laugh at a gift, & the narrow eyelids mock
At the labour that is above payment? and wilt thou take the ape
For thy councellor, or the dog for a schoolmaster to thy children?
Does he who contemns poverty and he who turns with abhorrence
From usury feel the same passion, or are they moved alike?
How can the giver of gifts experience the delights of the merchant?
How the industrious citizen the pains of the husband-man?
How different far the fat fed hireling with hollow drum,
Who buys whole corn fields into wastes, and sings upon the heath!
How different their eye and ear! how different the world to them!
With what sense does the parson claim the labour of the farmer?
What are his nets & gins & traps; & how does he surround him
With cold floods of abstraction, and with forests of solitude,
To build him castles and high spires, where kings & priests may dwell;
Till she who burns with youth, and knows no fixed lot, is bound
In spells of law to one she loaths? and must she drag the chain

Of life in weary lust? must chilling, murderous thoughts obscure
The clear heaven of her eternal spring; to bear the wintry rage

Of a harsh terror, driv'n to madness, bound to hold a rod

Und Oothoon harrte schweigend aus durch Tag und Nacht;
Doch als der Morgen sich erhob, begann sie neu zu klagen.
Die Töchter Albions hör'n ihr Weh & tönen ihre Seufzer wider.

»Urizen! Menschenschöpfer! falscher Dämon du des Himmels!
Tränen sind deine Freuden, vergeblich dein Mühn, Menschen nach deinem Bilde zu formen.
Wie können Freuden ineinander aufgehn? sind nicht viele Freuden
Unendlich, ewig, heilig? und jede Freude eine Liebe.

Lacht nicht der große Mund bei einer Gabe, spottet nicht

Das schmale Lid der Arbeit, die nicht zu entgelten? Willst
Du Rat vom Affen und den Hund als Lehrer deiner Kinder?
Fühlt, wer der Armut spottet und wer sich vom Wucher

Mit Abscheu wendet, selbe Leidenschaft und selbe Regung?
Wie kann der Schenkende des Kaufmanns Glück ermessen?

Wie der, der in den Städten werkt, des Landmanns Mühe?
Wie anders doch der feiste Mietling mit der hohlen Trommel,
Der Felder Korns veröden läßt und auf der Heide singt!

Wie anders ist ihr Aug' und Ohr! Wie anders ihre Welt!

Welch Anspruch hat der Pfarrer auf des Landmanns Arbeit?
Welch Netze, Schlingen, Fallen braucht er; wie umstrickt er ihn
Mit kalter Flut der Abstraktion und Dickichten der Einsamkeit,
Daß er ihm Schlösser baut und Türme, darin Fürst & Priester wohnen;
Bis sie, die brennt in Jugend ohne festes Los, verbunden ist
In Sprüchen des Gesetzes einem, den sie haßt? muß sie des Lebens Kette
Schleifen in müder Lust? und müssen kalte Mordgedanken
Den klaren Himmel ihres ew'gen Frühlings dunkeln? muß sie dulden
Des rauhen Schreckens winterlichen Zorn, muß, toll geworden,

Over her shrinking shoulders all the day, & all the night
To turn the wheel of false desire, and longings that wake her womb
To the abhorred birth of cherubs in the human form,
That live a pestilence & die a meteor, & are no more;
Till the child dwell with one he hates, and do the deed he loaths,
And the impure scourge force his seed into its unripe birth

Ere yet his eyelids can behold the arrows of the day?

"Does the whale worship at thy footsteps as the hungry dog;
Or does he scent the mountain prey because his nostrils wide
Draw in the ocean? does his eye discern the flying cloud
As the raven's eye? or does he measure the expanse like the vulture?
Does the still spider view the cliffs where eagles hide their young;
Or does the fly rejoice because the harvest is brought in?
Does not the eagle scorn the earth & despise the treasures beneath?
But the mole knoweth what is there, & the worm shall tell it thee.
Does not the worm erect a pillar in the mouldering church yard
And a palace of eternity in the jaws of the hungry grave?
Over his porch these words are written: 'Take thy bliss, O Man!
And sweet shall be thy taste, & sweet thy infant joys renew!'

"Infancy! fearless, lustful, happy, nestling for delight
In laps of pleasure: Innocence! honest, open, seeking
The vigorous joys of morning light; open to virgin bliss.

Who taught thee modesty, subtil modesty, child of night & sleep?
When thou awakest wilt thou dissemble all thy secret joys,
Or wert thou not awake when all this mystery was disclos'd?
Then com'st thou forth a modest virgin, knowing to dissemble,

With nets found under thy night pillow, to catch virgin joy

Sie eine Rute dulden über schmalen Schultern Tag & Nacht,
Das Rad verlogner Lüste drehn, von Wünschen, ihren Schoß
erweckend
Zur verhaßten Geburt von Engeln in Menschengestalt,
Die leben als Pest & sterben als Fallstern & dann nicht mehr sind;
Bis das Kind wohnt bei dem, den es haßt, und tut, was es haßt,
Und die unreine Geißel seinen Samen zwingt zu unreifer
Geburt,
Eh' noch sein Lid des Tages Pfeile wird gewahr?

Liegt der Wal dir zu Füßen wie der hungrige Hund,
Und wittert er das Bergwild, wenn doch seine Nüstern
Im Meere atmen? und erspäht sein Aug' die ziehnde Wolke
Wie das des Raben? mißt den Raum er gleich dem Geier aus?

Sieht denn die Spinne Klippen, wo die Adlerjungen horsten?
Freut sich die Fliege, weil die Ernte eingebracht?
Schmähn Adler nicht die Erde & verachten ihre Schätze?

Der Maulwurf aber kennt sie, & der Wurm kann sie dir nennen.

Erbaut er nicht den Hügel im verfallnen Friedhofsgarten,
Ein Schloß der Ewigkeit in Grabes Hungerschlund?
An seiner Pforte steht geschrieben: ›Mensch, nimm die Freude an!
Süß ihr Geschmack dann, süß erstehn dir neu die
Kinderfreuden!‹

O Kindheit, furchtlos, lustvoll, glücklich, nistend im Entzücken
Im Schoß der Freude: Unschuld! ehrlich, offen, lechzend nach
Des Morgenlichts lebend'gen Freuden; dem Jungfraunglücke
offen.
Wer lehrte dich den Schlich der Keuschheit, Kind von Nacht &
Schlaf?
Wenn du erwachst, wirst du dann die geheimen Freuden leugnen,
Oder warst du nicht wach, als dies Geheimnis ward enthüllt?
Dann trittst du auf als zücht'ge Jungfrau, die gewandt im
Täuschen,
Mit Netzen unterm Kissen, Jungfraunfreude einzufangen

And brand it with the name of whore, & sell it in the night,

In silence, ev'n without a whisper, and in seeming sleep.
Religious dreams and holy vespers light thy smoky fires:
Once were thy fires lighted by the eyes of honest morn.
And does my Theotormon seek this hypocrite modesty,
This knowing, artful, secret, fearful, cautious, trembling
hypocrite?
Then is Oothoon a whore indeed! and all the virgin joys

Of life are harlots, and Theotormon is a sick man's dream;
And Oothoon is the crafty slave of selfish holiness.

"But Oothoon ist not so: a virgin fill'd with virgin fancies,

Open to joy and to delight where ever beauty appears;

If in the morning sun I find it, there my eyes are fix'd
In happy copulation; if in evening mild, wearied with work,
Sit on a bank and draw the pleasures of this free born joy.

"The moment of desire! the moment of desire! The virgin
That pines for man shall awaken her womb to enormous joys

In the secret shadows of her chamber: the youth shut up from
The lustful joy shall forget to generate & create an amorous
image
In the shadows of his curtains and in the folds of his silent pillow.
Are not these the places of religion, the rewards of continence,
The self enjoyings of self denial? why dost thou seek religion?

Is it because acts are not lovely that thou seekest solitude
Where the horrible darkness is impressed with reflections of
desire?

"Father of Jealousy, be thou accursed from the earth!
Why hast thou taught my Theotormon this accursed thing?

Und mit dem Mal der Hure zu versehn & nächtlich zu
verkaufen,
In Schweigen, ohne Flüstern gar & scheinbar im Schlaf.
Gebet und frommer Traum entzünden nun dein rauchig Feuer:
Einst wurde es entzündet von des Morgens reinem Auge.
Und sucht mein Theotormon solche heuchlerische Zucht,
Solch wissende, geschickte, ängstliche, bedachte Heuchelei?

Dann wäre Oothoon wahrlich eine Hure! und die
Jungfraunfreuden
Des Lebens alle Metzen, Theotormon eines Kranken Traum
Und Oothoon schlaue Sklavin angemaßter Heiligkeit.

Doch so ist Oothoon nicht: eine Jungfrau erfüllt von jungfräulichen Träumen,
Der Freude offen und der Lust, wo immer Schönheit mag
erscheinen;
Find ich sie in der Morgensonne, haften daran meine Augen
In glücklicher Vermählung; wenn am Abend, müd vom Werk,
Genieß am Ufer ich die frei geborne Freude.

Der Augenblick der Lust! Der Augenblick der Lust! Die Jungfrau,
Die nach dem Mann sich sehnt, weckt ihren Schoß zu
ungeheuren Freuden
In ihrer Kammer Schatten; der Jüngling, ausgeschlossen
Von Glück & Lust, vergißt die Zeugung und erschafft ein Bild
der Liebe
Auf seines Vorhangs schatt'gen Falten und dem stummen Kissen.
Ist dies nicht Statt der Religion, Lohn der Enthaltsamkeit,
Der Selbstverleugnung selbstische Genüsse? was suchst du
Religion?
Suchst du, weil Taten dich nicht freun, die Einsamkeit,
Wo Finsternis ist unterlegt mit Bildern der Begierde?

Vater der Eifersucht, verflucht sei von der Erde!
Was lehrtest meinen Theotormon du solch ein verfluchtes Tun?

Till beauty fades from off my shoulders, darken'd and cast out,

A solitary shadow wailing on the margin of non-entity,

"I cry: Love! Love! Love! happy happy Love! free as the
mountain wind!
Can that be Love that drinks another as a sponge drinks water,
That clouds with jealousy his nights, with weepings all the day,
To spin a web of age around him, grey and hoary, dark,
Till his eyes sicken at the fruit that hangs before his sight?
Such is self-love that envies all, a creeping skeleton
With lamplike eyes watching around the frozen marriage bed.

"But silken nets and traps of adamant will Oothoon spread,
And catch for thee girls of mild silver, or of furious gold.
I'll lie beside thee on a bank & view their wanton play
In lovely copulation, bliss on bliss, with Theotormon:
Red as the rosy morning, lustful as the first born beam,
Oothoon shall view his dear delight, nor e'er with jealous cloud
Come in the heaven of generous love, nor selfish blightings
bring.

"Does the sun walk in glorious raiment on the secret floor
Where the cold miser spreads his gold; or does the bright cloud
drop
On his stone threshold? does his eye behold the beam that brings
Expansion to the eye of pity? or will he bind himself
Beside the ox to thy hard furrow? does not that mild beam blot

The bat, the owl, the glowing tyger, and the king of night?

The sea fowl takes the wintry blast for a cov'ring to her limbs,

And the wild snake the pestilence to adorn him with gems &
gold;
And trees & birds & beasts & men behold their eternal joy.
Arise, you little glancing wings, and sing your infant joy!
Arise, and drink your bliss, for every thing that lives is holy!"

Bis Schönheit welkt von meinen Schultern; dunkelnd und verworfen,
Ein einsamer Schatten, der heult am Rande des Nicht-Seins,

Ruf ich hinaus: O Liebe, glückliche, o Liebe! frei wie der Wind auf Bergen!
Kann Liebe sein, die einen andern trinkt wie Schwämme Wasser,
Die seine Nächte wölkt mit Eifersucht, mit Weinen alle Tage,
Ein Netz des Alters um ihn spinnt, grau, düster, dunkel,
Bis krank sie ist, die Frucht zu sehn vor ihren Augen?
Selbstliebe ist's, die alles neidet, ein kriechendes Gerippe
Mit Augen gleich Laternen, Wächtern um ein kaltes Ehebett.

Doch seidne Netze, Fall'n aus Adamant will Oothoon legen,
Dir Mädchen fangen, die aus mildem Silber oder zorn'gem Gold,
Und neben dir am Ufer liegen & ihr müßig Spiel betrachten
In lieblicher Vermählung, Glück auf Glück, mit Theotormon:
Rot wie der Rosenmorgen, lustvoll wie der erste Strahl,
Wird Oothoon sein Entzücken schaun und nie mit Eifersüchten
Der freien Liebe Himmel wölken, noch mit Sturm der Selbstsucht überziehn.

Zieht denn die Sonne strahlend über die verschwiegne Diele,
Wo kalter Geizhals Gold zählt, regnet denn die helle Wolke

Auf seine Schwelle Steins? gewahrt sein Aug' den Strahl,
Der weiter macht des Mitleids Auge? oder schirrt er sich
Neben dem Ochsen an dein hartes Joch? tilgt nicht der milde Strahl
Die Eule, Fledermaus, den glühnden Tiger und den Herrn der Nacht?
Dem Seehuhn wird aus Winters Sturm ein Kleid für seine Glieder,
Der wilden Schlange Gold & Schmuckstein aus dem Hauch der Pest;
Und Baum & Vogel, Tier & Mensch erschaun ihre ewige Freude.
Erhebt euch, kleine Schwingen, singt eure kindliche Freude!
Erhebt euch, trinkt das Glück, denn alles, was lebt, ist heilig!«

Thus every morning wails Oothoon; but Theotormon sits
Upon the margin'd ocean conversing with shadows dire.

The Daughters of Albion hear her woes, & eccho back her sighs.

THE END

So wehklagt Oothoon jeden Morgen, aber Theotormon sitzt
Am Saum des Ozeans und spricht mit grausen Schatten.

Die Töchter Albions hör'n ihr Weh & tönen ihre Seufzer wider.

Ende

AMERICA

A Prophecy

Preludium

The shadowy Daughter of Urthona stood before red Orc,
When fourteen suns had faintly journey'd o'er his dark abode:
His food she brought in iron baskets, his drink in cups of iron:

Crown'd with a helmet & dark hair the nameless female stood;

A quiver with its burning stores, a bow like that of night,
When pestilence is shot from heaven: no other arms she need!

Invulnerable tho' naked, save where clouds roll round her loins

Their awful folds in the dark air: silent she stood as night;

For never from her iron tongue could voice or sound arise,
But dumb till that dread day when Orc assay'd his fierce
embrace.

"Dark Virgin," said the hairy youth, "thy father stern, abhorr'd,
Rivets my tenfold chains while still on high my spirit soars;

Sometimes an eagle screaming in the sky, sometimes a lion

Stalking upon the mountains, & sometimes a whale, I lash
The raging fathomless abyss; anon a serpent folding
Around the pillars of Urthona, and round thy dark limbs

On the Canadian wilds I fold; feeble my spirit folds,

AMERIKA

Eine Prophezeiung

Vorspiel

Urthonas schattige Tochter stand vor dem roten Orc,
Als vierzehn blasse Sonnen über seine dunkle Statt gewandert:
Sie brachte Speise ihm in Eisenkörben, Trank in eisernen
Pokalen:
Gekrönt mit Helm & dunklem Haar erstand das Namenlose
Weib;
Ein Köcher mit feurigem Inhalt, ein Bogen wie jener der Nacht,
Wenn Pest der Himmel niedergießt: sie brauchte keine andren
Waffen!
Unverletzlich, wenn auch nackt, außer wo Wolken um ihre
Lenden rollen,
Schrecklich geballt in der dunkelnden Luft: schweigend stand sie
wie Nacht;
Denn nie stieg Laut und Stimme auf von ihrer eisernen Zunge,
Stumm bis zum furchtbaren Tag, an dem Orc die wilde
Umarmung gewagt.

»O Jungfrau«, sprach der Jüngling, »dein verhaßter, strenger Vater
Spannt zehnfach meine Ketten, doch mein Geist schwebt in der
Höhe;
Manchmal ein Adler, der ruft in den Himmeln, manchmal ein
Löwe,
Der streift im Gebirge, & manchmal ein Wal, der den rasenden,
Unermeßlichen Abgrund durchpeitscht; dann eine Schlange,
Sich um Urthonas Pfeiler windend und um deine dunklen
Glieder
Im wilden Kanada; schwach windet sich mein Geist,

For chain'd beneath I rend these caverns: when thou bringest food
I howl my joy, and my red eyes seek to behold thy face –
In vain! these clouds roll to & fro, & hide thee from my sight."

Silent as despairing love, and strong as jealousy,
The hairy shoulders rend the links; free are the wrists of fire;

Round the terrific loins he siez'd the panting, struggling womb;

It joy'd: she put aside her clouds & smiled her first-born smile,

As when a black cloud shews its lightnings to the silent deep.

Soon as she saw the terrible boy, then burst the virgin cry:

"I know thee, I have found thee, & I will not let thee go:
Thou art the image of God who dwells in darkness of Africa,
And thou art fall'n to give me life in regions of dark death.
On my American plains I feel the struggling afflictions
Endur'd by roots that writhe their arms into the nether deep.
I see a Serpent in Canada who courts me to his love,
In Mexico an Eagle, and a Lion in Peru;
I see a Whale in the South-sea, drinking my soul away.
O what limb rending pains I feel! thy fire & my frost

Mingle in howling pains, in furrows by thy lightnings rent.

This is eternal death, and this the torment long foretold."

Gekettet spreng' ich diese Höhlen: bringst du Speise,

Heul' ich vor Freude, und mein rotes Aug' sucht dein Gesicht –
Vergeblich! dieser Wolken Wall verbirgt dich meinem Blick.«

Stumm wie verzweifelnde Liebe und stark wie Eifersucht
Reißen behaarte Schultern an Ketten; frei die Gelenke von Feuer;
Um die schrecklichen Lenden ergriff er den keuchenden, ringenden Leib;
Und freudig streift' sie die Wolken beiseit & lächelte ihr erstes Lächeln,
Als wiese eine schwarze Wolke der stummen Tiefe ihren ersten Blitz.

Als sie den schrecklichen Knaben da sah, entrang sich der Jungfrau ein Schrei:

»Ich kenne dich und fand dich nun & laß dich nicht mehr gehn:
Du bist das Bildnis Gotts, der wohnt im dunklen Afrika,
Du fielst, um Leben mir zu geben in des Tods Gefilden.
Ich spür' auf meinen Ebnen in Amerika die ringende Bedrängnis
Der Wurzeln, wenn sie ihre Arme strecken in die niedre Tiefe.
Ich sehe: eine Schlange wirbt in Kanada um meine Liebe,
In Mexiko ein Adler, und ein Löwe in Peru;
Ein Wal trinkt in der Südsee meine Seele auf.
Welch Schmerz reißt mir durch meine Glieder! dein Feuer & mein Frost
Vermischen sich in heulendem Schmerz, in Furchen, die dein Blitz gerissen.
Dies ist der ew'ge Tod und dies die lang verheißne Qual.«

A PROPHECY

The Guardian Prince of Albion burns in his nightly tent:
Sullen fires across the Atlantic glow to America's shore,
Piercing the souls of warlike men who rise in silent night.
Washington, Franklin, Paine & Warren, Gates, Hancock & Green
Meet on the coast glowing with blood from Albion's fiery
Prince.

Washington spoke: "Friends of America! look over the Atlantic
sea;
A bended bow is lifted in heaven, & a heavy iron chain
Descends, link by link, from Albion's cliffs across the sea, to bind
Brothers & sons of America till our faces pale and yellow,
Heads deprest, voices weak, eyes downcast, hands workbruis'd,

Feet bleeding on the sultry sands, and the furrows of the whip

Descend to generations that in future times forget."

The strong voice ceas'd, for a terrible blast swept over the
heaving sea:
The eastern cloud rent: on his cliffs stood Albion's wrathful
Prince,
A dragon form, clashing his scales: at midnight he arose,

And flam'd red meteors round the land of Albion beneath;
His voice, his locks, his awful shoulders, and his glowing eyes

Appear to the Americans upon the cloudy night.
Solemn heave the Atlantic waves between the gloomy nations,

Swelling, belching from its deeps red clouds & raging fires.
Albion is sick! America faints! enrag'd the Zenith grew.
As human blood shooting its veins all round the orbed heaven,

EINE PROPHEZEIUNG

Der Prinzenwächter Albions strahlt im nächtlichen Gezelt:
Trüb glimmen Feuer übers Meer zum Strand Amerikas,
Der Krieger Herz durchbohrend, die in stummer Nacht erstehn.
Washington, Franklin, Paine & Warren, Gates, Hancock & Green
Stehn am Gestade, das glüht vom Blute des Prinzen von Albion.

Washington sprach: »Amerikas Freunde! schaut übers atlantische
Meer;
Ein Bogen steht im Himmel, eine schwere Eisenkette
Sinkt Glied um Glied von Albions Klippen nieder, zu binden
Amerikas Brüder & Söhne, bis bleich unser Antlitz,
Gebeugt unser Haupt, schwach unsre Stimme, gesenkt unsre
Augen, schwielig die Hände,
Die Füße blutig auf dem heißem Sand, und der Peitsche
Striemen
Noch kommen auf Geschlechter, die in künft'gen Zeiten erst
vergessen.«

Die mächtige Stimme verstummte, denn ein schrecklicher
Windstoß fuhr über die wogende See:
Die Wolke im Osten zerriß: Albions zorniger Prinz erstand auf
den Klippen,
In Drachengestalt, mit klirrenden Schuppen; um Mitternacht
erstand er
Und flammte rote Meteore über Albions Land;
Seine Stimme, sein Haar, seine schrecklichen Schultern und
glühenden Augen
Erschienen jenen in Amerika in wolkiger Nacht.
Feierlich schwillt die atlantische Flut zwischen den düstren
Nationen,
Aus ihren Tiefen Feuersbrunst & rote Wolken speiend.
Albion ist krank! Amerika zagt! es zürnt der Zenit!
Wie Menschenblut, aus Adern strömend in des Himmels
Wölbung,

Preludium

The shadowy daughter of Urthona stood before red Orc.
When fourteen suns had faintly journeyd o'er his dark abode;
His food she brought in iron baskets, his drink in cups of iron;
Crownd with a helmet & dark hair the namelefs female stood;
A quiver with its burning stores, a bow like that of night,
When pestilence is shot from heaven; no other arms she need:
Invulnerable tho' naked, save where clouds roll round her loins,
Their awful folds in the dark air; silent she stood as night;
For never from her iron tongue could voice or sound arise;
But dumb till that dread day when Orc assayd his fierce embrace.

Dark virgin; said the hairy youth, thy father stern abhorrd;
Rivets my tenfold chains while still on high my spirit soars;
Sometimes an eagle screaming in the sky, sometimes a lion,
Stalking upon the mountains, & sometimes a whale I lash
The raging fathomlefs abyss, anon a serpent folding
Around the pillars of Urthona, and round thy dark limbs,
On the Canadian wilds I fold, feeble my spirit folds.
For chaind beneath I rend these caverns; when thou bringest food
I howl my joy: and my red eyes seek to behold thy face
In vain! these clouds roll to & fro, & hide thee from my sight.

Thus wept the Angel voice & as he wept the terrible blasts
Of trumpets, blew a loud alarm across the Atlantic deep.
No trumpets answer; no reply of clarions or of fifes,
Silent the Colonies remain and refuse the loud alarm.
On those vast shady hills between America & Albions shore;
Now barr'd out by the Atlantic sea: call'd Atlantean hills:
Because from their bright summits you may pass to the Golden world
An ancient palace, archetype of mighty Emperies,
Rears its immortal pinnacles, built in the forest of God
By Ariston the king of beauty for his stolen bride,
Here on their magic seats the thirteen Angels sat perturb'd
For clouds from the Atlantic hover o'er the solemn roof.

Red rose the clouds from the Atlantic in vast wheels of blood,
And in the red clouds rose a Wonder o'er the Atlantic sea,

Intense! naked! a Human fire, fierce glowing, as the wedge
Of iron heated in the furnace: his terrible limbs were fire
With myriads of cloudy terrors, banners dark & towers
Surrounded: heat but not light went thro' the murky atmosphere.

The King of England looking westward trembles at the vision.

Albion's Angel stood beside the Stone of night, and saw
The terror like a comet, or more like the planet red

That once enclos'd the terrible wandering comets in its sphere.
Then, Mars, thou wast our center, & the planets three flew
round
Thy crimson disk: so e'er the Sun was rent from thy red sphere.

The Spectre glow'd his horrid length staining the temple long

With beams of blood; & thus a voice came forth, and shook the
temple:

"The morning comes, the night decays, the watchmen leave
their stations;
The grave is burst, the spices shed, the linen wrapped up;

The bones of death, the cov'ring clay, the sinews shrunk & dry'd

Reviving shake, inspiring move, breathing, awakening,

Spring like redeemed captives when their bonds & bars are
burst.
Let the slave grinding at the mill run out into the field,
Let him look up into the heavens & laugh in the bright air;
Let the inchained soul, shut up in darkness and in sighing,
Whose face has never seen a smile in thirty weary years,

Erstanden rote Wolken in gewalt'gen Rädern Bluts,
Und aus den roten Wolken über dem Atlantik hob sich jäh ein Wunder,
Nackt! ein menschliches Feuer, ungestüm glühend, wie der Keil
Erhitzten Eisens in der Schmelze: Feuer seine Glieder,
Von einer Unzahl wolkiger Schrecken, dunklen Bannern & Türmen umringt:
Hitze, aber kein Licht ging durch die stickigen Lüfte.

Und Englands König schauderte ob der Vision im Westen.

Der Engel Albions stand am Stein der Nacht und sah
Den Schrecken, einem Fallstern gleich – oder eher dem roten Planeten,
Der einst die wandernden Kometen schloß in seine Sphäre.
Damals, Mars, warst du unsere Mitte, und drei Planeten umkreisten
Deine blutrote Scheibe: bevor deiner purpurnen Sphäre die Sonne entrissen.
Der Schemen glühte in furchtbarer Länge und fleckte den Tempel
Mit Strahlen Bluts; & eine Stimme tönte und erschütterte den Tempel:

»Der Morgen naht, die Nacht verfällt, die Wächter gehn vom Posten;
Das Grab ist gesprengt, die Gaben verschüttet, das Linnen aufgeschlagen;
Der Toten Gebeine, der Lehm, der sie deckte, die vertrockneten Sehnen
Regen sich wiederauflebend, beben erwarmend, atmen, erwachen,
Entspringen gleich erlösten Gefangnen, deren Bande & Riegel barsten.
Laß den Sklaven, der mahlt in der Mühle, laufen ins Feld,
Laß ihn zum Himmel schaun & lachen in die helle Luft;
Laß die gekettete Seele, in Dunkel und Seufzern verschlossen,
Die dreißig Jahr lang nie ein Lächeln auf dem Antlitz trug,

Rise and look out; his chains are loose, his dungeon doors are open;
And let his wife and children return from the oppressor's scourge.
They look behind at every step & believe it is a dream,
Singing: 'The Sun has left his blackness & has found a fresher morning,
And the fair Moon rejoices in the clear & cloudless night;
For Empire is no more, and now the Lion & Wolf shall cease.'"

In thunders ends the voice. Then Albion's Angel wrathful burnt
Beside the Stone of Night, and like the Eternal Lion's howl

In famine & war, reply'd: "Art thou not Orc, who serpent-form'd
Stands at the gate of Enitharmon to devour her children?
Blasphemous Demon, Antichrist, hater of Dignities,

Lover of wild rebellion, and transgressor of God's Law,
Why dost thou come to Angel's eyes in this terrific form?"

The Terror answer'd: "I am Orc, wreath'd round the accursed tree:
The times are ended; shadows pass, the morning 'gins to break;
The fiery joy, that Urizen perverted to ten commands,
What night he led the starry hosts thro' the wide wilderness,
That stony law I stamp to dust; and scatter religion abroad

To the four winds as a torn book, & none shall gather the leaves;
But they shall rot on desart sands, & consume in bottomless deeps,
To make the desarts blossom, & the deeps shrink to their fountains,
And to renew the fiery joy, and burst the stony roof;
That pale religious letchery, seeking Virginity,
May find it in a harlot, and in coarse-clad honesty
The undefil'd, tho' ravish'd in her cradle night and morn;

Erstehn und aufschaun; abgeworfen seine Ketten und sein
Kerker offen;
Sein Weib und seine Kinder laß zurückkehr'n von des
Unterdrückers Geißel.
Sie schaun bei jedem Schritt zurück & halten es für Traum
Und singen: ›Die Sonne ließ von Schwärze & fand einen
frischern Morgen,
Der reine Mond erfreut sich klarer, wolkenloser Nacht;
Das Reich ist nicht mehr, und nun sollen Löwe & Wolf enden!‹«

In Donnern endete die Stimme. Da brannte Albions Engel zornig
Beim Stein der Nacht und dröhnte, heulend wie der Ew'ge
Löwe
In Krieg & Hungersnot: »Bist du nicht Orc, der in Gestalt der
Schlange
An Enitharmons Tor steht, ihre Kinder zu verschlingen?
Du gotteslästerlicher Dämon, Antichrist und Feind von Rang &
Würde,
Freund wüster Rebellion, Mißächter der Gesetze Gottes,
Was nahst du Engelsaugen in solch schrecklicher Gestalt?«

Der Schrecken sprach: »Ich heiße Orc, um den verfluchten
Baum gewunden:
Zeit hat geendet; Schatten schwinden; Frühe bricht nun an;
Die stolze Freude, die Urizen fälschte in Gebote,
Als er die Sternenheere durch die weite Wildnis führte,
Dies steinerne Gesetz stampf' ich zu Staub und streu' in alle
Winde
Das Buch der Religion, und keiner soll die Blätter sammeln;
Im Wüstensand soll'n sie verrotten & im Bodenlosen sich
verzehren,
Daß Wüsten blühen & die Meere an den Ursprung weichen,

Daß stolze Freude sich erneuert und das Steindach birst,
Daß bleiche Lüsternheit des Glaubens, Jungfräulichkeit suchend,
Sie in der Hure findet und im schlichten Kleid der Ehrlichkeit,
Die unbefleckt, wenn auch geschändet in der Wiege Tag und
Nacht,

For everything that lives is holy, life delights in life;
Because the soul of sweet delight can never be defil'd.

Fires inwrap the earthly globe, yet man is not consum'd;

Amidst the lustful fires he walks; his feet become like brass,

His knees and thighs like silver, & his breast and head like gold."

"Sound! sound! my loud war-trumpets, & alarm my Thirteen Angels!
Loud howls the eternal Wolf! the eternal Lion lashes his tail!
America is darken'd; and my punishing Demons, terrified,
Crouch howling before their caverns deep, like skins dry'd in the wind.
They cannot smite the wheat, nor quench the fatness of the earth;
They cannot smite with sorrows, nor subdue the plow and spade;
They cannot wall the city, nor moat round the castle of princes;

They cannot bring the stubbed oak to overgrow the hills;

For terrible men stand on the shores, & in their robes I see

Children take shelter from the lightnings: there stands Washington
And Paine and Warren with their foreheads rear'd toward the east.
But clouds obscure my aged sight. A vision from afar!
Sound! sound! my loud war-trumpets, & alarm my thirteen Angels!
Ah vision from afar! Ah rebel form that rent the ancient
Heavens! Eternal Viper, self-renew'd, rolling in clouds,

I see thee in thick clouds and darkness on America's shore,
Writhing in pangs of abhorred birth; red flames the crest rebellious

Denn alles, was lebt, ist heilig; Leben entzückt sich am Leben;
Und die Seele des süßen Entzückens kann durch nichts ihre Reinheit verlieren.
Ein Feuer hüllt den Erdball ein, doch zehrt es nicht den Menschen;
Er wandelt in lustvollen Flammen; seine Füße werden gleich Bronze,
Kniee und Hüften gleich Silber, Haupt & Busen gleich Gold.«

»Tönt, Kriegsdrommeten! & erweckt mir meine Dreizehn Engel!
Laut heult der ew'ge Wolf! der ew'ge Löwe schlägt den Schweif!
Amerika ist dunkel; meine strafenden Dämonen
Entkriechen angstvoll heulend ihren tiefen Höhlen, wie Häute, die im Winde trocknen.
Sie können nicht das Korn verderben noch der Erde Fülle tilgen,
Sie können keine Sorgen schicken oder Pflug und Spaten unterwerfen;
Sie können nicht die Stadt ummauern oder Gräben ziehn um Fürstenschlösser;
Sie können nicht den Eichenstumpf die Hügel überwachsen machen;
Denn schreckliche Menschen stehn am Gestade, & ich sehe in ihren Gewändern
Die Kinder Schutz suchen vorm Blitz: dort stehen Washington

Und Paine und Warren, die Stirnen gen Osten erhoben.

Doch Wolken dunkeln meinen alten Blick. Fern: die Vision!
Tönt, Kriegsdrommeten, & erweckt mir meine Dreizehn Engel!

Fern: die Vision! Gestalt des Aufruhrs, die die alten Himmel
Zerrissen! Ew'ge Schlange, die sich selbst erneut, in Wolken treibend,
Ich seh dich in Gewölk und Finsternis am Strand Amerikas,
Im Schmerz dich krümmend der abscheulichen Geburt; rot flammen

And eyes of death; the harlot womb, oft opened in vain,

Heaves in enormous circles: now the times are return'd upon thee,
Devourer of thy parent, now thy unutterable torment renews.

Sound! sound! my loud war-trumpets, & alarm my thirteen Angels!
Ah terrible birth! a young one bursting! where is the weeping mouth,
And where the mother's milk? instead, those ever-hissing jaws

And parched lips drop with fresh gore: now roll thou in the clouds;
Thy mother lays her length outstretch'd upon the shore beneath.
Sound! sound! my loud war-trumpets, & alarm my thirteen Angels!
Loud howls the eternal Wolf! the eternal Lion lashes his tail!"

Thus wept the Angel voice, & as he wept, the terrible blasts
Of trumpets blew a loud alarm across the Atlantic deep.
No trumpets answer; no reply of clarions or of fifes:

Silent the Colonies remain and refuse the loud alarm.

On those vast shady hills between America & Albion's shore,

Now barr'd out by the Atlantic sea, call'd Atlantean hills,
Because from their bright summits you may pass to the Golden world,
An ancient palace, archetype of mighty Emperies,
Rears its immortal pinnacles, built in the forest of God
By Ariston, the king of beauty, for his stolen bride.

Des Todes Augen und der wilde Kamm; der Hure Schoß, so oft umsonst geöffnet,
Wogt in gewaltigem Kreisen: nun fällt die Zeit auf dich zurück,

Verschlinger deines Vaters, nun erneuert sich die unsagbare Qual.
Tönt, Kriegsdrommeten, & erweckt mir meine Dreizehn Engel!

Ah! schreckliche Geburt! ein Junges birst hervor! wo ist der Mund, der weint,
Und wo der Mutter Milch? statt dessen ein ewig zischender Rachen
Und dürre Lippen, stets von neuem blutend: nun wälze dich in Wolken;
Lang ausgestreckt liegt deine Mutter drunten auf dem Strand.

Tönt, Kriegsdrommeten! & erweckt mir meine Dreizehn Engel!

Laut heult der ew'ge Wolf! der ew'ge Löwe schlägt den Schweif!«

Da, wie des Engels Stimme klagte, bliesen gewaltige Stöße
Von Trompeten lauten Alarm über die Atlantische Tiefe.
Keine Trompete gab Antwort; keine Antwort von Hörnern und Pfeifen:
Still bleiben die Kolonien und verweigern sich dem lauten Alarm.

Auf den schattigen Bergen zwischen Amerikas Stränden & Albions,
Nun vom Atlantik versperrt, Atlantische Berge geheißen,
Weil man von ihren Gipfeln Einlaß fände in die Goldne Welt,

Erhebt ein altes Schloß, das Urbild mächt'ger Kaiserreiche,
Die ew'gen Zinnen, die erbaut in Gottes Wäldern
Ariston einst, der Schönheit König, der geraubten Braut.

Here on their magic seats the thirteen Angels sat perturb'd,

For clouds from the Atlantic hover o'er the solemn roof.

Fiery the Angels rose, & as they rose deep thunder roll'd

Around their shores, indignant burning with the fires of Orc;
And Boston's Angel cried aloud as they flew thro' the dark night.

He cried: "Why trembles honesty, and like a murderer
Why seeks he refuge from the frowns of his immortal station?
Must the generous tremble & leave his joy to the idle, to the pestilence,
That mock him? who commanded this? what God? what Angel?
To keep the gen'rous from experience till the ungenerous

Are unrestrain'd performers of the energies of nature;
Till pity is become a trade, and generosity a science
That men get rich by; & the sandy desart is giv'n to the strong?
What God is he writes laws of peace & clothes him in a tempest?
What pitying Angel lusts for tears and fans himself with sighs?

What crawling villain preaches abstinence & wraps himself

In fat of lambs? no more I follow, no more obedience pay!"

So cried he, rending off his robe & throwing down his scepter
In sight of Albion's Guardian; and all the thirteen Angels
Rent off their robes to the hungry wind, & threw their golden scepters
Down on the land of America; indignant they descended
Headlong from out their heav'nly heights, descending swift as fires
Over the land; naked & flaming are their lineaments seen

Hier saßen aufgestört die dreizehn Engel auf den
Zauberthronen,
Denn Wolken des Atlantik schweben über dem erhabnen Dach.

Voll Ungestüm erhoben sich die Engel, & ein tiefer Donner
rollte
Um ihr Gestade, entrüstet brennend mit den Feuern Orcs,
Und laut schrie Bostons Engel, als sie flogen durch die Nacht.

Er rief: »Was zittert Ehrlichkeit und sucht ganz wie ein Mörder
Schutz vor dem Stirnerunzeln ihres ewighohen Rangs?
Muß denn der Edle zittern & sein Glück dem Müß'gen lassen,
einer Pest,
Die seiner spottet? wer verfügte dies? welch Gott? welch Engel?

Dem Hochgesinnten die Erfahrung zu verschließen, bis dem
niedren Geiste
Die Kräfte der Natur für seine Zwecke untertan;
Bis Mitleid zum Geschäft wird, Edelmut zur Kunst,
Die Menschen reich macht; & das Teil des Starken ist die Wüste?
Welch Gott ist der, der das Gesetz des Friedens schreibt & sich
in Stürme kleidet?
Welch mitleidsvoller Engel, der nach Tränen giert und sich mit
Seufzern fächelt?
Welch kriecherischer Schurke predigt von Enthaltsamkeit &
hüllt sich selbst
In Lämmerfett? ich will nun nicht mehr folgen und Gehorsam
zollen!«

So rief er, riß sein Kleid vom Leib & warf sein Zepter nieder
Vorm Blick von Albions Wächter: da rissen alle dreizehn Engel
Ihr Kleid in den hungrigen Wind & warfen die goldenen
Zepter
Auf Amerika hin; entrüstet stiegen sie herab
Von ihren Himmelshöhn, rasch absteigend wie Feuer

Über dem Land; nackt sind & flammend ihre Umrisse zu sehn

In the deep gloom; by Washington & Paine & Warren they stood;
And the flame folded, roaring fierce within the pitchy night

Before the Demon red, who burnt towards America,
In black smoke, thunders, and loud winds, rejoicing in its terror,

Breaking in smoky wreaths from the wild deep, & gath'ring thick
In flames as of a furnace on the land from North to South,

What time the thirteen Governors that England sent, convene

In Bernard's house; the flames cover'd the land, they rouze, they cry;
Shaking their mental chains, they rush in fury to the sea
To quench their anguish; at the feet of Washington down fall'n
They grovel on the sand and writhing lie, while all
The British soldiers thro' the thirteen states sent up a howl

Of anguish, threw their swords & muskets to the earth, & ran
From their encampments and dark castles, seeking where to hide
From the grim flames, and from the visions of Orc, in sight
Of Albion's Angel; who, enrag'd, his secret clouds open'd
From north to south and burnt outstretch'd on wings of wrath, cov'ring
The eastern sky, spreading his awful wings across the heavens.

Beneath him roll'd his num'rous hosts, all Albion's Angels camp'd
Darken'd the Atlantic mountains; & their trumpets shook the valleys,
Arm'd with diseases of the earth to cast upon the Abyss,

Their numbers forty millions, must'ring in the eastern sky.

In tiefer Düsternis; sie standen bei Washington, Warren & Paine,
Und die Flamme schlug auf, ungestüm dröhnend in
pechschwarzer Nacht
Vor dem roten Dämon, der gegen Amerika flammte,
In schwarzem Rauch, Donner, heulenden Winden, sich freuend
am eigenen Schrecken,
Der in rauchigen Ringen hervorbrach aus Tiefen, sich ballend

In Flammen wie denen aus Schmelzen von Nord bis Süd
überm Land,
Da die dreizehn Gouverneure Englands sich nunmehr
versammeln
In Bernards Haus; die Flammen erobern das Land, sie rasen, sie
schrein,
Sie werfen die geistigen Ketten ab und rauschen wütend zur See,
Ihren Zorn zu löschen; zu Washingtons Füßen niedergefallen,
Kriechen und krümmen sie sich auf dem Sand, während alle
Die Krieger Britanniens durch die dreizehn Staaten aufschrien
in Pein,
Die Schwerter & Musketen niederwarfen und entflohn
Aus ihren Lagern und dunklen Kastellen, Verstecke zu suchen
Vor den grimmigen Flammen und Visionen des Orc; sie sah
Der Engel Albions, der erzürnt verschwiegne Wolken teilte
Von Nord bis Süd und, seine Flammenschwingen durch den
Himmel breitend,
Den östlichen Himmel mit schrecklichen Schwingen des
Zornes erfüllte.
Unter ihm strömte die Schar seiner Heere, und Albions Engel
Verdunkeln die Atlantischen Berge, & ihre Drommeten
erschüttern die Täler,
Gewappnet mit irdischen Seuchen, sie in den Abgrund zu
werfen,
Ihre Zahl vierzig Millionen, sich sammelnd im östlichen
Himmel.

In the flames stood & view'd the armies drawn out in the sky,
Washington, Franklin, Paine, & Warren, Allen, Gates, & Lee,

And heard the voice of Albion's Angel give the thunderous
command;
His plagues, obedient to his voice, flew forth out of their clouds,
Falling upon America, as a storm to cut them off,
As a blight cuts the tender corn when it begins to appear.
Dark is the heaven above, & cold & hard the earth beneath:
And as a plague wind fill'd with insects cuts off man & beast,
And as a sea o'erwhelms a land in the day of an earthquake,
Fury! rage! madness! in a wind swept through America;
And the red flames of Orc, that folded roaring, fierce, around
The angry shores; and the fierce rushing of th' inhabitants
together!
The citizens of New York close their books & lock their chests;
The mariners of Boston drop their anchors and unlade;
The scribe of Pensylvania casts his pen upon the earth;
The builder of Virginia throws his hammer down in fear.

Then had America been lost, o'erwhelm'd by the Atlantic,
And Earth had lost another portion of the infinite,
But all rush together in the night in wrath and raging fire.
The red fires rag'd! the plagues recoil'd! then roll'd they back
with fury
On Albion's Angels: then the Pestilence began in streaks of red
Across the limbs of Albion's Guardian; the spotted plague smote
Bristol's
And the Leprosy London's Spirit, sickening all their bands:
The millions sent up a howl of anguish and threw off their
hammer'd mail,
And cast their swords & spears to earth, & stood, a naked
multitude:
Albion's Guardian writhed in torment on the eastern sky,
Pale, quiv'ring toward the brain his glimmering eyes, teeth
chattering,
Howling & shuddering, his legs quivering, convuls'd each
muscle & sinew:

Washington, Franklin, Paine & Warren, Allen, Gates & Lee,
Sie standen in Feuern und sahn auf die Reihen der himmlischen Heere
Und hörten Albions Engel donnernd das Kommando geben;

Auf seine Stimme hin entflohn die Seuchen ihren Wolken
Und fielen auf Amerika, im Sturm es zu verheeren,
Wie Brand das zarte Korn verheert, das eben sprießt.
Dunkel der Himmel droben, und kalt & hart die Erde drunten:
Und wie ein Pestwind voll Insekten Mensch & Tier befällt,
Und wie die Flut die Erde überwältigt, wenn sie bebt,
So rauscht ein Wind von Wut! Zorn! Wahnsinn! durch Amerika;
Die roten Flammen Orcs, sie schlagen in wütendem Dröhnen
Ans zornige Gestade: und der Bewohner wilde Hast!

Die Menschen New Yorks schließen die Bücher & Truhen;
Die Seeleute Bostons werfen den Anker und löschen die Fracht;
Der Schreiber Pennsylvanias wirft den Stift zur Erde;
Der Zimmermann Virginias wirft den Hammer weg in Furcht.

Da wäre Amerika verloren gewesen, besiegt vom Atlantik,
Und die Erde hätte einen Bestandteil des Unendlichen verloren,
Doch strömten sie alle zusammen in Zorn und rasendem Feuer.
Die roten Feuer wüteten! die Seuchen wichen! und strömten in Wut
Zurück auf Albions Engel: da begann die Pest in roten Streifen
Auf den Gliedern von Albions Wächter; die Fleckenpest schlug Bristols,
Die Lepra Londons Geist, daß alle ihre Scharen krankten.
Millionen heulten in Furcht und warfen ab die gehämmerte Rüstung,
Und warfen Schwert & Speer zur Erde & standen in nackter Vielzahl:
Albions Wächter wand sich in Qualen im östlichen Himmel,
Bleich, die glimmenden Augen verdrehend, mit klappernden Zähnen,
Heulend & schaudernd, zitternd im Knie, zuckend Muskel & Sehnen:

Sick'ning lay London's Guardian, and the ancient miterd York,
Their heads on snowy hills, their ensigns sick'ning in the sky.

The plagues creep on the burning winds driven by flames of Orc,
And by the fierce Americans rushing together in the night,
Driven o'er the Guardians of Ireland, and Scotland and Wales.
They, spotted with plagues, forsook the frontiers; & their banners, sear'd
With fires of hell, deform their ancient heavens with shame & woe.
Hid in his caves the Bard of Albion felt the enormous plagues,
And a cowl of flesh grew o'er his head, & scales on his back & ribs;
And, rough with black scales, all his Angels fright their ancient heavens.
The doors of marriage are open, and the Priests in rustling scales
Rush into reptile coverts, hiding from the fires of Orc,

That play around the golden roofs in wreaths of fierce desire,

Leaving the females naked and glowing with the lusts of youth.

For the female spirits of the dead, pining in bonds of religion,

Run from their fetters reddening, & in long drawn arches sitting,
They feel the nerves of youth renew, and desires of ancient times
Over their pale limbs, as a vine when the tender grape appears.

Over the hills, the vales, the cities, rage the red flames fierce:
The Heavens melted from north to south; and Urizen, who sat
Above all heavens, in thunders wrap'd, emerg'd his leprous head

From out his holy shrine, his tears in deluge piteous

Vergehend lag Londons Wächter und das alte mitratragende York,
Ihre Häupter auf schneeigen Hügeln, ihre Zeichen vergehend im Himmel.
Die Seuchen kriechen auf brennenden Winden, gejagt von Orcs Flammen
Und jenen in Amerika, die wild zusammenströmen in der Nacht,
Gehetzt über die Wächter von Irland, Schottland & Wales.
Gefleckt von Seuchen entflohn sie den Grenzen; & ihre Banner, versengt
Von Höllenfeuern, entstell'n ihre alten Himmel mit Schmach & Leid.
In seinen Höhlen spürte Albions Sänger die gewaltigen Seuchen,
Eine Kapuze aus Fleisch entwuchs seinem Schädel, & Schuppen aus Rücken & Rippen,
Und rauh von schwarzen Schuppen flohn alle seine Engel ihre alten Himmel.
Die Hochzeitstore stehen offen, und die Priester in klirrenden Schuppen
Fliehn ins Versteck von Reptilien, sich zu bergen vor den Feuern des Orc,
Die um die goldnen Dächer spielen in Ringen feurigen Verlangens,
Daß nackt stehn die Frauen und glühend vor Jugend und Lust.

Denn die weiblichen Geister der Toten, schmachtend in Banden des Glaubens,
Enteilen ihren sich rötenden Fesseln und spüren in weiten Gewölben
Von neuem die Nerven der Jugend und einstiger Zeiten Verlangen
Auf bleichen Gliedern, wie ein Weinstock, wenn die Rebe sprießt.

Und über Hügel, Täler, Städte rasen rote Flammen;
Die Himmel schmolzen von Nord bis Süd; und Urizen, der saß
Weit über allen Himmeln, in Donner gehüllt, erhob sein lepröses Haupt
Aus seinem heil'gen Schrein; seine Tränen fielen in kläglicher Sintflut

Falling into the deep sublime; flag'd with grey-brow'd snows
And thunderous visages, his jealous wings wav'd over the deep;

Weeping in dismal howling woe, he dark descended, howling
Around the smitten bands, clothed in tears & trembling,
shudd'ring cold.
His stored snows he poured forth, and his icy magazines
He open'd on the deep, and on the Atlantic sea white shiv'ring
Leprous his limbs, all over white, and hoary was his visage,
Weeping in dismal howlings before the stern Americans,
Hiding the Demon red with clouds & cold mists from the earth;

Till Angels & weak men twelve years should govern o'er the
strong;
And then their end should come, when France receiv'd the
Demon's light.

Stiff shudderings shook the heav'nly thrones! France, Spain, &
Italy
In terror view'd the bands of Albion, and the ancient Guardians,
Fainting upon the elements, smitten with their own plagues.

They slow advance to shut the five gates of their law-built
heaven,
Filled with blasting fancies and with mildews of despair,

With fierce disease and lust, unable to stem the fires of Orc.

But the five gates were consum'd, & their bolts and hinges
melted;
And the fierce flames burnt round the heavens & round the
abodes of men.

FINIS

In die erhabne Tiefe; geflaggt mit graubrauigem Schnee
Und donnernden Antlitzen, wogten seine eifersüchtigen
Schwingen über der Tiefe;
Weinend in trübem, heulendem Weh stieg dunkel er ab, heulend
Inmitten geschlagener Scharen, in Tränen gewandet &
schaudernd vor Kälte.
Den Vorrat Schnees ergoß er und leerte die eisigen Kammern
In die Tiefe und die weiße, erschaudernde See;
Leprös seine Glieder und weiß und eisgrau sein Antlitz,
Da er weinte in trübem Geheul vor den ernsten Amerikanern
Und den roten Dämon in Wolken & kalten Nebeln von der
Erde entführte,
Daß Engel & Schwache zwölf Jahre die Starken beherrschten;

Dann aber nahte ihr Ende, als Frankreich das Licht des Dämons
empfing.

Ein Schaudern schütterte die Himmelsthrone! Frankreich,
Italien & Spanien,
Sie sahn in Schrecken Albions Scharen und die alten Wächter,
Vergehend auf den Elementen, verheert von den eigenen
Seuchen.
Sie schleichen herbei, des Gesetzeshimmels fünf Tore zu
schließen,
Von verdorbenen Wünschen und Mehltau der Verzweiflung
erfüllt,
Von wütender Kränke und Lust, nicht fähig, zu dämmen die
Feuer des Orc.
Doch die fünf Tore wurden aufgezehrt, & ihre Riegel & Angeln
schmolzen,
Und wilde Flammen brannten rings in den Himmeln & um die
Stätten der Menschen.

FINIS

Enitharmon slept,
Eighteen hundred years: Man was a Dream!
The night of Nature and their harps unstrung:
She slept in middle of her nightly song,
Eighteen hundred years, a female dream!
Shadows of men in fleeting bands upon the winds:
Divide the heavens of Europe:
Till Albions Angel smitten with his own plagues fled with his bands
The cloud bears hard on Albions shore:
Fill'd with immortal demons of futurity:
In council gather the smitten Angels of Albion
The cloud bears hard upon the council house; down rushing
On the heads of Albions Angels.
One hour they lay buried beneath the ruins of that hall;
But as the stars rise from the salt lake they arise in pain,
In troubled mists o'erclouded by the terrors of struggling times.

EUROPE

A Prophecy

"Five windows light the cavern'd Man: thro' one he breathes the air;
Thro' one hears music of the spheres; thro' one the eternal vine

Flourishes, that he may recieve the grapes; thro' one can look

And see small portions of the eternal world that ever groweth;
Thro' one himself pass out what time he please; but he will not,

For stolen joys are sweet & bread eaten in secret pleasant."

So sang a Fairy, mocking, as he sat on a streak'd Tulip,
Thinking none saw him: when he ceas'd I started from the trees
And caught him in my hat, as boys knock down a butterfly.

"How know you this," said I, "small Sir? where did you learn this song?"
Seeing himself in my possession, thus he answer'd me:
"My master, I am yours! command me, for I must obey."

"Then tell me, what is the material world, and is it dead?"
He, laughing, answer'd: "I will write a book on leaves of flowers,

If you will feed me on love-thoughts & give me now and then
A cup of sparkling poetic fancies; so, when I am tipsie,

I'll sing to you to this soft lute, and shew you all alive
The world, where every particle of dust breathes forth its joy."

EUROPA

Eine Prophezeiung

»Fünf Fenster erleuchten die Höhle des Menschen: durch eines atmet er
Die Luft; durch eins vernimmt er die Musik der Sphären; durch eines blüht
Der ew'ge Weinstock, daß ihm wird die Rebe; durch eins gewahrt
Er kleine Bruchteile der ewigen Welt, die immerdar wächst;
Durch eins geht er davon, wann immer er will; doch tut er es nicht,
Denn süß sind gestohlene Freuden & heimlich gegessene Krusten.«

So sang ein Elfe spöttisch, auf gestreifter Tulpe sitzend,
Und dachte, keiner sähe ihn: als er verstummte, kam
Ich hinterm Baum hervor und fing ihn mit dem Hut, wie Knaben Schmetterlinge haschen.
»Wie wißt ihr dies, Herr Däumling?« sagte ich, »wo lerntet Ihr dies Lied?«
Als er sich so in meinen Händen sah, gab er mir Antwort:
»Mein Meister, ich bin dein! befehle, denn ich muß gehorchen.«

»Dann sag, was ist diese stoffliche Welt; ist sie tot?«
Da sprach er lachend: »Ich will ein Buch auf Blütenblätter schreiben,
Wenn du mich nährst mit liebenden Gedanken; dann & wann
Ein Glas mir gibst mit sprühnder Poesie; wenn ich dann trunken,
So sing' zu sanfter Laute ich und zeig' dir, wie lebendig
Die ganze Welt ist, wo jedes Staubkorn seine Freude atmet.«

I took him home in my warm bosom: as we went along
Wild flowers I gather'd, & he shew'd me each eternal flower:
He laugh'd aloud to see them whimper because they were
pluck'd.
They hover'd round me like a cloud of incense: when I came
Into my parlour and sat down and took my pen to write,
My Fairy sat upon the table and dictated EUROPE.

PRELUDIUM

The nameless shadowy female rose from out the breast of Orc,
Her snaky hair brandishing in the winds of Enitharmon;
And thus her voice arose:

"O mother Enitharmon, wilt thou bring forth other sons?
To cause my name to vanish, that my place may not be found,

For I am faint with travail,
Like the dark cloud disburden'd in the day of dismal thunder.
"My roots are brandish'd in the heavens, my fruits in earth beneath
Surge, foam and labour into life, first born & first consum'd!

Consumed and consuming!
Then why shouldst thou, accursed mother, bring me into life?

"I wrap my turban of thick clouds around my lab'ring head,
And fold the sheety waters as a mantle round my limbs;
Yet the red sun and moon
And all the overflowing stars rain down prolific pains.

"Unwilling I look up to heaven, unwilling count the stars:

Sitting in fathomless abyss of my immortal shrine
I sieze their burning power
And bring forth howling terrors, all devouring fiery kings,

Ich trug ihn heim am warmen Busen: als wir gingen,
Pflückt' Blumen ich; er zeigte mir die ew'gen Blumen
Und lachte laut, als er sie wimmern sah, weil sie gepflückt.

Sie schwebten um mich, einer Wolke Weihrauchs gleich: als ich
Ins Zimmer kam und niedersaß und meinen Stift ergriff,
Setzt' er auf meinen Tisch sich und diktierte mir EUROPA.

Vorspiel

Das namenlose schattige Weib entstieg dem Busen Orcs,
Ihr Schlangenhaar in Enitharmons Winden wogend,
Und so erhob sie ihre Stimme:

»O Mutter Enitharmon, wirst du andre Söhne noch gebären?
Daß einst mein Name schwindet und mein Ort nicht mehr zu
finden,
Denn ich bin schwach von Wehen,
Wie dunkle Wolke, die der Donner ihrer Last entbunden.
Im Himmel schwanken meine Wurzeln, meine Frucht auf Erden
Wogt, schäumt und ringt ins Leben sich, zuerst geboren &
zuerst verzehrt!
Verzehrend und verzehrt!
Warum dann solltest du, verfluchte Mutter, mir das Leben
schenken?

Ich winde einen Turban dichter Wolken ums gequälte Haupt
Und hülle Lagen Wassers als Gewand um meine Glieder;
Und dennoch regnen Mond und rote Sonne
Und alle übergehnden Sterne reichlich Schmerzen nieder.

Unwillig schau ich auf zum Himmel, unwillig zähle ich die
Sterne:
Im unermeßnen Abgrund meines ew'gen Schreines sitzend,
Ergreife ich ihre brennende Macht
Und gebäre heulende Schrecken, Könige, feurig und alles
verschlingend,

"Devouring & devoured, roaming on dark and desolate
mountains,
In forests of eternal death, shrieking in hollow trees.
Ah mother Enitharmon!
Stamp not with solid form this vig'rous progeny of fires.

"I bring forth from my teeming bosom myriads of flames,
And thou dost stamp them with a signet; then they roam abroad
And leave me void as death.
Ah! I am drown'd in shady woe and visionary joy.

"And who shall bind the infinite with an eternal band?
To compass it with swaddling bands? and who shall cherish it
With milk and honey?
I see it smile, & I roll inward, & my voice is past."

She ceast, & roll'd her shady clouds
Into the secret place.

A Prophecy

The deep of winter came,
What time the secret child
Descended thro' the orient gates of the eternal day:
War ceas'd, & all the troops like shadows fled to their abodes.

Then Enitharmon saw her sons & daughters rise around;
Like pearly clouds they meet together in the crystal house;
And Los, possessor of the moon, joy'd in the peaceful night,
Thus speaking, while his num'rous sons shook their bright fiery
wings:

"Again the night is come
That strong Urthona takes his rest;
And Urizen, unloos'd from chains,

Verschlingend & verschlungen, auf dunklen, öden Bergen streifend,
In Wäldern ew'gen Tods, in hohlen Bäumen kreischend.
Ah, Mutter Enitharmon!
Zwing nicht zu fester Form dies heftige Geschlecht der Feuer.

Aus meinem Busen strömen wimmelnd Myriaden Flammen:
Du drückst ein Siegel ihnen auf: da schweifen sie hinaus
Und lassen mich leer wie Tod.
Ah! ich ertrink in dunklem Leiden und erahnter Freude.

Wer bindet das Unendliche mit einer ew'gen Fessel?
Schnürt es in enge Bande? wer umhegt es
Mit Milch und Honig?
Ich seh es lächeln & ich roll' mich ein & meine Stimme schwindet.«

Sie schwieg & wälzte ihre düstren Wolken
Hin zur geheimen Stätte.

EINE PROPHEZEIUNG

Der tiefe Winter kam,
Die Zeit, zu welcher das geheime Kind
Herabstieg durch die östlichen Tore des ewigen Tages:
Krieg endete & alle Heere flohn wie Schatten ihrer Wohnstatt zu.

Da sah Enitharmon, wie rings ihre Söhne & Töchter erstanden:
Wie Perlenwolken trafen sie zusammen im kristallnen Haus;
Und Los, des Monds Besitzer, freute sich der stillen Nacht
Und sprach, & seine vielen Söhne schüttelten die Feuerschwingen:

»Die Nacht kam wieder,
In der Urthona ruht;
Urizen, ledig seiner Ketten,

Glows like a meteor in the distant north.
Stretch forth your hands and strike the elemental strings!
Awake the thunders of the deep!
The shrill winds wake,
Till all the sons of Urizen look out and envy Los.
Sieze all the spirits of life, and bind
Their warbling joys to our loud strings!
Bind all the nourishing sweets of earth
To give us bliss, that we may drink the sparkling wine of Los!
And let us laugh at war,
Despising toil and care,
Because the days and nights of joy in lucky hours renew.

"Arise, O Orc, from thy deep den!
First born of Enitharmon, rise!
And we will crown thy head with garlands of the ruddy vine;
For now thou art bound,
And I may see thee in the hour of bliss, my eldest born."

The horrent Demon rose surrounded with red stars of fire
Whirling about in furious circles round the immortal fiend.

Then Enitharmon down descended into his red light,
And thus her voice rose to her children: the distant heavens
reply:

"Now comes the night of Enitharmon's joy!
Who shall I call? Who shall I send,
That Woman, lovely Woman, may have dominion?
Arise, O Rintrah, thee I call! & Palamabron, thee!
Go! tell the Human race that Woman's love is Sin;

That an Eternal life awaits the worms of sixty winters
In an allegorical abode where existence hath never come.
Forbid all Joy, & from her childhood shall the little female
Spread nets in every secret path.

Glüht wie ein Stern im fernen Nord.
Streckt aus die Hand und rührt der Elemente Saiten!
Erweckt der Tiefe Donner!
Weckt die scharfen Winde,
Bis die Söhne Urizens ausschaun und Los beneiden.
Des Lebens Geister greift und bindet
An unsre lauten Saiten ihre jubiliernden Freuden!
Der Erde süße Gaben bindet alle,
Daß sie selig uns machen, daß wir trinken Los' funkelnden Wein!
Und laßt des Kriegs uns lachen,
Müh und Not verachten,
Weil sich der Freude Tag' und Nächt' mit jeder Stunde Glücks
erneuern.

Erstehe, Orc, aus deiner tiefen Höhle!
Du Erstgeborner Enitharmons, auf!
Wir woll'n dein Haupt mit Kränzen roten Weines krönen;
Denn nun bist du gebunden,
Und ich erblick' dich in der Stunde meiner Seligkeit, mein
Erstgeborner.«

Der schreckliche Dämon erstand in roten Feuersternen,
Die wirbelnd, wütend den unsterblichen Unhold umkreisten.

Und Enitharmon stieg hinab zu seinem roten Licht
Und sprach zu ihren Kindern, daß die fernen Himmel
widerhallten:

»Nun kommt die Nacht von Enitharmons Freude!
Wen soll ich rufen? wen entsenden,
Damit der Frau, der holden Frau, die Herrschaft wird?
Erhebe dich, o Rintrah, denn ich rufe dich! und, Palamabron, dich!
Geht! sagt dem menschlichen Geschlecht, daß Frauenliebe
Sünde;
Ein ew'ges Leben harrt des Wurms von sechzig Wintern
In allegorischer Wohnstatt, dahin das Dasein niemals kam.
Verbietet alle Freude; & das kleine Mädchen soll
Von Kindheit an auf jedem Pfad geheime Netze legen.

"My weary eyelids draw towards the evening; my bliss is yet but new.

"Arise, O Rintrah, eldest born, second to none but Orc!
O lion Rintrah, raise thy fury from thy forests black!
Bring Palamabron, horned priest, skipping upon the mountains,
And silent Elynittria, the silver bowed queen.
Rintrah, where hast thou hid thy bride?
Weeps she in desart shades?
Alas! my Rintrah, bring the lovely jealous Ocalythron.

"Arise, my son! bring all thy brethren, O thou king of fire!
Prince of the sun! I see thee with thy innumerable race,
Thick as the summer stars;
But each, ramping, his golden mane shakes,
And thine eyes rejoice because of strength, O Rintrah, furious king!"

Enitharmon slept
Eighteen hundred years. Man was a Dream!
The night of Nature and their harps unstrung!
She slept in middle of her nightly song
Eighteen hundred years, a female dream.

Shadows of men in fleeting bands upon the winds
Divide the heavens of Europe
Till Albion's Angel, smitten with his own plagues, fled with his bands.

The cloud bears hard on Albion's shore,
Fill'd with immortal demons of futurity:
In council gather the smitten Angels of Albion;
The cloud bears hard upon the council house, down rushing
On the heads of Albion's Angels.

Mein müdes Lid senkt sich dem Abend zu; doch meine Seligkeit
ist stet.

Erheb' dich, Rintrah, Erstgeborner, nur dem Orc vergleichlich!
O Löwe Rintrah, weck' den Zorn in deinen schwarzen Wäldern!
Bring' Palamabron, den gehörnten Priester auf den Bergen,
Und Elynittria, die stille Kön'gin mit dem Silberbogen.
Rintrah, wo bargst du deine Braut?
Weint sie in Wüstenschatten?
Ach! Rintrah, bring' die liebliche, die eifersüchtige Ocalythron.

Auf, Sohn! bring' alle deine Brüder, König du des Feuers!
Der Sonne Fürst! Ich seh dich mit unzähligem Geschlechte,
So dicht gesät wie Sommersterne;
Und jeder wild die goldne Mähne schüttelnd,
Und deine Augen freun sich ihrer Stärke, o Rintrah, zorniger
König.«

Enitharmon schlief
Achtzehnhundert Jahre. Der Mensch war ein Traum!
Die Nacht der Natur, und ihre Harfen ohne Saiten!
Sie schlief inmitten ihres nächtlichen Lieds
Achtzehnhundert Jahre, ein weiblicher Traum.

Menschliche Schatten in flüchtigen Scharen auf Winden
Teilen die Himmel Europas,
Bis Albions Engel, besiegt von den eigenen Seuchen, mit seinen
Scharen entfloh.

Die Wolken stoßen hart an Albions Gestade,
Von der Zukünftigkeit unsterblichen Dämonen erfüllt:
Zum Rat versammeln sich Albions geschlagene Engel:
Die Wolken stoßen hart ans Haus des Rats und rauschen
Auf ihre Häupter nieder.

One hour they lay buried beneath the ruins of that hall;
But as the stars rise from the salt lake, they arise in pain,

In troubled mists, o'erclouded by the terrors of strugling times.

In thoughts perturb'd they rose from the bright ruins, silent following
The fiery King, who sought his ancient temple, serpent-form'd,
That stretches out its shady length along the Island white.
Round him roll'd his clouds of war; silent the Angel went
Along the infinite shores of Thames to golden Verulam.

There stand the venerable porches that high-towering rear
Their oak-surrounded pillars, form'd of massy stones, uncut
With tool, stones precious, such eternal in the heavens,

Of colours twelve, few known on earth, give light in the opake,

Plac'd in the order of the stars, when the five senses whelm'd
In deluge o'er the earth-born man; then turn'd the fluxile eyes

Into two stationary orbs, concentrating all things:
The ever-varying spiral ascents to the heavens of heavens
Were bended downward, and the nostrils' golden gates shut,

Turn'd outward, barr'd and petrify'd against the infinite.

Thought chang'd the infinite to a serpent, that which pitieth
To a devouring flame; and man fled from its face and hid

In forests of night: then all the eternal forests were divided

Into earths rolling in circles of space, that like an ocean rush'd
And overwhelmed all except this finite wall of flesh.

Then was the serpent temple form'd, image of infinite

Da lagen sie eine Stunde begraben unter den Trümmern der Halle;
Doch wie die Sterne steigen aus dem salzigen See, erstehn sie in Pein,
In wirren Nebeln, überwölkt von den Schrecken der Zeiten des Kampfs.

In Unrast stiegen sie aus hellen Trümmern, folgten schweigend

Dem feurigen König, der den alten Schlangentempel suchte,
Der seinen langen Schatten auf das Weiße Eiland wirft.
Des Krieges Wolken rollten um ihn; schweigend ging der Engel
Entlang der unendlichen Strände der Themse zum goldnen Verulam.
Ehrwürdig stehn dort die Dächer, und hochragend stützen
Sie eichengesäumte Pfeiler aus massigem Stein, den noch kein
Werkzeug behaun; Edelsteine, wie sie ewige sind in den Himmeln,
Zwölffarbig, kaum gekannt auf Erden, spenden Licht im Dämmer,
Gesetzt in der Ordnung der Sterne, als die fünf Sinne in Sintflut
Den Erdgebornen überschwemmten; da wandelten sich die fließlichen Augen
Zu zwei stetigen, stehenden Kreisen, alle Dinge bündelnd:
Die spiralig sich windenden Stufen zum Himmel der Himmel
Wurden niedergebeugt und der Nüstern goldene Tore verschlossen;
Nach außen gewendet, versperrt und versteinert vor dem, was unendlich.

Das Denken wandelte Unendlichkeit in eine Schlange, das Mitleid
In verschlingende Flamme; und der Mensch floh ihr Antlitz und barg
Sich in Wäldern der Nacht: da wurden alle die ewigen Wälder geschieden
In Erden, rollend im Raum, der gleich einem Ozean schäumte
Und alles überschwemmte außer dem endlichen Walle aus Fleisch.
Der Schlangentempel entstand, des Unendlichen Abbild,

Shut up in finite revolutions, and man became an Angel,

Heaven a mighty circle turning, God a tyrant crown'd.

Now arriv'd the ancient Guardian at the southern porch
That planted thick with trees of blackest leaf & in a vale
Obscure enclos'd the Stone of Night; oblique it stood, o'erhung

With purple flowers and berries red, image of that sweet south
Once open to the heavens, and elevated on the human neck,
Now overgrown with hair and cover'd with a stony roof.

Downward 'tis sunk beneath th' attractive north, that round the feet,
A raging whirlpool, draws the dizzy enquirer to his grave.

Albion's Angel rose upon the Stone of Night.
He saw Urizen on the Atlantic;
And his brazen Book
That Kings & Priests had copied on Earth,
Expanded from North to South.

And the clouds & fires pale roll'd round in the night of Enitharmon,
Round Albion's cliffs & London's walls: still Enitharmon slept.

Rolling volumes of grey mist involve Churches, Palaces, Towers;
For Urizen unclasp'd his Book, feeding his soul with pity.
The youth of England, hid in gloom, curse the pain'd heavens, compell'd
Into the deadly night to see the form of Albion's Angel.
Their parents brought them forth, & aged ignorance preaches, canting,
On a vast rock, perciev'd by those senses that are clos'd from thought:
Bleak, dark, abrupt it stands & overshadows London city.

In endlichen Umsturz verschlossen, und der Mensch ward ein Engel,
Der Himmel ein mächtiger wirbelnder Kreis, & Gott ein gekrönter Tyrann.

Nun kam der alte Wächter zum südlichen Dach,
Das, dicht umwachsen von Bäumen schwärzester Blätter,
In dunklem Tal den Stein der Nacht umschloß; schief stand er, überhangen
Von Purpurblumen, roten Beeren: Bildern jenes süßen Südens,
Der, einst den Himmeln offen, auf des Menschen Nacken ruhte,
Der nun überwachsen ist von Haar und von steinernem Dach überwölbt;
Hinab nun gesunken zum Nord, dem Magnet, der, ein wütender Wirbel
Rings um den Fuß, den taumelnden Frager hinabzieht ins Grab.

Albions Engel erhob sich auf dem Stein der Nacht.
Er sah Urizen über dem Atlantik;
Und sein bronzenes Buch,
Von König & Priester auf Erden kopiert,
Erstreckte sich von Nord bis Süd.

Und Wolken, bleiche Feuer rollten rings in Enitharmons Nacht,

Um Albions Klippen, Londons Mauern: und Enitharmon schlief noch immer.
Und Massen grauen Nebels hüllen Kirchen, Türme und Paläste:
Urizen öffnete sein Buch, von Mitleid seine Seele nährend.
Die englische Jugend flucht düster den leidvollen Himmeln, gezwungen,
In der tödlichen Nacht die Gestalt von Albions Engel zu schaun.
Ihre Eltern gebar'n sie, & uralte Unwissenheit predigt schwätzend
Auf mächtigem Fels, von jenen Sinnen erspäht, die dem Gedanken verschlossen:
Karg steht er, finster, schroff, und überschattet London.

They saw his boney feet on the rock, the flesh consum'd in
flames;
They saw the Serpent temple lifted above, shadowing the Island
white;
They heard the voice of Albion's Angel howling in flames of Orc,
Seeking the trump of the last doom.

Above the rest the howl was heard from Westminster louder &
louder:
The Guardian of the secret codes forsook his ancient mansion,
Driven out by the flames of Orc; his furr'd robes & false locks
Adhered and grew one with his flesh, and nerves & veins shot
thro' them.
With dismal torment sick, hanging upon the wind, he fled
Groveling along Great George Street thro' the Park gate: all the
soldiers
Fled from his sight: he drag'd his torments to the wilderness.

Thus was the howl thro' Europe!
For Orc rejoic'd to hear the howling shadows;
But Palamabron shot his lightnings, trenching down his wide
back;
And Rintrah hung with all his legions in the nether deep.

Enitharmon laugh'd in her sleep to see (O woman's triumph!)
Every house a den, every man bound: the shadows are fill'd

With spectres, and the windows wove over with curses of iron:
Over the doors "Thou shalt not", & over the chimneys "Fear" is
written:
With bands of iron round their necks fasten'd into the walls
The citizens, in leaden gyves the inhabitants of suburbs
Walk heavy; soft and bent are the bones of villagers.

Between the clouds of Urizen the flames of Orc roll heavy
Around the limbs of Albion's Guardian, his flesh consuming:
Howlings & hissings, shrieks & groans, & voices of despair
Arise around him in the cloudy heavens of Albion. Furious,

Sie sahn ihn dürren Fußes auf dem Fels, sein Fleisch verzehrt von Flammen;
Sie sahn den Schlangentempel hoch erhoben, das Weiße Eiland schattend,
Sie hörten Albions Engel heulen in den Flammen Orcs,
Des Jüngsten Tags Posaune fordernd.

Und überall vernahm man Heulen von Westminster, immer lauter:
Der Hüter der geheimen Tafeln floh den alten Sitz,
Vertrieben von Orcs Flammen; sein Pelz & seine falschen Locken
Verschmolzen klebend seinem Fleisch, daß Nerv & Ader sie durchdrangen.
Von düstren Qualen krank, vom Wind getrieben, floh er kriechend
Längs der Great George Street durch das Parktor: alle Krieger flohen
Vor seinem Anblick: er schleppte seine Qualen in die Wüste.

So ging das Geheul durch Europa!
Denn Orc freuten die heulenden Schatten;
Doch Palamabron sandte Blitze, seinen breiten Rücken furchend,
Und Rintrah hing mit allen seinen Scharen in der niedern Tiefe.

Im Schlafe lachte Enitharmon, da sie sah (Des Weibs Triumph!),
Daß jed' Haus eine Höhle, ein jeder in Banden: die Schatten voller
Gespenster, und die Fenster von eisernem Fluch überwoben:
Über den Toren: »Du sollst nicht«, und über den Schornsteinen »Furcht« angeschrieben:
Den Hals in eisernen Banden, sind die Städter gekettet
An Mauern; in bleiernen Fesseln gehn schwer die Bewohner
Der Vorstadt; zart und gebeugt sind die Knochen der Dörfler.

Schwer rollen inmitten der Wolken Urizens Orcs Flammen
Um die Glieder von Albions Wächter und verzehren sein Fleisch;
Gezisch, Geheul, Geschrei, Gestöhne, Stimmen der Verzweiflung
Erstehn um ihn in Albions überwölkten Himmeln. Wütend,

The red limb'd Angel siez'd in horror and torment
The Trump of the last doom; but he could not blow the iron tube!
Thrice he assay'd presumptuous to awake the dead to Judgment.

A mighty Spirit leap'd from the land of Albion,

Nam'd Newton: he siez'd the trump & blow'd the enormous blast!
Yellow as leaves of Autumn, the myriads of Angelic hosts
Fell thro' the wintry skies seeking their graves,
Rattling their hollow bones in howling and lamentation.

Then Enitharmon woke, nor knew that she had slept;
And eighteen hundred years were fled
As if they had not been.
She call'd her sons & daughters
To the sports of night
Within her crystal house,
And thus her song proceeds:

"Arise, Ethinthus! tho' the earth-worm call,
Let him call in vain,
Till the night of holy shadows
And human solitude is past!

"Ethinthus, queen of waters, how thou shinest in the sky!
My daughter, how do I rejoice! for thy children flock around
Like the gay fishes on the wave, when the cold moon drinks the dew.
Ethinthus! thou art sweet as comforts to my fainting soul,
For now thy waters warble round the feet of Enitharmon.

"Manathu-Varcyon! I behold thee flaming in my halls,
Light of thy mother's soul! I see thy lovely eagles round;
Thy golden wings are my delight, & thy flames of soft delusion.

In Qual und Schrecken, griff der Engel mit den roten Gliedern
Des Jüngsten Tags Posaune, doch konnt' er die eiserne Röhre
nicht blasen!
Dreimal erprobt' er vermessen, die Toten zum Gericht zu
erwecken.

Ein mächtiger Geist entsprang da Albions Land: sein Name
Newton:
Er griff die Posaune & blies den gewaltigen Stoß!

Gelb wie des Herbstes Blätter, stürzten ungezählte Scharen
Von Engeln durch die Winterhimmel, ihrem Grab entgegen,
Mit hohlen Knochen rasselnd in Geheul und Klage.

Da wachte Enitharmon auf und wußte nicht, daß sie geschlafen;
Und achtzehnhundert Jahre war'n entflohn,
Als wär'n sie nie gewesen.
Sie rief ihre Söhne & Töchter
Zur nächtlichen Kurzweil
In ihr kristallnes Haus,
Und so klingt ihr Lied:

»Ersteh, Ethinthus! ruft der Erdwurm auch,
Laß ihn vergeblich rufen,
Bis heil'ger Schatten Nacht
Und Menscheneinsamkeit vorbei!

Ethinthus, Königin der Wasser, wie du strahlst am Himmel!
O meine Tochter, wie ich juble! deine Kinder tummeln sich
Wie Fische auf der Welle, wenn der kalte Mond den Tau trinkt.

Ethinthus, du bist süß wie Trost für meine wehe Seele,
Denn deine Wasser plätschern nun um Enitharmons Fuß.

Manathu-Varcyon! Ich sehe flammend dich in meinen Hallen,
Licht deiner Mutter Seele! Ich sehe deine stolzen Adler fliegen;
Und deine goldnen Schwingen sind mein Glück & deine
Flammen sanften Trugs.

"Where is my lureing bird of Eden? Leutha, silent love!
Leutha, the many colour'd bow delights upon thy wings:
Soft soul of flowers, Leutha!
Sweet smiling pestilence! I see thy blushing light;
Thy daughters, many changing,
Revolve like sweet perfumes ascending, O Leutha, silken queen!

"Where is the youthful Antamon, prince of the pearly dew?
O Antamon! why wilt thou leave thy mother Enitharmon?

Alone I see thee, crystal form,
Floating upon the bosom'd air
With lineaments of gratified desire.
My Antamon, the seven churches of Leutha seek thy love.

"I hear the soft Oothoon in Enitharmon's tents;
Why wilt thou give up woman's secrecy, my melancholy child?

Between two moments bliss is ripe.
O Theotormon! robb'd of joy, I see thy salt tears flow
Down the steps of my crystal house.

"Sotha & Thiralatha! secret dwellers of dreamful caves,
Arise and please the horrent fiend with your melodious songs;

Still all your thunders, golden-hoof'd, & bind your horses black.
Orc! smile upon my children!
Smile, son of my afflictions.
Arise, O Orc, and give our mountains joy of thy red light!"

She ceas'd; for All were forth at sport beneath the solemn moon

Waking the stars of Urizen with their immortal songs,
That nature felt thro' all her pores the enormous revelry
Till morning oped the eastern gate;
Then every one fled to his station, & Enitharmon wept.

Wo ist mein Lockvogel Edens? Leutha, schweigende Liebe!
Leutha, auf deinen Flügeln spielt der mannigfarb'ge Bogen:
Der Blumen süße Seele, Leutha!
Süß lächelnde Pest! Ich seh dein schimmernd rosig Licht;
Deine Töchter, in ständigem Wechsel,
Drehn sich wie süße, steigende Düfte, o Leutha, seidne Königin!

Wo ist der junge Antamon, des Perltaus Prinz?
O Antamon! was willst du deine Mutter Enitharmon denn verlassen?
Ich seh dich allein, eine kristallne Gestalt,
Schweben auf dem Busen der Luft,
Mit dem Ausdruck gestillten Verlangens.
Mein Antamon, die sieben Kirchen Leuthas suchen deine Liebe.

Ich hör die sanfte Oothoon in den Zelten Enitharmons;
Was willst du lassen von der Frau Verschwiegenheit, betrübtes Kind?
Zwischen zwei Augenblicken reift die Seligkeit.
O Theotormon! bar der Freude, seh ich deine salz'gen Tränen
Die Stufen meines Hauses von Kristall hinunterrinnen.

Sotha & Thiralatha! verborgen in des Traumes Höhlen,
Ersteht! erfreut den schrecklichen Dämon mit klingenden Gesängen,
Stillt all eure goldenhufigen Donner & bindet eure Rappen.
Orc! lächle meinen Kindern!
Sohn meiner Sorge, lächle.
Erheb dich, Orc, gewähre unsren Bergen deines roten Lichtes Freude!«

Sie endete, denn alle war'n zur Kurzweil unterm feierlichen Mond,
Urizens Sterne mit unsterblichem Gesang erweckend,
Daß die Natur durch alle Poren spürte das gewalt'ge Fest,
Bis Morgen öffnete das Tor im Osten;
Dann floh ein jeder heim zu seiner Stätte, & Enitharmon weinte.

But terrible Orc, when he beheld the morning in the east,
Shot from the heights of Enitharmon,
And in the vineyards of red France appear'd the light of his fury.

The sun glow'd fiery red!
The furious terrors flew around
On golden chariots raging with red wheels dropping with
blood!
The Lions lash their wrathful tails!
The Tigers couch upon the prey & suck the ruddy tide,
And Enitharmon groans & cries in anguish and dismay.

Then Los arose: his head he rear'd in snaky thunders clad;

And with a cry that shook all nature to the utmost pole,

Call'd all his sons to the strife of blood.

FINIS

Doch der schreckliche Orc, als im Ost den Morgen er schaute,
Schoß jäh herab von Enitharmons Höhen,
Und in den Weingärten des roten Frankreich erschien das Licht seiner Wut.

Die Sonne glühte feurig rot!
Die wilden Schrecken flogen
Auf goldenen Wagen, rasend mit roten Rädern, die troffen von Blut!
Die Löwen schlagen zornig mit dem Schweif!
Die Tiger umlagern die Beute & schlürfen das quellende Rot,
Und Enitharmon stöhnt & ruft in Qualen & in Pein.

Und Los erhob sich: hob sein Haupt, gehüllt in Schlangendonner,
Und rief, mit einem Schrei, daß die Natur bis an den letzten Pol erbebte,
All seine Söhne auf zum Streit des Bluts.

FINIS

THE FIRST BOOK OF URIZEN

Preludium to the First Book of Urizen

Of the primeval Priest's assum'd power,
When Eternals spurn'd back his religion
And gave him a place in the north,
Obscure, shadowy, void, solitary.

Eternals! I hear your call gladly.
Dictate swift winged words & fear not
To unfold your dark visions of torment.

I

1. Lo, a shadow of horror is risen
In Eternity! Unknown, unprolific,
Self-clos'd, all-repelling: what Demon
Hath form'd this abominable void,
This soul-shudd'ring vacuum? Some said
"It is Urizen." But unknown, abstracted,
Brooding, secret, the dark power hid.

2. Times on times he divided & measur'd
Space by space in his ninefold darkness,
Unseen, unknown; changes appear'd
Like desolate mountains, rifted furious
By the black winds of perturbation.

3. For he strove in battles dire,
In unseen conflictions with shapes
Bred from his forsaken wilderness

DAS ERSTE BUCH VON URIZEN

Vorspiel zum Ersten Buch von Urizen

Von des urzeitlichen Priesters angemaßter Macht,
Als die Ewigen seine Religion zurückwiesen
Und einen Platz im Norden ihm gaben,
Dunkel, schattend, einsam und leer.

Ewige! Ich höre voller Freude euren Ruf.
Diktiert mir Worte auf flinken Schwingen & fürchtet nicht,
Eure dunklen Visionen der Qual zu entdecken.

I

1. Seht, ein Schatten des Schreckens ersteht
In der Ewigkeit! Ungekannt, unfruchtbar,
Selbstverschlossen, alles zurückstoßend: welch Dämon
Schuf diese abscheuliche Leere,
Dieses seelenerschaudernde Vakuum? Manche sagen:
»Es ist Urizen.« Doch ungekannt, abwesend,
Brütend, geheim, barg sich die dunkle Macht.

2. Zeiten auf Zeiten schied er & maß
Raum auf Raum in seiner neunfältigen Finsternis,
Ungesehn, ungekannt; Änderungen erschienen
Gleich öden Bergen, wütend geklüftet
Von den schwarzen Winden der Störung.

3. Denn er stritt in entsetzlichen Schlachten,
In ungesehnen Fehden mit Formen,
Gewachsen in seiner verlassenen Wildnis,

Of beast, bird, fish, serpent & element,
Combustion, blast, vapour and cloud.

4. Dark, revolving in silent activity:
Unseen in tormenting passions:
An activity unknown and horrible,
A self-contemplating shadow,
In enormous labours occupied.

5. But Eternals beheld his vast forests;
Age on ages he lay, clos'd, unknown,
Brooding shut in the deep; all avoid
The petrific, abominable chaos.

6. His cold horrors silent, dark Urizen
Prepar'd; his ten thousands of thunders,
Rang'd in gloom'd array, stretch out across
The dread world; & the rolling of wheels,
As of swelling seas, sound in his clouds,
In his hills of stor'd snows, in his mountains
Of hail & ice; voices of terror
Are heard, like thunders of autumn
When the cloud blazes over the harvests.

II

1. Earth was not: nor globes of attraction;
The will of the Immortal expanded
Or contracted his all flexible senses;
Death was not, but eternal life sprung.

2. The sound of a trumpet the heavens
Awoke, & vast clouds of blood roll'd
Round the dim rocks of Urizen, so nam'd
That solitary one in Immensity.

Von Tier, Vogel, Fisch, Schlange & Element,
Brand, Schwall, Dampf und Wolke.

4. Dunkel, kreisend in schweigendem Tätigsein:
Ungesehn in qualvoller Leidenschaft:
Ein Tätigsein ungekannt und furchtbar,
Ein in sich selbst vertiefter Schatten,
In gewaltige Werke verstrickt.

5. Doch Ewige erschauten seine wüsten Wälder;
Alter auf Alter schichtete er, verschlossen, ungekannt,
Brütend in die Tiefe geschlossen; alle mieden
Das steinerne, abscheuliche Chaos.

6. Seine kalten Schrecken rüstet Urizen,
Schweigend, dunkel; seine zehntausende Donner,
In düsteren Reihen geordnet, erstrecken sich über
Die angstvolle Welt; & das Rollen von Rädern,
Wie von schwellenden Seen, erklingt in den Wolken,
In seinen Hügeln aufgesparten Schnees, in seinen Bergen
Von Hagel & Eis; und Stimmen des Schreckens
Ertönen, wie herbstliche Donner,
Wenn die Wolke losbricht über den Ernten.

II

1. Die Erde war nicht: keine Kugeln der Schwerkraft;
Der Wille des Unsterblichen dehnte
Und straffte all seine beweglichen Sinne;
Tod war nicht, doch das ewige Leben entsprang.

2. Der Klang einer Trompete erweckte
Die Himmel, & gewaltige Wolken von Blut rollten
Um die düsteren Felsen Urizens (so hieß
Jener Einsame im unermeßlichen Raum).

3. Shrill the trumpet: & myriads of Eternity
Muster around the bleak desarts,
Now fill'd with clouds, darkness, & waters,
That roll'd perplex'd, lab'ring; & utter'd
Words articulate bursting in thunders
That roll'd on the tops of his mountains:

4. "From the depths of dark solitude, From
The eternal abode in my holiness,
Hidden, set apart, in my stern counsels,
Reserv'd for the days of futurity,
I have sought for a joy without pain,
For a solid without fluctuation.
Why will you die, O Eternals?
Why live in unquenchable burnings?

5. "First I fought with the fire, consum'd
Inwards into a deep world within:
A void immense, wild, dark & deep,
Where nothing was: Nature's wide womb;
And self balanc'd, stretch'd o'er the void,
I alone, even I! the winds merciless
Bound; but condensing in torrents
They fall & fall; strong I repell'd
The vast waves, & arose on the waters
A wide world of solid obstruction.

6. "Here alone I, in books form'd of metals,
Have written the secrets of wisdom,
The secrets of dark contemplation,
By fightings and conflicts dire
With terrible monsters Sin-bred
Which the bosoms of all inhabit,
Seven deadly Sins of the soul.

7. "Lo! I unfold my darkness, and on
This rock place with strong hand the Book
Of eternal brass, written in my solitude:

3. Schrill die Trompete: & Myriaden der Ewigkeit
Versammeln sich um öde Wüsten,
Erfüllt nun mit Wolken, Schwärzen & Wassern,
Die rollten, mühsam und wirr; & es erklangen
Deutliche Worte, in Donnern zerberstend,
Die über seiner Berge Gipfel rollten:

4. »Aus den Tiefen der dunklen Einsamkeit, aus
Der ewigen Stätte meiner Heiligkeit,
Verborgen, abseits, in meinem ernsten Rat,
Den Tagen der Zukunft bewahrt,
Sucht' ich nach einer Freude ohne Schmerz,
Ein Festes ohne Schwanken.
Warum, o Ewige, wollt ihr sterben?
Warum in unlöschbaren Bränden leben?

5. Erst rang ich mit dem Feuer, innerlich
Verzehrt in einer tiefen Welt:
Einer unermeßlichen, wilden, dunklen & tiefen Leere,
Wo nichts war: der Natur weiter Schoß;
In eigner Schwebe, über Leerem ausgestreckt,
Band ich, allein! die gnadenlosen Winde;
Doch im Schwall sich verdichtend
Fall'n sie & fallen; heftig stieß ich
Die wüsten Wellen zurück; & es erstand auf den Wassern
Eine weite Welt von hemmender Feste.

6. Hier schrieb ich, allein, in Bücher aus Metall
Der Weisheit Geheimnisse ein,
Die Geheimnisse dunkler Versenkung,
In Kämpfen und schrecklichem Zwist
Mit furchtbaren Ungeheuern, von Sünde genährt,
Die aller Busen bewohnen,
Die sieben Todsünden der Seele.

7. Seht! ich enthülle meine Dunkelheit und lege
Auf diesen Fels mit starker Hand das Buch
Aus ew'ger Bronze, in der Einsamkeit geschrieben:

8. "Laws of peace, of love, of unity,
Of pity, compassion, forgiveness;
Let each chuse one habitation,
His ancient infinite mansion,
One command, one joy, one desire,
One curse, one weight, one measure,
One King, one God, one Law."

III

1. The voice ended: they saw his pale visage
Emerge from the darkness, his hand
On the rock of eternity unclasping
The Book of brass. Rage siez'd the strong,

2. Rage, fury, intense indignation,
In cataracts of fire, blood, & gall,
In whirlwinds of sulphurous smoke,
And enormous forms of energy,
All the seven deadly sins of the soul
In living creations appear'd,
In the flames of eternal fury.

3. Sund'ring, dark'ning, thund'ring,
Rent away with a terrible crash,
Eternity roll'd wide apart,
Wide asunder rolling;
Mountainous all around
Departing, departing, departing,
Leaving ruinous fragments of life
Hanging, frowning cliffs & all between,
An ocean of voidness unfathomable.

8. Gesetze des Friedens, der Liebe, der Einigkeit,
Des Mitleids, der Neigung, Vergebung;
Laßt jeden eine Stätte wählen,
Sein einstiges unendliches Heim,
Ein Gebot, eine Freude, ein Begehren,
Einen Fluch, ein Gewicht, ein Maß,
Einen König, einen Gott, ein Gesetz.«

III

1. Die Stimme endete: sie sahn sein bleiches Antlitz
Erscheinen aus der Dunkelheit und seine Hand
Das Buch aus Bronze auf dem Fels der Ewigkeit
Eröffnen. Zorn ergriff die Starken,

2. Zorn, Wut & heftige Entrüstung,
In stürzenden Güssen von Feuer, Galle & Blut,
In Wirbelwinden schwefligen Rauchs,
Und ungeheuren Formen der Energie;
Alle sieben Todsünden der Seele
Erschienen, leibhaftig verkörpert,
In den Flammen der ewigen Wut.

3. Klaffend, dunkelnd, donnernd,
Gespalten mit furchtbarem Schlag,
Brach Ewigkeit entzwei,
Weit auseinander rollend;
Bergig alles ringsum,
Entstrebend, entstrebend, entstrebend,
Kümmerliche Bruchstücke des Lebens zurücklassend,
Hängende, düstere Klippen, & alles dazwischen
Ein Meer von unermeßlicher Leere.

4. The roaring fires ran o'er the heav'ns
In whirlwinds & cataracts of blood,
And o'er the dark desarts of Urizen
Fires pour thro' the void on all sides
On Urizen's self-begotten armies.

5. But no light from the fires: all was darkness
In the flames of Eternal fury.

6. In fierce anguish & quenchless flames
To the desarts and rocks he ran raging
To hide; but he could not: combining,
He dug mountains & hills in vast strength,
He piled them in incessant labour,
In howlings & pangs & fierce madness,
Long periods in burning fires labouring
Till hoary, and age-broke, and aged,
In despair and the shadows of death.

7. And a roof vast, petrific around
On all sides he fram'd, like a womb,
Where thousands of rivers in veins
Of blood pour down the mountains to cool
The eternal fires, beating without
From Eternals; & like a black globe,
View'd by sons of Eternity standing
On the shore of the infinite ocean,
Like a human heart, strugling & beating,
The vast world of Urizen appear'd.

8. And Los, round the dark globe of Urizen,
Kept watch for Eternals to confine
The obscure separation alone;
For Eternity stood wide apart,
As the stars are apart from the earth.

4. Die dröhnenden Feuer eilten über die Himmel
In Wirbelwinden & stürzenden Güssen von Blut,
Und über den dunklen Wüsten Urizens
Strömen Feuer durch die Leere auf allen Seiten
Zu seinen selbstgezeugten Heeren.

5. Doch kein Licht von den Feuern: alles war Dunkelheit
In den Flammen der Ewigen Wut.

6. In heftiger Pein & unlöschbaren Flammen
Rannte er rasend, in Wüsten und Fels
Sich zu bergen; doch konnt' er es nicht: fügend,
Grub er Berge & Hügel mit gewaltiger Kraft
Und häufte sie auf in stetigen Mühen,
In Heulen & Schmerz & rasendem Wahn,
In brennenden Feuern sich lange Zeit mühend,
Bis er grau war, betagt und vom Alter gebrochen,
In Verzweiflung und im Schatten des Todes.

7. Ein gewaltiges Dach, auf allen Seiten
Ringsum versteinert, bildete er, gleich einem Schoß,
Wo tausende Ströme in Adern
Von Blut die Berge niederrinnen,
Die ewigen Feuer zu kühlen, die draußen entfacht
Von Ewigen; & wie ein schwarzer Ball,
Erspäht von den Söhnen der Ewigkeit,
Die am Gestade des unendlichen Ozeans stehen,
Wie ein menschliches Herz, ringend & pulsend,
Erschien Urizens gewaltige Welt.

8. Und Los hielt bei Urizens dunklem Ball
Der Ewigen Wache,
Die dunkle Scheidung zu dämmen;
Denn die Ewigkeit war weithin geschieden,
Wie die Sterne geschieden sind von der Erde.

9. Los wept, howling around the dark Demon,
And cursing his lot; for in anguish
Urizen was rent from his side,
And a fathomless void for his feet,
And intense fires for his dwelling.

10. But Urizen laid in a stony sleep,
Unorganiz'd, rent from Eternity.

11. The Eternals said: "What is this? Death.
Urizen is a clod of clay."

12. Los howl'd in a dismal stupor,
Groaning, gnashing, groaning,
Till the wrenching apart was healed.

13. But the wrenching of Urizen heal'd not.
Cold, featureless, flesh or clay,
Rifted with direful changes,
He lay in a dreamless night,

14. Till Los rouz'd his fires, affrighted
At the formless, unmeasurable death.

IV [A]

1. Los, smitten with astonishment,
Frighten'd at the hurtling bones

2. And at the surging, sulphureous,
Perturbed Immortal, mad raging

3. In whirlwinds & pitch & nitre
Round the furious limbs of Los.

4. And Los formed nets & gins
And threw the nets round about.

9. Los weinte, den dunklen Dämon umheulend
Und sein Schicksal verfluchend, denn in Qualen
War Urizen ihm von der Seite gerissen,
Und nun war bodenlose Leere unter seinen Füßen,
Und seine Wohnstatt waren mächtige Feuer.

10. Doch Urizen lag in steinernem Schlaf,
Ungeordnet, geschieden von der Ewigkeit.

11. Die Ewigen sprachen: »Was ist dies? Tod.
Urizen ist ein Klumpen Lehm.«

12. Los heulte in düsterer Starre,
Stöhnend, knirschend, stöhnend,
Bis sein Entzweigerissensein verheilt.

13. Doch das Entzweigerissensein Urizens heilte nicht.
Kalt, gestaltlos, Fleisch oder Lehm,
Zerklüftet von gräßlichen Wandlungen,
Lag er in traumloser Nacht,

14. Bis Los seine Feuer entfachte, entsetzt
Vor dem formlosen, unmeßbaren Tod.

IV [A]

1. Los, von Erstaunen ergriffen,
Schrak vor dem rasselnden Gebein

2. Und dem sich bäumenden, schwefligen,
Verstörten Unsterblichen, der raste in Wahnsinn,

3. In Wirbelwinden & Pech & Salpeter
Um die wütenden Glieder des Los.

4. Und Los knüpfte Netze & Schlingen
Und warf die Netze ringsum aus.

5. He watch'd in shudd'ring fear
The dark changes, & bound every change
With rivets of iron & brass.

6. And these were the changes of Urizen:

IV [B]

1. Ages on ages roll'd over him;
In stony sleep ages roll'd over him,
Like a dark waste stretching, chang'able,
By earthquakes riv'n, belching sullen fires:
On ages roll'd ages in ghastly
Sick torment; around him in whirlwinds
Of darkness the eternal Prophet howl'd,
Beating still on his rivets of iron,
Pouring sodor of iron; dividing
The horrible night into watches.

2. And Urizen (so his eternal name)
His prolific delight obscur'd more & more
In dark secresy, hiding in surgeing
Sulphureous fluid his phantasies.
The Eternal Prophet heav'd the dark bellows,
And turn'd restless the tongs, and the hammer
Incessant beat, forging chains new & new,
Numb'ring with links hours, days & years.

3. The Eternal mind, bounded, began to roll
Eddies of wrath ceaseless round & round,
And the sulphureous foam, surgeing thick,
Settled, a lake, bright & shining clear,
White as the snow on the mountains cold.

4. Forgetfulness, dumbness, necessity,
In chains of the mind locked up,
Like fetters of ice shrinking together,

5. Er wachte in schaudernder Angst
Über die dunklen Wandlungen & band jede Wandlung
Mit Nieten von Bronze und Eisen.

6. Und dies waren Urizens Wandlungen:

iv [b]

1. Alter auf Alter rollte hinweg über ihn;
In steinernem Schlaf rollten die Alter hinweg über ihn,
Wie eine dunkle Öde sich erstreckend, wandelbar,
Von Erdstößen zerrissen, trübe Feuer speiend,
Alter rollte auf Alter in gespenstischer
Kranker Qual; um ihn heulte in wirbelnden Winden
Der Dunkelheit der ewige Prophet,
Stets seine Eisennieten hämmernd,
Eiserne Lötung gießend; die schreckliche Nacht
Aufteilend in Wachen.

2. Und Urizen (so sein ewiger Name)
Barg mehr & mehr sein fruchtbares Entzücken
In dunkle Verschwiegenheit, in schäumendem,
Schwefligem Naß seine Phantasien bergend.
Der Ewige Prophet stemmte den dunklen Blasebalg
Und wendete rastlos die Zangen, und unaufhörlich schlug
Der Hammer, immer neue Ketten schmiedend,
Und ihre Glieder zählten die Stunden, Tage & Jahre.

3. Der ewige Geist, gebunden, begann Strudel des Grimms
Unaufhörlich umherzurollen,
Und der schweflige Gischt, dick schäumend,
Beruhigte sich, ward ein See, scheinend & klar,
Weiß wie der Schnee in kalten Bergen.

4. Vergeßlichkeit, Dumpfheit, Notwendigkeit!
In Ketten des Geistes geschlossen,
Die schrumpften wie Fesseln aus Eis,

Disorganiz'd, rent from Eternity,
Los beat on his fetters of iron,
And heated his furnaces, & pour'd
Iron sodor and sodor of brass.

5. Restless turn'd the Immortal inchain'd,
Heaving dolorous, anguish'd unbearable;
Till a roof, shaggy wild, inclos'd
In an orb his fountain of thought.

6. In a horrible, dreamful slumber,
Like the linked infernal chain,
A vast Spine writh'd in torment
Upon the winds, shooting pain'd
Ribs, like a bending cavern;
And bones of solidness froze
Over all his nerves of joy.
And a first Age passed over,
And a state of dismal woe.

7. From the caverns of his jointed Spine
Down sunk with fright a red
Round Globe, hot burning, deep,
Deep down into the Abyss;
Panting, Conglobing, Trembling,
Shooting out ten thousand branches
Around his solid bones.
And a second Age passed over,
And a state of dismal woe.

8. In harrowing fear rolling round,
His nervous brain shot branches
Round the branches of his heart
On high into two little orbs,
And fixed in two little caves,
Hiding carefully from the wind,
His Eyes beheld the deep.

Ungeordnet, der Ewigkeit entrissen,
Schlug Los auf seine Eisenfesseln
Und fachte seine Öfen & goß
Lötung von Eisen und Bronze.

5. Rastlos wand sich der gefesselte Unsterbliche,
Leidvoll sich wälzend, in unsäglicher Qual;
Bis ein Dach, wildzottig, im Rund
Seinen Springquell des Gedankens umschloß.

6. In schrecklichem, von Traum erfülltem Schlaf,
Gleich der gegliederten höllischen Kette,
Wand ein gewaltiges Rückgrat in Qualen
Sich auf den Winden, schmerzvolle Rippen
Treibend, wie eine gewundene Höhle;
Und Knochen der Feste gefroren
Über all seinen Nerven der Freude.
Und ein erstes Alter verging
Und ein Zustand trostlosen Wehs.

7. Aus den Höhlen seines gefügten Rückgrats
Sank schaudernd ein roter,
Runder Ball nieder, glühend, tief,
Tief nieder in den Abgrund;
Pochend, sich ballend, zitternd,
Zehntausend Zweige treibend
Rings um sein festes Gebein.
Und ein zweites Alter verging
Und ein Zustand trostlosen Wehs.

8. In quälender Furcht rollend umher,
Trieb sein nerviges Hirn Sprossen
Um seines Herzens Zweige,
Hoch in zwei kleine Kreise;
Und gebannt in zwei kleine Höhlen,
Bedachtsam vor dem Wind geborgen,
Gewahrten seine Augen die Tiefe.

And a third Age passed over,
And a state of dismal woe.

9. The pangs of hope began.
In heavy pain, striving, struggling,
Two Ears in close volutions
From beneath his orbs of vision
Shot spiring out and petrified
As they grew. And a fourth Age passed,
And a state of dismal woe.

10. In ghastly torment sick,
Hanging upon the wind,
Two Nostrils bend down to the deep.
And a fifth Age passed over,
And a state of dismal woe.

11. In ghastly torment sick,
Within his ribs bloated round,
A craving Hungry Cavern;
Thence arose his channel'd Throat,
And, like a red flame, a Tongue
Of thirst & of hunger appear'd.
And a sixth Age passed over,
And a state of dismal woe.

12. Enraged & stifled with torment,
He threw his right Arm to the north,
His left Arm to the south
Shooting out in anguish deep,
And his feet stamp'd the nether Abyss
In trembling & howling & dismay.
And a seventh Age passed over,
And a state of dismal woe.

Und ein drittes Alter verging
Und ein Zustand trostlosen Wehs.

9. Die Pein der Hoffnung hob an.
In großer Pein, ringend, sich mühend,
Entsprossen in engen Spiralen sich windend
Zwei Ohren unter den Kugeln der Schau
Und verfestigten sich,
Wie sie wuchsen. Und ein viertes Alter verging
Und ein Zustand trostlosen Wehs.

10. Krank in gespenstischer Qual,
Auf Winden treibend,
Neigten zwei Nüstern sich nieder zur Tiefe.
Und ein fünftes Alter verging
Und ein Zustand trostlosen Wehs.

11. Krank in gespenstischer Qual,
Rund aufgeschwollen innerhalb seiner Rippen,
Eine gierige hungrige Höhle:
Daher erstand seine gefurchte Kehle
Und erschien, gleich einer roten Flamme,
Eine Zunge von Hunger & Durst.
Und ein sechstes Alter verging
Und ein Zustand trostlosen Wehs.

12. Wütend & erstickt von der Qual
Warf er den rechten Arm gen Nord,
Den linken gen Süd,
Sie schleudernd in grimmiger Qual,
Und seine Füße stampften den niederen Abgrund
In Beben & Heulen & Ängsten.
Und ein siebentes Alter verging
Und ein Zustand trostlosen Wehs.

V

1. In terrors Los shrunk from his task:
His great hammer fell from his hand.
His fires beheld, and sickening
Hid their strong limbs in smoke;
For with noises, ruinous, loud,
With hurtlings & clashings & groans,
The Immortal endur'd his chains,
Tho' bound in a deadly sleep.

2. All the myriads of Eternity,
All the wisdom & joy of life
Roll like a sea around him,
Except what his little orbs
Of sight by degrees unfold.

3. And now his eternal life
Like a dream was obliterated.

4. Shudd'ring, the Eternal Prophet smote
With a stroke from his north to south region.
The bellows & hammer are silent now;
A nerveless silence his prophetic voice
Siez'd; a cold solitude & dark void
The Eternal Prophet & Urizen clos'd.

5. Ages on ages roll'd over them,
Cut off from life & light, frozen
Into horrible forms of deformity.
Los suffer'd his fires to decay;
Then he look'd back with anxious desire,
But the space, undivided by existence,
Struck horror into his soul.

6. Los wept obscur'd with mourning,
His bosom earthquak'd with sighs;

V

1. Voll Schrecken wich Los zurück vor dem Werk:
Sein großer Hammer entfiel seiner Hand.
Seine Feuer schauten und hüllten vergehend
Ihre starken Glieder in Rauch,
Denn mit Getöse, zerstörend & laut,
Mit Krachen & Klirren & Stöhnen,
Trug der Unsterbliche seine Ketten,
Obgleich gebunden in tödlichem Schlaf.

2. All die Myriaden der Ewigkeit,
Alle Weisheit & Freude des Lebens
Rollt um ihn wie eine See,
Außer was seine kleinen Kreise der Schau
Ihm erst allmählich enthüllen.

3. Und nun ward sein ewiges Leben
Ausgelöscht wie ein Traum.

4. Schaudernd führte der Ewige Prophet
Einen Streich von Nord nach Süd.
Die Blasebälge & Hämmer sind nun verstummt;
Eine nervenlose Stille ergriff
Seine prophetische Stimme; eine kalte Einsamkeit & dunkle Leere
Umschloß den Ewigen Propheten & Urizen.

5. Alter auf Alter rollte hinweg über sie,
Abgeschnitten von Leben & Licht, eisig erstarrt
In schrecklichen Formen der Unförmigkeit.
Los ließ seine Feuer verfallen;
Dann schaute er zurück in ängstlicher Begierde,
Doch der Raum, den kein Sein noch gegliedert,
Schlug seine Seele mit Schrecken.

6. Los weinte, von Klagen verdüstert,
Sein Busen erbebte von Seufzern;

He saw Urizen deadly black
In his chains bound, & Pity began,

7. In anguish dividing & dividing,
For pity divides the soul
In pangs, eternity on eternity,
Life in cataracts pour'd down his cliffs.
The void shrunk the lymph into Nerves
Wand'ring wide on the bosom of night
And left a round globe of blood
Trembling upon the void.
Thus the Eternal Prophet was divided
Before the death image of Urizen;
For in changeable clouds and darkness,
In a winterly night beneath,
The Abyss of Los stretch'd immense;
And now seen, now obscur'd, to the eyes
Of Eternals the visions remote
Of the dark seperation appear'd:
As glasses discover Worlds
In the endless Abyss of space,
So the expanding eyes of Immortals
Beheld the dark visions of Los
And the globe of life blood trembling.

8. The globe of life blood trembled
Branching out into roots,
Fibrous, writhing upon the winds,
Fibres of blood, milk and tears,
In pangs, eternity on eternity
At length in tears & cries imbodied,
A female form, trembling and pale,
Waves before his deathly face.

9. All Eternity shudder'd at sight
Of the first female now separate,
Pale as a cloud of snow
Waving before the face of Los.

Er sah Urizen tödlich schwarz
In seinen Ketten gebunden, & Mitleid hob an,

7. Schmerzhaft scheidend & scheidend,
Denn Mitleid scheidet die Seele
In schmerzlicher Pein; Ewigkeit um Ewigkeit
Strömte das Leben in stürzenden Güssen hinab seine Klippen.
Die Leere ließ das flüssige Geweb zu Nerven schrumpfen;
Sie wanderten weit am Busen der Nacht
Und ließen einen runden Ball aus Blut zurück,
Der pulste im Leeren.
So ward der ewige Prophet geschieden
Vor Urizens tödlichem Bild;
Denn in wechselnden Wolken und Finsternis,
In winterlicher Nacht darunter,
Erstreckte sich unermeßlich der Abgrund des Los;
Und bald sichtbar, bald verdunkelt erschienen
Den Augen der Ewigen die fernen Visionen
Der dunklen Scheidung:
Wie Gläser Welten entdecken
Im endlosen Abgrund des Raums,
So schauten die sich weitenden Augen von Unsterblichen
Die dunklen Visionen des Los
Und den pulsenden Ball des Blutes des Lebens.

8. Der Ball des Lebensblutes pulste,
Sich verzweigend in Wurzeln,
Fasrig, sich krümmend auf Winden
In Fasern von Milch & Tränen & Blut,
In schmerzlicher Pein, Ewigkeit um Ewigkeit.
Zuletzt, in Tränen & Schreien verkörpert,
Wogt eine weibliche Form, zitternd und bleich,
Vor seinem tödlichen Antlitz.

9. Die ganze Ewigkeit erschauderte beim Anblick
Des ersten Weibs, das nun, von ihm geschieden,
Bleich wie eine Wolke von Schnee,
Wogte vor dem Antlitz von Los.

10. Wonder, awe, fear, astonishment
Petrify the eternal myriads
At the first female form now separate.
They call'd her Pity, and fled.

11. "Spread a Tent with strong curtains around them.
Let cords & stakes bind in the Void,
That Eternals may no more behold them."

12. They began to weave curtains of darkness,
They erected large pillars round the Void,
With golden hooks fasten'd in the pillars;
With infinite labour the Eternals
A woof wove, and called it Science.

VI

1. But Los saw the Female & pitied;
He embrac'd her; she wept, she refus'd;
In perverse and cruel delight
She fled from his arms, yet he follow'd.

2. Eternity shudder'd when they saw
Man begetting his likeness
On his own divided image.

3. A time passed over: the Eternals
Began to erect the tent,
When Enitharmon, sick,
Felt a Worm within her Womb.

4. Yet helpless it lay like a Worm
In the trembling womb
To be moulded into existence.

5. All day the worm lay on her bosom;
All night within her womb

10. Erstaunen & Scheu, Furcht & Bestürzung
Versteinern die ewigen Myriaden,
Da die erste weibliche Form nun geschieden.
Sie nannten sie Mitleid und flohn.

11. »Breitet ein Zelt um sie mit starken Wänden.
Laßt Schnüre & Stangen die Leere verschließen,
Daß sie die Ewigen nicht mehr erschaun.«

12. Sie begannen, Behänge des Dunkels zu weben,
Sie errichteten große Pfeiler rings um die Leere,
Befestigten sie mit goldenen Haken;
In unendlicher Mühsal woben die Ewigen
Ein Gewebe und nannten es Wissenschaft.

VI

1. Doch Los sah das Weib & empfand Mitleid;
Er umarmte sie; sie weinte, sie weigerte sich;
In verderbter und grausamer Lust
Entfloh sie seinen Armen, doch er folgte ihr.

2. Die Ewigen erschauderten, als sie da sahn,
Wie der Mann sein Ebenbild zeugte
Mit seinem eigenen von ihm geschiedenen Abbild.

3. Eine Zeit verging: die Ewigen
Begannen das Zelt zu errichten,
Als Enitharmon, krank,
Einen Wurm spürte in ihrem Leib.

4. Noch lag es hilflos wie ein Wurm
Im pulsenden Schoß,
Um gegossen zu werden ins Dasein.

5. Den ganzen Tag lang lag der Wurm an ihrer Brust;
Die ganze Nacht in ihrem Leibe

The worm lay till it grew to a serpent,
With dolorous hissings & poisons
Round Enitharmon's loins folding.

6. Coil'd within Enitharmon's womb
The serpent grew, casting its scales;
With sharp pangs the hissings began
To change to a grating cry:
Many sorrows and dismal throes,
Many forms of fish, bird & beast
Brought forth an Infant form
Where was a worm before.

7. The Eternals their tent finished
Alarm'd with these gloomy visions,
When Enitharmon groaning
Produc'd a man Child to the light.

8. A shriek ran thro' Eternity,
And a paralytic stroke,
At the birth of the Human shadow.

9. Delving earth in his resistless way,
Howling, the Child with fierce flames
Issu'd from Enitharmon.

10. The Eternals closed the tent;
They beat down the stakes, the cords
Stretch'd for a work of eternity.
No more Los beheld Eternity.

11. In his hands he siez'd the infant,
He bathed him in springs of sorrow,
He gave him to Enitharmon.

Lag er, bis er zu einer Schlange wurde,
Mit schmerzhaftem Zischen & Giften
Um Enitharmons Lenden sich windend.

6. In Enitharmons Leib geringelt,
Wuchs die Schlange und häutete sich;
In scharfem Schmerz begann das Zischen
Sich zu wandeln zu kratzendem Schrei:
Viele Kummer und düstere Qualen,
Viele Formen von Fisch, Vogel & Tier
Erschufen eines Kindes Form,
Wo erst ein Wurm gewesen.

7. Die Ewigen vollendeten ihr Zelt,
Beunruhigt von diesen düstren Visionen,
Als Enitharmon stöhnend
Ein männliches Kind brachte zur Welt.

8. Ein Aufschrei ging da durch die Ewigkeit
Und ein lähmender Schlag
Bei der Geburt des menschlichen Schattens.

9. Die Erde durchwühlend auf seinem Weg, dem nichts widerstand,
Heulend entwich das Kind in heftigen Flammen
Aus Enitharmon.

10. Die Ewigen schlossen das Zelt;
Sie schlugen die Stangen ein, spannten die Schnüre,
Ein Werk der Ewigkeit.
Und nicht mehr schaute Los die Ewigkeit.

11. Mit seinen Händen ergriff er das Kind,
Er badete es in Quellen des Kummers,
Er gab es Enitharmon.

VII

1. They named the child Orc; he grew,
Fed with milk of Enitharmon.

2. Los awoke her. O sorrow & pain!
A tight'ning girdle grew
Around his bosom. In sobbings
He burst the girdle in twain;
But still another girdle
Oppress'd his bosom. In sobbings
Again he burst it. Again
Another girdle succeeds.
The girdle was form'd by day,
By night was burst in twain.

3. These falling down on the rock
Into an iron Chain
In each other link by link lock'd.

4. They took Orc to the top of a mountain.
O how Enitharmon wept!
They chain'd his young limbs to the rock
With the Chain of Jealousy
Beneath Urizen's deathful shadow.

5. The dead heard the voice of the child
And began to awake from sleep;
All things heard the voice of the child
And began to awake to life.

6. And Urizen, craving with hunger,
Stung with the odours of Nature,
Explor'd his dens around.

7. He form'd a line & a plummet
To divide the Abyss beneath;
He form'd a dividing rule;

VII

1. Sie nannten das Kind Orc; es wuchs,
Genährt von Enitharmons Milch.

2. Los weckte sie. O Schmerz & Kummer!
Ein beengender Gürtel wuchs
Um seine Brust. In Schluchzern
Brach er den Gürtel entzwei;
Doch drückte noch ein andrer Gürtel
Auf seine Brust. In Schluchzern
Brach er ihn erneut. Und wieder
Erwuchs ein neuer Gürtel.
Bei Tag ward der Gürtel gebildet
Und entzweigebrochen bei Nacht.

3. Und diese Gürtel fielen nieder auf den Fels
In einer Eisenkette,
Glied um Glied ineinander geknüpft.

4. Sie führten Orc auf eines Berges Gipfel.
O wie Enitharmon weinte!
Sie ketteten seine jungen Glieder an den Fels
Mit der Kette der Eifersucht
Unter Urizens todbringendem Schatten.

5. Die Toten hörten die Stimme des Kindes
Und begannen aus dem Schlaf zu erwachen;
Alles hörte die Stimme des Kindes
Und begann zu erwachen zum Leben.

6. Und Urizen, schmachtend vor Hunger,
Erregt von den Düften der Natur,
Erforschte seine Höhlen.

7. Er bildete Linie & Lot,
Den Abgrund drunten zu scheiden;
Er bildete ein Scheidemaß;

8. He formed scales to weigh,
He formed massy weights;
He formed a brazen quadrant;
He formed golden compasses,
And began to explore the Abyss;
And he planted a garden of fruits.

9. But Los encircled Enitharmon
With fires of Prophecy
From the sight of Urizen & Orc.

10. And she bore an enormous race.

VIII

1. Urizen explor'd his dens,
Mountain, moor & wilderness,
With a globe of fire lighting his journey,
A fearful journey, annoy'd
By cruel enormities, forms
Of life on his forsaken mountains.

2. And his world teem'd vast enormities,

Fright'ning, faithless, fawning
Portions of life, similitudes
Of a foot, or a hand, or a head,
Or a heart, or an eye; they swam mischevous,
Dread terrors, delighting in blood.

3. Most Urizen sicken'd to see
His eternal creations appear,
Sons & daughters of sorrow on mountains
Weeping, wailing. First Thiriel appear'd,
Astonish'd at his own existence,
Like a man from a cloud born; & Utha,
From the waters emerging, laments;

8. Er bildete wägende Schalen,
Er bildete massive Gewichte;
Er bildete einen Quadranten aus Bronze;
Er bildete Kompasse aus Gold
Und begann den Abgrund zu erkunden;
Und er pflanzte einen Garten der Früchte.

9. Doch Los umzirkte Enitharmon
Mit Feuern der Prophezeiung,
Die sie bargen vor dem Blick von Urizen & Orc.

10. Und sie gebar ein ungeheures Geschlecht.

VIII

1. Urizen erforschte seine Höhlen,
Gebirge, Moor & Wildnis,
Mit einem Feuerball seine Reise erleuchtend,
Eine gefahrvolle Reise, bedrängt
Von grausamen Ungeheuerlichkeiten, Formen
Des Lebens auf seinen verlassenen Bergen.

2. Und seine Welt wimmelte von gewaltigen
Ungeheuerlichkeiten,
Schreckenden, schnöden, kriechenden
Teilen des Lebens, Gebilden, die glichen
Einem Fuß, einer Hand, einem Haupt,
Einem Herz oder Auge; sie schwammen Schaden stiftend,
Entsetzliche Schrecken, sich weidend an Blut.

3. Zumeist jedoch krankte Urizen, zu sehn,
Daß seine ewigen Schöpfungen erschienen,
Söhne & Töchter des Kummers, auf Bergen
Weinend & klagend. Erst erschien Thiriel,
Erstaunt ob seines eignen Daseins,
Wie ein Mann aus Wolken geboren; & Utha,
Aus den Wassern aufsteigend, klagte;

Grodna rent the deep earth, howling
Amaz'd; his heavens immense cracks
Like the ground parch'd with heat, then Fuzon
Flam'd out, first begotten, last born;
All his Eternal sons in like manner;
His daughters from green herbs & cattle,
From monsters & worms of the pit.

4. He in darkness clos'd view'd all his race,
And his soul sicken'd! he curs'd
Both sons & daughters; for he saw
That no flesh nor spirit could keep
His iron laws one moment.

5. For he saw that life liv'd upon death:
The Ox in the slaughter house moans,
The Dog at the wintry door;
And he wept & he called it Pity,
And his tears flowed down on the winds.

6. Cold he wander'd on high, over their cities
In weeping & pain & woe;
And wherever he wander'd, in sorrows
Upon the aged heavens,
A cold shadow follow'd behind him
Like a spider's web, moist, cold & dim,
Drawing out from his sorrowing soul,
The dungeon-like heaven dividing,
Where ever the footsteps of Urizen
Walked over the cities in sorrow;

7. Till a Web, dark & cold, throughout all
The tormented element stretch'd
From the sorrows of Urizen's soul.
And the Web is a Female in embrio.
None could break the Web, no wings of fire,

Und Grodna spaltete die tiefe Erde, verwundert heulend;
Und seine mächt'gen Himmel bersten
Wie der von Hitze ausgedörrte Grund; dann
Flammte Fuzon auf, zuerst gezeugt, zuletzt geboren;
All seine Ewigen Söhne auf selbige Weise;
Seine Töchter aus grünen Kräutern & Vieh,
Aus Ungeheuern & Würmern der Grube.

4. In Dunkelheit verschlossen, sah er sein Geschlecht,
Und seine Seele krankte! er verfluchte
Söhne & Töchter; denn er sah,
Daß weder Fleisch noch Geist
Sein ehernes Gesetz nur einen Augenblick erfüllen konnten.

5. Denn er sah, daß das Leben gegründet war auf den Tod:
Der Ochse stöhnt im Schlachthaus,
Der Hund vor der Wintertür;
Und er weinte und nannte es Mitleid,
Und seine Tränen flossen nieder auf den Winden.

6. Kalt wanderte er in der Höhe, über ihren Städten
In Weinen & Schmerz & Weh;
Und wo immer er kummervoll zog
Durch die betagten Himmel,
Da folgte ihm ein kalter Schatten
Gleich einem Spinnennetz, klamm, kalt & düster,
Sich ausspinnend aus seiner besorgten Seele,
Die kerkergleichen Himmel teilend,
Wo immer Urizens Tritte
Über die kummervollen Städte gingen;

7. Bis ein Netz, dunkel & kalt, sich erstreckte
Durch das geplagte Element,
Urizens geplagter Seele entstammend.
Und das Netz ist ein weiblicher Embryo.
Keiner konnte das Netz durchbrechen, keine Schwinge aus Feuer,

8. So twisted the cords, & so knotted
The meshes, twisted like to the human brain.

9. And all call'd it The Net of Religion.

IX

1. Then the Inhabitants of those Cities
Felt their Nerves change into Marrow,
And hardening Bones began
In swift diseases and torments,
In throbbings & shootings & grindings
Thro' all the coasts; till weaken'd
The Senses inward rush'd, shrinking
Beneath the dark net of infection;

2. Till the shrunken eyes, clouded over,
Discern'd not the woven hipocrisy;
But the streaky slime in their heavens,
Brought together by narrowing perceptions,
Appear'd transparent air; for their eyes
Grew small like the eyes of a man,
And in reptile forms shrinking together,
Of seven feet stature they remain'd.

3. Six days they shrunk up from existence,
And on the seventh day they rested,
And they bless'd the seventh day, in sick hope,
And forgot their eternal life.

4. And their thirty cities divided
In form of a human heart.
No more could they rise at will
In the infinite void, but bound down
To earth by their narrowing perceptions
They lived a period of years;

8. So fest gedreht waren die Schnüre, so fest
Die Maschen geknüpft, verflochten gleich dem
menschlichen Gehirn.

9. Und alle nannten es Das Netz der Religion.

IX

1. Da fühlten die Bewohner jener Städte
Ihre Nerven sich wandeln zu Mark,
Und sich härtende Knochen begannen
In rascher Krankheit und Qual,
In Pochen & Stechen & Mahlen
An allen Küsten; bis geschwächt
Die Sinne einwärts eilten, schrumpfend
Unter dem dunklen Netz der Ansteckung;

2. Bis die geschrumpften, überwölkten Augen
Nicht die gewobne Heuchelei erkannten;
Sondern der streifige Schleim ihrer Himmel,
Verdichtet durch die sich engende Wahrnehmung,
Schien durchsichtige Luft, denn ihre Augen
Wurden so klein wie menschliche Augen;
Und zu Reptilienformen schrumpfend
Verblieben sie, von sieben Fuß hoher Gestalt.

3. Sechs Tage schrumpften sie so weg vom Dasein
Und ruhten am siebenten Tag
Und segneten ihn, in krankender Hoffnung,
Und vergaßen ihr ewiges Leben.

4. Und ihre dreißig Städte schieden sich
In Form eines menschlichen Herzens.
Nicht mehr konnten sie sich nach Belieben erheben
In die unendliche Leere, sondern niedergebunden
An die Erde durch ihre sich engende Wahrnehmung
Lebten sie eine Anzahl von Jahren;

Then left a noisom body
To the jaws of devouring darkness.

5. And their children wept, & built
Tombs in the desolate places,
And form'd laws of prudence, and call'd them
The eternal laws of God.

6. And the thirty cities remain'd,
Surrounded by salt floods, now call'd
Africa: its name was then Egypt.

7. The remaining sons of Urizen
Beheld their brethren shrink together
Beneath the Net of Urizen.
Perswasion was in vain;
For the ears of the inhabitants
Were wither'd & deafen'd & cold,
And their eyes could not discern
Their brethren of other cities.

8. So Fuzon call'd all together
The remaining children of Urizen,
And they left the pendulous earth.
They called it Egypt, & left it.

9. And the salt Ocean rolled englob'd.

THE END OF THE FIRST BOOK OF URIZEN

Und ließen dann einen häßlichen Körper
Dem Rachen verschlingenden Dunkels zurück.

5. Und ihre Kinder weinten & bauten
Gräber an öden Stätten
Und schufen Gesetze der Vorsicht und nannten
Sie Gottes ewige Gesetze.

6. Und die dreißig Städte verblieben,
Von Salzflut umgeben, nun Afrika
Genannt: sein Name war damals Ägypten.

7. Die verbliebenen Söhne Urizens
Sahn ihre Brüder schrumpfen
Unter Urizens Netz.
Überzeugung war vergeblich;
Denn die Ohren der Bewohner
Waren verdorrt & vertaubt & erkaltet,
Und ihre Augen konnten
Die Brüder aus anderen Städten nicht sehn.

8. Also rief Fuzon
Alle verbliebenen Kinder Urizens zusammen,
Und sie verließen die schwingende Erde.
Sie nannten sie Ägypten & verließen sie.

9. Und in Kugelgestalt wogte das salzige Meer.

ENDE DES ERSTEN BUCHS VON URIZEN

THE BOOK OF AHANIA

I

1. Fuzon on a chariot iron-wing'd
On spiked flames rose; his hot visage
Flam'd furious; sparkles his hair & beard
Shot down his wide bosom and shoulders.
On clouds of smoke rages his chariot
And his right hand burns red in its cloud
Moulding into a vast Globe his wrath,
As the thunder-stone is moulded,
Son of Urizen's silent burnings:

2. "Shall we worship this Demon of smoke,"
Said Fuzon, "this abstract non-entity,
This cloudy God seated on waters,
Now seen, now obscur'd, King of sorrow?"

3. So he spoke in a fiery flame,
On Urizen frowning indignant,
The Globe of wrath shaking on high;
Roaring with fury he threw
The howling Globe; burning it flew
Length'ning into a hungry beam. Swiftly

4. Oppos'd to the exulting flam'd beam,
The broad Disk of Urizen upheav'd
Across the Void many a mile.

5. It was forg'd in mills where the winter
Beats incessant: ten winters the disk
Unremitting endur'd the cold hammer.

DAS BUCH VON AHANIA

I

1. Fuzon erhob sich auf ehern geflügeltem Wagen
Auf züngelnden Flammen; sein heißes Antlitz
Flammte in Wut; Funken schossen hinab ihm
Von Haar & Bart auf breite Brust und Schultern.
Auf Wolken von Rauch rast sein Wagen,
Und seine rechte Hand brennt rot in ihrer Wolke;
Seinen Grimm gießt er in einen gewaltigen Ball,
So wie der Donnerstein gegossen wird,
Der Sohn von Urizens schweigenden Bränden:

2. »Sollen wir diesen Dämon des Rauches verehren«,
Sprach Fuzon, »dieses abstrakte Nicht-Sein,
Diesen wolkigen Gott auf Wassern gelagert,
Bald sichtbar, bald verdunkelt, König des Leids?«

3. So sprach er in feuriger Flamme,
Entrüstet die Stirne runzelnd ob Urizen,
Den Ball des Zornes schüttelnd in der Höhe;
Dröhnend vor Wut warf er
Den heulenden Ball, der brennend dahinflog
Und sich dehnte zu einem hungrigen Strahl. Eilends,

4. Entgegen dem jubelnden flammenden Strahl
Hob da Urizens breite Scheibe sich auf
Durch Meilen der Leere.

5. In Werkstätten ward sie geschmiedet, wo Winter
Pausenlos schlägt: zehn Winter lang ertrug
Die Scheibe unablässig den kalten Hammer.

6. But the strong arm that sent it remember'd
The sounding beam: laughing, it tore through
That beaten mass, keeping its direction,
The cold loins of Urizen dividing.

7. Dire shriek'd his invisible Lust;
Deep groan'd Urizen! stretching his awful hand,
Ahania (so name his parted soul)

He siez'd on his mountains of Jealousy.
He groan'd anguish'd, & called her Sin,
Kissing her and weeping over her;
Then hid her in darkness, in silence,
Jealous, tho' she was invisible.

8. She fell down a faint shadow wand'ring
In chaos and circling dark Urizen,
As the moon anguish'd circles the earth,
Hopeless! abhorr'd! a death-shadow,
Unseen, unbodied, unknown,
The mother of Pestilence.

9. But the fiery beam of Fuzon
Was a pillar of fire to Egypt
Five hundred years wand'ring on earth,
Till Los siez'd it and beat in a mass
With the body of the sun.

II

1. But the forehead of Urizen gathering,
And his eyes pale with anguish, his lips
Blue & changing, in tears and bitter
Contrition he prepar'd his Bow,

2. Form'd of Ribs, that in his dark solitude,
When obscur'd in his forests fell monsters,

6. Doch der starke Arm, der sie sandte, entsann sich
Des tönenden Strahls: lachend durchfuhr er
Jene gehämmerte Masse, seine Richtung haltend,
Und teilte Urizens kalte Lenden.

7. Da kreischte gräßlich seine unsichtbare Lust;
Urizen stöhnte auf! und streckte die furchtbare Hand aus;
Ahania (so heißt der Teil seiner Seele, der sich von ihm geschieden)
Ergriff er auf seinen Bergen der Eifersucht.
Er stöhnte in Qualen & nannte sie Sünde,
Küßte sie, über sie weinend;
Und barg sie dann in Finsternis, in Schweigen,
Eifersüchtig, obgleich sie doch unsichtbar war.

8. Sie fiel als blasser Schatten nieder,
Im Chaos wandernd und den dunklen Urizen umkreisend,
Wie der Mond gepeinigt die Erde umkreist,
Hoffnungslos! verabscheut! ein Schatten des Todes,
Ungesehn, unkörperlich, ungekannt,
Die Mutter der Pest.

9. Doch Fuzons feuriger Strahl
War Ägypten eine Säule von Feuer,
Fünfhundert Jahre wandernd auf Erden,
Bis Los sie ergriff und in eins schlug
Mit der Sonne mächtigem Leib.

II

1. Doch die Stirne Urizens zog sich zusammen:
Sein Auge bleich von Qualen, seine Lippen
Blau sich verfärbend, rüstete er unter Tränen
Und in bitterer Reue den Bogen,

2. Gebildet aus Rippen, die in dunkler Einsamkeit,
Da düstere Ungeheuer einfielen in seine Wälder,

Arose. For his dire Contemplations
Rush'd down like floods from his mountains,
In torrents of mud settling thick,
With Eggs of unnatural production:
Forthwith hatching, some howl'd on his hills,
Some in vales, some aloft flew in air.

3. Of these, an enormous dread Serpent,
Scaled and poisonous horned,
Approach'd Urizen, even to his knees,
As he sat on his dark rooted Oak.

4. With his horns he push'd furious:
Great the conflict & great the jealousy
In cold poisons, but Urizen smote him.

5. First he poison'd the rocks with his blood,
Then polish'd his ribs, and his sinews
Dried, laid them apart till winter;
Then a Bow black prepar'd: on this Bow
A poisoned rock plac'd in silence.
He utter'd these words to the Bow:

6. "O Bow of the clouds of secresy!
O nerve of that lust-form'd monster!
Send this rock swift, inivisible thro'
The black clouds on the bosom of Fuzon."

7. So saying, In torment of his wounds
He bent the enormous ribs slowly,
A circle of darkness! then fixed
The sinew in its rest; then the Rock,
Poisonous source, plac'd with art, lifting difficult
Its weighty bulk; silent the rock lay,

8. While Fuzon, his tygers unloosing,
Thought Urizen slain by his wrath.
"I am God!" said he, "eldest of things."

Entstanden. Denn seine grausen Phantasien
Strömten wie Flut von seinen Bergen nieder,
In reißenden Bächen dick treibenden Schlamms,
Voll Eiern unnatürlicher Erzeugung:
Alsgleich entschlüpfend, heulten manche auf seinen Hügeln,
Manche in Tälern, manche flogen hoch in der Luft.

3. Eine von diesen, eine gewaltige, dräuende Schlange,
Schuppig und giftig gehörnt,
Nahte Urizen, bis zu den Knien,
Da er saß auf der dunkelwurzligen Eiche.

4. Wütend stieß sie zu mit den Hörnern:
Groß war der Streit & groß die Eifersucht
In kaltem Gift, doch Urizen erschlug sie.

5. Erst tränkte er den Fels mit Gift aus ihrem Blut,
Dann glättete er ihre Rippen und trocknete
Ihre Sehnen und legte sie beiseite bis zum Winter;
Dann rüstete er einen schwarzen Bogen: auf diesen Bogen
Legte er schweigend einen giftigen Fels.
Und so sprach er zum Bogen:

6. »O Bogen aus den Wolken der Verschwiegenheit!
O Fiber dieses lusterzeugten Ungeheuers!
Nun sende eilends diesen Fels unsichtbar durch
Die schwarzen Wolken auf des Fuzon Busen.«

7. So sprach er und spannte in seiner Wunden Qual
Langsam die gewaltigen Rippen,
Ein Kreis der Finsternis! hielt dann
Die Sehnen in Stillstand; legte den Fels dann,
Quelle des Gifts, kunstvoll darauf, mühsam nur hebend
Seine gewichtige Masse; still lag der Fels,

8. Während Fuzon, seine Tiger entkettend,
Urizen erschlagen wähnte von seinem Grimm.
»Ich bin Gott«, sprach er, »ältestes der Dinge.«

9. Sudden sings the rock; swift & invisible
On Fuzon flew, enter'd his bosom;
His beautiful visage, his tresses
That gave light to the mornings of heaven,
Were smitten with darkness, deform'd
And outstretch'd on the edge of the forest.

10. But the Rock fell upon the Earth,
Mount Sinai in Arabia.

III

I. The Globe shook, and Urizen seated
On black clouds his sore wound anointed;
The ointment flow'd down on the void
Mix'd with blood – here the snake gets her poison.

2. With difficulty & great pain Urizen
Lifted on high the dead corse:
On his shoulders he bore it to where
A Tree hung over the Immensity.

3. For when Urizen shrunk away
From Eternals, he sat on a rock
Barren: a rock which himself
From redounding fancies had petrified.
Many tears fell on the rock,
Many sparks of vegetation.
Soon shot the pained root
Of Mystery under his heel:
It grew a thick tree: he wrote
In silence his book of iron,
Till the horrid plant bending its boughs
Grew to roots when it felt the earth,
And again sprung to many a tree.

9. Plötzlich singt der Fels; eilends & unsichtbar
Flog er auf Fuzon, durchfuhr seinen Busen;
Sein herrliches Antlitz, seine Locken,
Die den Morgen des Himmels gespendet ihr Licht,
Traf Dunkelheit, entstellt
Und hingestreckt am Rande des Waldes.

10. Doch der Fels fiel nieder zur Erde,
Berg Sinai in Arabien.

III

1. Der Erdball schütterte! Urizen salbte
Auf schwarzen Wolken sitzend seine wehe Wunde;
Der Balsam floß mit Blut vermischt
Die Leere nieder – hieraus zieht die Schlange Gift.

2. In Mühsal & in großer Pein
Stemmte Urizen den Leichnam empor:
Auf seinen Schultern trug er ihn bis dahin, wo
Ein Baum hing über unermeßlich weitem Raum.

3. Denn als Urizen einst den Ewigen
Entflohen, ruhte er auf ödem Fels:
Auf einem Felsen, den versteint
Die Steigflut seiner eignen Phantasien.
Viele Tränen fielen auf den Fels,
Viele Funken des Bewuchses.
Bald sproß die leidvolle Wurzel
Des Geheimnisses unter seiner Ferse:
Sie wuchs zu einem starken Baum: er schrieb
In Schweigen sein ehernes Buch,
Bis die schreckliche Pflanze, ihre Zweige senkend,
Zu Wurzeln wurde, wo sie Erde spürte,
Und wieder aufsproß in so manchem Baum.

4. Amaz'd started Urizen when
He beheld himself compassed round
And high roofed over with trees.
He arose, but the stems stood so thick
He with difficulty and great pain
Brought his Books, all but the Book
Of iron, from the dismal shade.

5. The Tree still grows over the Void
Enrooting itself all around,
An endless labyrinth of woe!

6. The corse of his first begotten
On the accursed Tree of Mystery,
On the topmost stem of this Tree,
Urizen nail'd Fuzon's corse.

IV

1. Forth flew the arrows of pestilence
Round the pale living Corse on the tree.

2. For in Urizen's slumbers of abstraction
In the infinite ages of Eternity,
When his Nerves of Joy melted & flow'd,
A white Lake on the dark blue air
In perturb'd pain and dismal torment
Now stretching out, now swift conglobing,

3. Effluvia vapor'd above
In noxious clouds; these hover'd thick
Over the disorganiz'd Immortal,
Till petrific pain scurf'd o'er the Lakes
As the bones of man, solid & dark.

4. The clouds of disease hover'd wide
Around the Immortal in torment,

4. Verwundert fuhr Urizen auf,
Als er sich rings umgeben sah
Und hoch überwölbt von Bäumen.
Er erhob sich, aber die Stämme standen so dicht,
Daß nur in Mühsal & in großer Pein
Seine Bücher – alle außer dem ehernen Buch –
Er barg aus dem düsteren Schatten.

5. Der Baum wächst noch immer über der Leere,
Sich überall einwurzelnd,
Ein endlos Labyrinth des Leids!

6. An den verfluchten Baum des Geheimnisses,
An den obersten Ast dieses Baumes
Nagelte den Leichnam seines Erstgezeugten
Urizen, den Leichnam Fuzons.

IV

1. Rings entflohen die Pfeile der Pest
Vom bleichen lebenden Leichnam am Baum.

2. Denn in Urizens Schlaf der Abstraktion,
In den unendlichen Altern der Ewigkeit,
Als seine Nerven der Freude schmolzen & zerflossen,
Ein weißer See in dunkelblauer Luft,
In unruhigem Schmerz und grausiger Qual,
Bald sich verbreitend, bald eilends sich ballend,

3. Dampfte Ausdünstung darüberhin
In giftigen Wolken; dicht wogten sie
Über dem ungeordneten Unsterblichen,
Bis versteinerte Pein die Seen überschuppte
Wie menschlich Gebein, dunkel und fest.

4. Die Wolken der Seuche wogten weit
Um den Unsterblichen in Qual,

Perching around the hurtling bones,
Disease on disease, shape on shape
Winged screaming in blood & torment.

5. The Eternal Prophet beat on his anvils;
Enrag'd in the desolate darkness
He forg'd nets of iron around
And Los threw them around the bones.

6. The shapes screaming flutter'd vain:
Some combin'd into muscles & glands,
Some organs for craving and lust;
Most remain'd on the tormented void,
Urizen's army of horrors.

7. Round the pale living Corse on the Tree
Forty years flew the arrows of pestilence.

8. Wailing and terror and woe
Ran thro' all his dismal world;
Forty years all his sons & daughters
Felt their skulls harden; then Asia
Arose in the pendulous deep.

9. They reptilize upon the Earth.

10. Fuzon groan'd on the Tree.

V

1. The lamenting voice of Ahania
Weeping upon the void!
And round the Tree of Fuzon,
Distant in solitary night,
Her voice was heard, but no form
Had she; but her tears from clouds
Eternal fell round the Tree.

Sich reihend rings um rasselndes Gebein,
Seuche bei Seuche, Schatten bei Schatten
Schlug kreischend mit Flügeln in Blut & Qual.

5. Der Ewige Prophet schlug auf den Amboß;
Wütend in der öden Dunkelheit
Schmiedete er eiserne Netze
Und warf sie über das Gebein.

6. Die kreischenden Schatten flatterten umsonst:
Einige fügten sich zu Muskeln & Drüsen,
Andere zu Organen der Begierde und Lust;
Die meisten verblieben in gemarterter Leere,
Urizens Heere des Schreckens.

7. Um den bleichen lebenden Leichnam am Baum
Flogen vierzig Jahre die Pfeile der Pest.

8. Heulen und Schrecken und Weh
Durchlief seine ganze düstere Welt;
Vierzig Jahre lang spürten all seine Söhne & Töchter
Ihre Schädel sich härten; dann erstand
Asien in der schwingenden Tiefe.

9. Sie kriechen gleich Schlangen über die Erde.

10. Fuzon stöhnte am Baum.

V

1. Die klagende Stimme Ahanias,
Weinend über der Leere!
Und um Fuzons Baum,
Fern in der einsamen Nacht,
War ihre Stimme zu hören (hatte sie selber
Auch keine Gestalt); doch ihre Tränen fielen
Aus ewigen Wolken rings um den Baum.

2. And the voice cried: "Ah, Urizen! Love!
Flower of morning! I weep on the verge
Of Non-entity; how wide the Abyss
Between Ahania and thee!

3. "I lie on the verge of the deep;
I see thy dark clouds ascend;
I see thy black forests and floods,
A horrible waste to my eyes!

4. "Weeping I walk over rocks,
Over dens & thro' valleys of death.
Why didst thou despise Ahania
To cast me from thy bright presence
Into the World of Loneness?

5. "I cannot touch his hand,
Nor weep on his knees, nor hear
His voice & bow, nor see his eyes
And joy, nor hear his footsteps and
My heart leap at the lovely sound!
I cannot kiss the place
Whereon his bright feet have trod,
But I wander on the rocks
With hard necessity.

6. "Where is my golden palace?
Where my ivory bed?
Where the joy of my morning hour?
Where the sons of eternity singing

7. "To awake bright Urizen, my king,

To arise to the mountain sport,
To the bliss of eternal valleys;

8. "To awake my king in the morn,
To embrace Ahania's joy

2. Und die Stimme rief: »Ach, Urizen! Geliebter!
Blüte des Morgens! Ich weine am Rande
Des Nichtseins; wie weit ist der Abgrund
Zwischen Ahania und dir!

3. Ich liege am Rande der Tiefe;
Ich sehe deine dunklen Wolken steigen;
Ich sehe deine schwarzen Wälder und Fluten;
Eine schreckliche Öde meinen Augen!

4. Weinend gehe ich über Felsen,
Über Höhlen & durch Täler des Todes.
Warum verschmähtest du Ahania,
Um mich von deiner hellen Gegenwart
In diese Welt der Einsamkeit zu stoßen?

5. Ich kann nicht seine Hand berühren,
Noch weinen ihm auf Knien, nicht
Seine Stimme, seinen Bogen hören, seine Augen
Und seine Freude sehn, nicht seine Tritte hören und
Mein Herz, das springt bei diesem holden Klang!
Ich kann den Fleck nicht küssen,
Den sein heller Fuß betreten:
Ich wandle auf den Felsen
In bitterer Notwendigkeit.

6. Wo ist mein goldener Palast?
Wo ist mein Bett aus Elfenbein?
Wo ist die Freude meiner Morgenstunde?
Wo sind die Söhne der Ewigkeit,

7. Die singen, um den strahlenden Urizen zu erwecken, meinen König,
Der Kurzweil sich der Berge hinzugeben,
Dem Segen ew'ger Täler;

8. Um meinen König morgens zu erwecken,
Damit Ahanias Freude er umarme

On the bredth of his open bosom?
From my soft cloud of dew to fall
In showers of life on his harvests,

9. "When he gave my happy soul
To the sons of eternal joy,
When he took the daughters of life
Into my chambers of love,

10. "When I found babes of bliss on my beds
And bosoms of milk in my chambers
Fill'd with eternal seed.
O eternal births sung round Ahania
In interchange sweet of their joys!

11. "Swell'd with ripeness & fat with fatness,
Bursting on winds, my odors,
My ripe figs and rich pomegranates
In infant joy at thy feet,
O Urizen, sported and sang.

12. "Then thou with thy lap full of seed,
With thy hand full of generous fire
Walked forth from the clouds of morning,
On the virgins of springing joy,
On the human soul to cast
The seed of eternal science.

13. "The sweat poured down thy temples;
To Ahania return'd in evening,
The moisture awoke to birth
My mothers-joys, sleeping in bliss.

14. "But now alone over rocks, mountains,
Cast out from thy lovely bosom,
Cruel jealousy! selfish fear!
Self-destroying, how can delight
Renew in these chains of darkness,

An seines offnen Busens Weite?
Damit aus meiner sanften Wolke Taus er falle
In Güssen Lebens auf die Ernten,

9. Da meine glückliche Seele er schenkte
Den Söhnen ewiger Freude,
Da er die Töchter des Lebens
Führte in meine Gemächer der Liebe,

10. Da ich auf meinem Bett des Glückes Kinder fand
Und Busen voller Milch in meinen Zimmern,
Voll ew'ger Saat.
O ewige Geburten sangen um Ahania
In süßem Austausch ihrer Freuden!

11. Geschwellt von Reife & von Säften prall,
Auf Winden berstend, o Urizen,
Spielten und sangen meine Düfte,
Meine reifen Feigen und reichen Granatäpfel
Zu deinen Füßen in kindlicher Freude.

12. Mit Saat im Schoß,
Mit reinem Feuer in der Hand,
Tratst du hervor aus den Wolken des Morgens,
Auf die Jungfraun der keimenden Freude,
Auf die menschliche Seele
Die Saat der ew'gen Wissenschaft zu streun.

13. Schweiß strömte deine Schläfen nieder;
Zurückgekehrt zu Ahania am Abend,
Gebar da und erweckte jene Feuchte
All meine Mutterfreuden, die in Seligkeit geschlummert.

14. Doch nun allein auf Felsen und Bergen,
Verstoßen von deinem lieblichen Busen,
Grausame Eifersucht! selbstische Furcht!
Selbstzerstörerisch, wie kann sich Entzücken
Erneuern in diesen Ketten der Finsternis,

Where bones of beasts are strown
On the bleak and snowy mountains,
Where bones from the birth are buried
Before they see the light?"

FINIS

Wo der Tiere Knochen gestreut
Auf baren, schneeigen Bergen,
Wo Gebein von Geburt an begraben,
Eh' es das Licht noch erblickt?«

FINIS

THE BOOK OF LOS

I

1. Eno, aged Mother,
Who the chariot of Leutha guides
Since the day of thunders in old time,

2. Sitting beneath the eternal Oak
Trembled and shook the steadfast Earth,
And thus her speech broke forth:

3. "O Times remote!
When Love & Joy were adoration,
And none impure were deem'd:
Not Eyeless Covet,
Nor Thin-lip'd Envy,
Nor Bristled Wrath,
Nor Curled Wantonness;

4. "But Covet was poured full,
Envy fed with fat of lambs,
Wrath with lion's gore,
Wantonness lull'd to sleep
With the virgin's lute
Or sated with her love;

5. "Till Covet broke his locks & bars
And slept with open doors;
Envy sung at the rich man's feast;
Wrath was follow'd up and down
By a little ewe lamb,
And Wantonness on his own true love
Begot a giant race."

DAS BUCH VON LOS

I

1. Eno, die betagte Mutter,
Die Leuthas Wagen lenkt
Seit den Tagen des Donners von einst,

2. Unter der ewigen Eiche sitzend,
Erschütterte die feste Erde,
Und also brach aus ihr die Rede:

3. »O ferne Zeiten!
Als Liebe & Freude Anbetung waren,
Und nichts für unrein erachtet:
Nicht Augenlose Begehrlichkeit,
Noch Schmallippiger Neid,
Noch Schnaubender Zorn,
Noch Lockige Lüsternheit;

4. Voll eingeschenkt ward der Begehrlichkeit,
Der Neid gefüttert mit dem Fett von Lämmern,
Der Zorn mit Löwenblut,
Die Lüsternheit in Schlaf gesungen
Mit der Jungfrau Laute
Oder gestillt von ihrer Liebe;

5. Bis die Begehrlichkeit Schloß & Riegel brach
Und schlief bei offnen Türen;
Der Neid sang auf des Reichen Fest;
Dem Zorne folgte auf und ab
Ein kleines Mutterschaf,
Und die Lüsternheit zeugte mit ihrer eigenen Liebsten
Ein Geschlecht von Riesen.«

6. Raging furious, the flames of desire
Ran thro' heaven & earth, living flames
Intelligent, organiz'd, arm'd
With destruction & plagues. In the midst
The Eternal Prophet, bound in a chain,
Compell'd to watch Urizen's shadow,

7. Rag'd with curses & sparkles of fury:
Round the flames roll, as Los hurls his chains,
Mounting up from his fury, condens'd,
Rolling round & round, mounting on high
Into vacuum, into non-entity
Where nothing was; dashed wide apart,
His feet stamp the eternal fierce-raging
Rivers of wide flame; they roll round
And round on all sides, making their way
Into darkness and shadowy obscurity.

8. Wide apart stood the fires: Los remain'd
In the void between fire and fire:
In trembling and horror they beheld him;
They stood wide apart, driv'n by bis hands
And his feet, which the nether abyss
Stamp'd in fury and hot indignation.

9. But no light from the fires! all was
Darkness round Los: heat was not; for bound up
Into fiery spheres from his fury,
The gigantic flames trembled and hid.

10. Coldness, darkness, obstruction, a Solid
Without fluctuation, hard as adamant,
Black as marble of Egypt, impenetrable,
Bound in the fierce raging Immortal;
And the seperated fires froze in:
A vast solid without fluctuation
Bound in his expanding clear senses.

6. In rasender Wut liefen die Flammen der Begierde
Durch Himmel & Erde, lebendige Flammen,
Verständig, geordnet, gewappnet
Mit Vernichtung & Seuchen. In ihrer Mitte
Der Ewige Prophet, gebunden in Ketten,
Gezwungen, über den Schatten Urizens zu wachen,

7. Raste in Flüchen & Funken der Wut:
Rings rollen die Flammen, da Los die Ketten von sich schleudert,
Und lodern auf aus seiner Wut, verdichtet,
Rings rollend & rollend, sich hoch erhebend
In die Leere, ins Wesenlose,
Wo nichts war; in weiten Sprüngen
Stampfen seine Füße die ewigen grimmig wütenden
Flüsse weiter Flammen; sie rollen rings
Umher auf allen Seiten und bahnen sich den Weg
In Dunkelheit und Schattenfinsternis.

8. Weit taten sich die Feuer auf: Los verblieb
In der Leere zwischen Feuer und Feuer:
In Zittern und Schrecken erschauten sie ihn;
Sie taten weit sich auf, von seiner Hand geteilt
Und seinem Fuß, der den niederen Abgrund
Stampfte in Wut und heißer Entrüstung.

9. Doch kein Licht von den Feuern! alles war
Dunkelheit um Los: keine Wärme, denn verbannt
In feurige Räume fern seiner Wut
Bargen sich zitternd die riesigen Flammen.

10. Kälte, Dunkelheit, Wirrnis, ein Festes
Ohne Schwanken, hart wie Adamant,
Schwarz wie ägyptischer Marmor, undurchdringlich,
Banden den grimmig wütenden Unsterblichen;
Und die geteilten Feuer froren:
Ein wüstes Festes ohne Schwanken
Band seine sich ausdehnenden klaren Sinne.

II

1. The Immortal stood frozen amidst
The vast rock of eternity times
And times, a night of vast durance,
Impatient, stifled, stiffen'd, hard'ned;

2. Till impatience no longer could bear
The hard bondage: rent, rent, the vast solid,
With a crash from immense to immense,

3. Cracked across into numberless fragments.
The Prophetic wrath, strugling for vent,
Hurls apart, stamping furious to dust
And crumbling with bursting sobs, heaves
The black marble on high into fragments.

4. Hurl'd apart on all sides as a falling
Rock, the innumerable fragments away
Fell asunder; and horrible vacuum
Beneath him, & on all sides round,

5. Falling, falling, Los fell & fell,
Sunk precipitant, heavy, down, down,
Times on times, night on night, day on day –
Truth has bounds, Error none – falling, falling,
Years on years, and ages on ages
Still he fell thro' the void, still a void
Found for falling, day & night without end;
For tho' day or night was not, their spaces
Were measur'd by his incessant whirls
In the horrid vacuity bottomless.

6. The Immortal revolving, indignant,
First in wrath threw his limbs like the babe
New born into our world: wrath subsided,
And contemplative thoughts first arose;

II

1. Der Unsterbliche stand gefroren inmitten
Des wüsten Felsgesteins der Ewigkeit, zeiten-
Und zeitenlang, eine Nacht unermessener Dauer,
Ungeduldig, beengt, steif, verhärtet;

2. Bis Ungeduld nicht länger mehr
Die harte Fessel tragen konnte: es riß, es riß das wüste Feste
Mit einem Krachen von Unermeßlichkeit zu Unermeßlichkeit

3. Und sprang in unzählige Stücke.
Der Prophetische Zorn, ringend nach Luft,
Zerbirst den schwarzen Marmor und zerstampft ihn wütend
Zu Staub, zerkrümelt ihn mit heftigem Geschluchze
Und wirft ihn hoch in Splittern.

4. Nach allen Seiten geschleudert wie
Fallender Fels, brachen die zahllosen Stücke
Entzwei; und, grausige Leere
Unter ihm & rings auf allen Seiten,

5. Fallend, fallend sank Los & sank,
Sank stürzend, schwer, hinab & hinab,
Zeiten- und zeitenlang, Nacht auf Nacht, Tag auf Tag –
Die Wahrheit hat Grenzen, der Irrtum nicht – fallend, fallend,
Jahre auf Jahre und Alter auf Alter
Stets fiel er durch die Leere, stets Leere noch
Dem Falle findend, Tag & Nacht ohne Ende;
Denn ob auch Tag und Nacht nicht war, so wurden ihre Räume doch
Durchmessen von seinem unaufhörlichen Wirbeln
In der grausig grundlosen Leere.

6. Der Unsterbliche, kreiselnd, entrüstet,
Warf zuerst in Zorn seine Glieder wie der Säugling,
Der neu geborn in die Welt: der Zorn ließ nach
Und sinnendes Denken stieg auf nun zuerst;

Then aloft his head rear'd in the Abyss
And his downward-borne fall chang'd oblique

7. Many ages of groans, till there grew
Branchy forms organizing the Human
Into finite inflexible organs;

8. Till in process from falling he bore
Sidelong on the purple air, wafting
The weak breeze in efforts o'erwearied.

9. Incessant the falling Mind labour'd,
Organizing itself, till the Vacuum
Became element, pliant to rise
Or to fall or to swim or to fly,
With ease searching the dire vacuity.

III

1. The Lungs heave incessant, dull, and heavy;
For as yet were all other parts formless,
Shiv'ring, clinging around like a cloud,
Dim & glutinous as the white Polypus
Driv'n by waves & englob'd on the tide.

2. And the unformed part crav'd repose;
Sleep began; the Lungs heave on the wave:
Weary, overweigh'd, sinking beneath
In a stifling black fluid, he woke.

3. He arose on the waters; but soon
Heavy falling, his organs like roots
Shooting out from the seed, shot beneath,
And a vast world of waters around him
In furious torrents began.

Dann bäumte sein Haupt sich auf überm Abgrund,
Und sein senkrechter Fall ging über ins Schräge,

7. Viele Alter des Stöhnens, bis verzweigte
Gebilde wuchsen, die das Menschliche ordneten
In endlichen festgefügten Organen,

8. Bis er im Fortgang des Falles,
Waagerecht in der purpurnen Luft,
In übermüdeter Anstrengung die schwache Brise gebar.

9. Unaufhörlich mühte sich der fallende Geist,
Sich selber ordnend, bis die Leere
Zum Element ward, gefügig, zu steigen
Oder zu fallen oder zu schwimmen oder zu fliegen,
In Muße die gräßliche Leere erkundend.

III

1. Die Lungen wogen unaufhörlich, matt und schwer;
Denn noch waren alle anderen Teile ungestalt,
Schaudernd, sich ballend wie eine Wolke,
Trüb & klebrig wie die weiße Qualle,
Von Wogen getragen & umhüllt von der Flut.

2. Und der formlose Teil flehte um Ruhe;
Der Schlaf hob an; die Lungen wälzen sich auf Wogen:
Müde, zu schwer, niedersinkend
In erstickendes schwarzes Naß erwachte er.

3. Er erstand auf den Wassern; doch bald,
Schwer sinkend, sprossen seine Organe
Wie Wurzeln aus der Saat, sprossen hinab;
Und eine wüste Wasserwelt hob um ihn an
In wütenden Stürmen.

4. Then he sunk, & around his spent Lungs
Began intricate pipes that drew in
The spawn of the waters, Outbranching
An immense Fibrous Form, stretching out
Thro' the bottoms of immensity raging.

5. He rose on the floods; then he smote
The wild deep with his terrible wrath,
Seperating the heavy and thin.

6. Down the heavy sunk, cleaving around
To the fragments of solid: up rose
The thin, flowing round the fierce fires
That glow'd furious in the expanse.

IV

1. Then Light first began: from the fires,
Beams, conducted by fluid so pure,
Flow'd around the Immense. Los beheld
Forthwith, writhing upon the dark void,
The Back bone of Urizen appear
Hurtling upon the wind
Like a serpent! like an iron chain
Whirling about in the Deep.

2. Upfolding his Fibres together
To a Form of impregnable strength,
Los, astonish'd and terrified, built
Furnaces; he formed an Anvil,
A Hammer of adamant: then began
The binding of Urizen day and night.

3. Circling round the dark Demon with howlings,
Dismay & sharp blightings, the Prophet
Of Eternity beat on his iron links.

4. Da sank er, & um seine erschöpften Lungen
Hoben sinnreiche Röhren an, die den Laich
Der Wasser in sich zogen, aus sich zweigend
Eine gewaltige fasrige Form, die sich erstreckte
Durch die Gründe der wütenden Unermeßlichkeit.

5. Er stieg auf den Fluten; dann schlug er
Die wilde Tiefe nieder in schrecklichem Zorn,
Das Schwere und das Dünne scheidend.

6. Nieder sank das Schwere, sich ballend um
Des Festen Splitter: aufwärts stieg
Das Dünne, wogend um die grimmigen Feuer,
Die wütend glühten durch den ausgedehnten Raum.

IV

1. Da zuerst hob das Licht an: von den Feuern
Wogten Strahlen, von reinem Naß geleitet,
Rings durch die Unermeßlichkeit. Los gewahrte, wie
Alsbald, sich krümmend über der dunklen Leere,
Urizens Rückgrat erschien,
Sausend auf dem Wind
Wie eine Schlange! wie eine Eisenkette
In der Tiefe wirbelnd.

2. All seine Fasern straffend
Zu einer Gestalt von unbezwinglicher Kraft,
Schuf Los, verwundert und entsetzt,
Schmelzöfen, formte einen Amboß,
Einen Hammer aus Adamant: dann hob er an,
Urizen zu binden Tag und Nacht.

3. Den dunklen Dämon umkreisend in Heulen,
Bestürzung & scharfer Verwünschung, schmiedete
Der Prophet der Ewigkeit seine eisernen Ketten.

4. And first from those infinite fires,
The light that flow'd down on the winds
He siez'd, beating incessant, condensing
The subtil particles in an Orb.

5. Roaring indignant, the bright sparks
Endur'd the vast Hammer; but unwearied
Los beat on the Anvil, till glorious
An immense Orb of fire he fram'd.

6. Oft he quench'd it beneath in the Deeps,
Then survey'd the all bright mass, Again
Siezing fires from the terrific Orbs,
He heated the round Globe, then beat,
While, roaring, his Furnaces endur'd
The chain'd Orb in their infinite wombs.

7. Nine ages completed their circles
When Los heated the glowing mass, casting
It down into the Deeps: the Deeps fled
Away in redounding smoke: the Sun
Stood self-balanc'd. And Los smil'd with joy.
He the vast Spine of Urizen siez'd,
And bound down to the glowing illusion.

8. But no light! for the Deep fled away
On all sides, and left an unform'd
Dark vacuity: here Urizen lay
In fierce torments on his glowing bed;

9. Till his Brain in a rock & his Heart
In a fleshy slough formed four rivers
Obscuring the immense Orb of fire
Flowing down into night: till a Form
Was completed, a Human Illusion
In darkness and deep clouds involv'd.

THE END OF THE BOOK OF LOS

4. Und zuerst von jenen unendlichen Feuern
Das Licht, das niederwogte auf den Winden,
Ergriff er, unaufhörlich schmiedend,
Die feinen Teilchen zu einem Ball verdichtend.

5. Unwillig dröhnend, erduldeten die hellen Funken
Den gewaltigen Hammer; doch unermüdlich
Schlug Los den Amboß, bis herrlich
Einen unendlichen Feuerball er geschaffen.

6. Oft löschte er ihn drunten in den Tiefen
Und überschaute die leuchtende Masse. Erneut
Dann Feuer schöpfend aus den furchtbaren Kreisen,
Erhitzte er den runden Ball und schmiedete,
Dieweil in Dröhnen seine Öfen
Das gefesselte Rund in ihren unendlichen Leibern ertrugen.

7. Neun Alter füllten ihre Kreise aus,
Da Los die glühende Masse erhitzte und sie
Niedergoß in die Tiefen: die Tiefen flohen
Davon in strömendem Rauch: die Sonne
Stand still im Gleichgewicht. Und Los lachte vor Freude.
Er ergriff Urizens gewaltiges Rückgrat
Und zwang es nieder in die glühende Täuschung.

8. Aber kein Licht! denn die Tiefe entfloh
Nach allen Seiten und ließ ungestalte
Dunkle Leere zurück: hier lag Urizen
In grimmigen Stürmen auf seinem glühenden Bett;

9. Bis sein Gehirn in einem Fels & sein Herz
In einem fleischigen Morast vier Ströme bildeten,
Den unermeßnen Feuerball verdunkelnd,
Hinunter wogend in die Nacht: bis eine Form
Vollendet war, eine menschliche Täuschung,
Verstrickt in Dunkelheit und tiefe Wolken.

ENDE DES BUCHES VON LOS

THE SONG OF LOS

Africa

I will sing you a song of Los, the Eternal Prophet:
He sung it to four harps at the tables of Eternity.
In heart-formed Africa
Urizen faded! Ariston shudder'd!
And thus the Song began:

Adam stood in the garden of Eden
And Noah on the mountains of Ararat;
They saw Urizen give his Laws to the Nations
By the hands of the children of Los.

Adam shudder'd! Noah faded! black grew the sunny African

When Rintrah gave Abstract Philosophy to Brama in the East.
(Night spoke to the Cloud:
"Lo these Human form'd spirits, in smiling hipocrisy, War

Against one another; so let them War on, slaves to the eternal Elements.")
Noah shrunk beneath the waters;
Abram fled in fires from Chaldea;
Moses beheld upon Mount Sinai forms of dark delusion.

To Trismegistus, Palamabron gave an abstract Law:
To Pythagoras, Socrates & Plato.

Times rolled on o'er all the sons of Har: time after time
Orc on Mount Atlas howl'd, chain'd down with the Chain of Jealousy;
Then Oothoon hover'd over Judah & Jerusalem,

DAS LIED VON LOS

Afrika

Ich will euch ein Lied singen von Los, dem ewigen Propheten:
Er sang es zu vier Harfen an den Tafeln der Ewigkeit.
Im herzförmigen Afrika
Erbleichte Urizen! Ariston erschauderte!
Und so hob das Lied an:

Adam stand im Garten Eden
Und Noah auf dem Berge Ararat;
Sie sahen, wie Urizen den Völkern seine Gesetze gab
Durch die Hände der Kinder des Los.

Adam schauderte! Noah erbleichte! schwarz wurde der sonnige Afrikaner,
Als Rintrah im Osten Brahma die Abstrakte Philosophie lehrte.
(Die Nacht sprach zur Wolke:
»Sieh, diese menschengestaltigen Geister, in lächelnder Heuchelei,
Bekriegen einer den andern; so laß sie Krieg führen, Sklaven der ewigen Elemente.«)
Noah schwand in die Wasser;
Abraham floh in Feuern von Chaldäa;
Mose gewahrte auf dem Berge Sinai Gestalten der dunklen Täuschung.
Dem Trismegistos gab Palamabron ein abstraktes Gesetz:
Dem Pythagoras, Sokrates & Plato.

Zeiten rollten hinweg über all die Söhne des Har: zeitenlang
Heulte Orc auf dem Berge Atlas, gekettet mit der Kette der Eifersucht;
Dann schwebte Oothoon über Juda & Jerusalem,

And Jesus heard her voice (a man of sorrows) he reciev'd
A Gospel from wretched Theotormon.

The human race began to wither, for the healthy built

Secluded places, fearing the joys of Love,
And the diseased only propagated.
So Antamon call'd up Leutha from her valleys of delight
And to Mahomet a loose Bible gave.
But in the North, to Odin, Sotha gave a Code of War,
Because of Diralada, thinking to reclaim his joy.

These were the Churches, Hospitals, Castles, Palaces,
Like nets & gins & traps to catch the joys of Eternity,

And all the rest a desart;
Till, like a dream, Eternity was obliterated & erased.

Since that dread day when Har and Heva fled
Because their brethren & sisters liv'd in War & Lust;
And as they fled they shrunk
Into two narrow doleful forms
Creeping in reptile flesh upon
The bosom of the ground;
And all the vast of Nature shrunk
Before their shrunken eyes.

Thus the terrible race of Los & Enitharmon gave
Laws & Religions to the sons of Har, binding them more
And more to Earth, closing and restraining,
Till a Philosophy of Five Senses was complete.
Urizen wept & gave it into the hands of Newton & Locke.

Clouds roll heavy upon the Alps round Rousseau & Voltaire,
And on the mountains of Lebanon round the deceased Gods
Of Asia, & on the desarts of Africa round the Fallen Angels.
The Guardian Prince of Albion burns in his nightly tent.

Und Jesus hörte ihre Stimme; ein Mann des Leids, empfing er
Ein Evangelium vom kläglichen Theotormon.

Die menschliche Rasse begann zu verblühn, denn die Gesunden erbauten
Abgelegene Orte, die Freuden der Liebe fürchtend,
Und die Verseuchten nur pflanzten sich fort.
So rief Antamon Leutha aus ihren Tälern des Entzückens
Und gab Mohammed eine lockere Bibel.
Doch im Norden gab Sotha dem Odin einen Kodex des Krieges,
Wegen Diralada, gesinnt, seine Freude zurückzufordern.

Dies waren die Kirchen, Spitäler, Schlösser, Paläste,
Wie Netze & Schlingen & Fallen die Freuden der Ewigkeit einzufangen,
Und alles andre war Wüste;
Bis, wie ein Traum, die Ewigkeit ausgelöscht war & getilgt.

Dies war der gräßliche Tag, da Har und Heva entflohn,
Weil ihre Brüder & Schwestern in Wollust lebten und Krieg;
Und, wie sie flohen, schrumpften sie
Zu zwei schmalen trübseligen Gestalten,
Die im Fleisch von Reptilien über
Des Bodens Busen krochen;
Und alle Weite der Natur schrumpfte
Vor ihren geschrumpften Augen.

So gab das schreckliche Geschlecht von Los & Enitharmon
Gesetze & Glauben den Söhnen des Har, sie enger
Und enger an die Erde bindend, schließend, beschränkend,
Bis eine Philosophie der Fünf Sinne vollendet war.
Urizen weinte & gab sie in die Hände von Newton & Locke.

Wolken rollen schwer über den Alpen um Rousseau & Voltaire,
Und auf des Libanon Bergen um die verblichenen Götter
Asiens, & über Afrikas Wüsten um die gefallenen Engel.
Der Prinzenwächter Albions strahlt im nächtlichen Gezelt.

ASIA

The Kings of Asia heard
The howl rise up from Europe,
And each ran out from his Web,
From his ancient woven Den;
For the darkness of Asia was startled
At the thick-flaming, thought-creating fires of Orc.

And the Kings of Asia stood
And cried in bitterness of soul:

"Shall not the King call for Famine from the heath,
Nor the Priest for Pestilence from the fen,
To restrain, to dismay, to thin
The inhabitants of mountain and plain,
In the day of full-feeding prosperity
And the night of delicious songs?

"Shall not the Councellor throw his curb
Of Poverty on the laborious,
To fix the price of labour,
To invent allegoric riches?

"And the privy admonishers of men
Call for fires in the City,
For heaps of smoking ruins
In the night of prosperity & wantonness?

"To turn man from his path,
To restrain the child from the womb,
To cut off the bread from the city,
That the remnant may learn to obey,

"That the pride of the heart may fail,
That the lust of the eyes may be quench'd,
That the delicate ear in its infancy

Asien

Die Könige Asiens hörten
Das Geheul aufsteigen von Europa,
Und jeder rannte aus seinem Netz,
Aus seiner uralten gewobenen Höhle;
Denn die Finsternis Asiens war entsetzt
Vor den dickflammenden, gedankengebärenden Feuern des Orc.

Und die Könige Asiens standen
Und riefen aus in Bitternis der Seele:

»Soll nicht der König nach Hungersnot rufen von der Heide,
Und der Priester nach Seuchen vom Moor,
In Schranken zu halten, zu schrecken, zu schmälern
Die Bewohner von Bergland und Ebne
Am Tag vollnährenden Gedeihens
Und in der Nacht liebreicher Lieder?

Soll nicht der Ratsherr seinen Zaum
Von Armut auf die Arbeitsamen werfen,
Den Preis der Arbeit festzuschreiben,
Allegorische Reichtümer zu erfinden?

Und sollen nicht der Menschen geheime Ermahner
Nach Feuer rufen in der Stadt,
Nach Haufen rauchender Ruinen
In der Nacht von Wohlstand & Lüsternheit?

Den Menschen so von seinem Wege abzubringen,
Das Kind vom Mutterleibe fernzuhalten,
Die Stadt vom Brote abzuschneiden,
Daß die Verbleibenden Gehorsam lernen mögen,

Daß der Stolz des Herzens scheitern mag,
Daß die Lust der Augen ausgelöscht werde,
Daß das zarte Ohr in seiner ersten Kindheit

May be dull'd, and the nostrils clos'd up,
To teach mortal worms the path
That leads from the gates of the Grave?"

Urizen heard them cry,
And his shudd'ring, waving wings
Went enormous above the red flames,
Drawing clouds of despair thro' the heavens
Of Europe as he went.
And his Books of brass, iron & gold
Melted over the land as he flew,
Heavy-waving, howling, weeping.

And he stood over Judea,
And stay'd in his ancient place,
And stretch'd his clouds over Jerusalem;

For Adam, a mouldering skeleton,
Lay bleach'd on the garden of Eden;
And Noah, as white as snow,
On the mountains of Ararat.

Then the thunders of Urizen bellow'd aloud
From his woven darkness above.

Orc, raging in European darkness,
Arose like a pillar of fire above the Alps,
Like a serpent of fiery flame!
        The sullen Earth
        Shrunk!

Forth from the dead dust, rattling bones to bones
Join; shaking convuls'd, the shiv'ring clay breathes,
And all flesh naked stands: Fathers and Friends,
Mothers & Infants, Kings & Warriors.

Betäubt werden mag, und die Nüstern verschlossen,
Um den sterblichen Würmern den Weg zu lehren,
Der herführt von des Grabes Toren?«

Urizen hörte sie rufen,
Und seine schaudernden, wogenden Schwingen
Gingen gewaltig über den roten Flammen,
Wolken der Verzweiflung durch die Himmel
Europas führend auf seinem Weg.
Und seine Bücher aus Bronze, Eisen & Gold
Schmolzen über dem Land, wie er flog,
Schwerwogend, heulend, weinend.

Und er stand über Judäa
Und weilte in seinem alten Platze
Und breitete seine Wolken über Jerusalem;

Denn Adam, ein schimmelndes Skelett,
Lag ausgebleicht im Garten Eden;
Und Noah, weiß wie Schnee,
Auf dem Berge Ararat.

Dann hallten laut Urizens Donner
Aus seiner gewobenen Dunkelheit droben.

Orc, wütend in Europäischer Finsternis,
Erstand wie eine Säule Feuers über den Alpen,
Wie eine Schlange aus feuriger Flamme!
        Die trübe Erde
        Schrak!

Aus dem toten Staub fügt sich rasselnd Gebein zu Gebein;
In Krämpfen sich schüttelnd, atmet der schaudernde Lehm,
Und alles Fleisch steht nackt: Väter und Freunde,
Mütter & Kinder, Könige & Krieger.

The Grave shrieks with delight & shakes
Her hollow womb & clasps the solid stem:
Her bosom swells with wild desire,
And milk & blood & glandous wine
In rivers rush & shout & dance,
On mountain, dale and plain.

THE SONG OF LOS IS ENDED.

URIZEN WEPT.

Das Grab kreischt auf vor Entzücken & kreist
Mit hohlem Schoß & greift den festen Stamm:
Sein Busen schwillt von wilder Lust,
Und Milch & Blut & glänzender Wein
Rinnen in Strömen & rufen & tanzen
Über Berg & Ebne & Tal.

DAS LIED VON LOS IST ZU ENDE.

URIZEN WEINTE.

THE EVERLASTING GOSPEL

DAS IMMERWÄHRENDE EVANGELIUM

There is not one Moral Virtue that Jesus Inculcated but Plato & Cicero did Inculcate before him; what then did Christ Inculcate? Forgiveness of Sins. This alone is the Gospel, & this is the Life & Immortality brought to light by Jesus, Even the Covenant of Jehovah, which is This: If you forgive one another your Trespasses, so shall Jehovah forgive you, That he himself may dwell among you; but if you Avenge, you Murder the Divine Image, & he cannot dwell among you; because you Murder him he arises again, & you deny that he is Arisen, & are blind to Spirit.

I

If Moral Virtue was Christianity,
Christ's Pretensions were all Vanity,
And Cai[a]phas & Pilate, Men
Praise Worthy, & the Lion's Den
And not the Sheepfold, Allegories
Of God & Heaven & their Glories.

The Moral Christian is the Cause
Of the Unbeliever & his Laws.
The Roman Virtues, Warlike Fame,
Take Jesus' & Jehovah's Name;
For what is Antichrist but those
Who against Sinners Heaven close
With Iron bars, in Virtuous State,
And Rhadamanthus at the Gate?

Es gibt nicht *eine* Moralische Tugend, die Jesus lehrte und nicht schon Plato & Cicero vor ihm lehrten; was dann lehrte Jesus als erster? Vergebung der Sünden. Dies allein ist das Evangelium, & dies ist Leben & Unsterblichkeit, von Jesus ans Licht gebracht, selbst der Bund mit Jehovah, der darin besteht: Wenn ihr euch gegenseitig eure Verfehlungen vergebt, so wird euch Jehovah vergeben, daß er selbst unter euch wohnen möge; doch wenn ihr Rache übt, ermordet ihr das Bild Gottes & er kann nicht unter euch wohnen; weil ihr ihn ermordet, ersteht er wieder auf, & ihr leugnet, daß er auferstanden, & seid blind vor dem Geiste.

I

Wenn Christentum gleich Tugend wär',
Wär' gänzlich eitel Christs Begehr,
Und Kaiphas und Pilatus wär'n
Dann Männer, jedem Tadel fern;
Und statt des Schafpferchs könnt' allein
Des Löwen Höhle Sinnbild sein
Für den Himmel Gottes weit
Und alle seine Herrlichkeit.
Der Christ, der in Moral sich fügt,
Dem Unglauben zugrunde liegt.
Der Römer Tugend, Kriegerruhm,
Nennt sich somit Christentum;
Denn wer denn wäre Antichrist,
Wenn der nicht, der den Himmel schließt
Vor Sündern, in der Tugend Stand,
Und am Tore Rhadamanth?

2

What can this Gospel of Jesus be?
What Life & Immortality,
What was it that he brought to Light
That Plato & Cicero did not write?
The Heathen Deities wrote them all,
These Moral Virtues, great & small.
What is the Accusation of Sin
But Moral Virtues' deadly Gin?
The Moral Virtues in their Pride
Did o'er the World triumphant ride
In Wars & Sacrifice for Sin,
And Souls to Hell ran trooping in.
The Accuser, Holy God of All
This Pharisaic Worldly Ball,
Amidst them in his Glory Beams
Upon the Rivers & the Streams.
Then Jesus rose & said to Me,
"Thy Sins are all forgiven thee."
Loud Pilate Howl'd, loud Caiphas yell'd,
When they the Gospel Light beheld.
It was when Jesus said to Me,
"Thy Sins are all forgiven thee."
The Christian trumpets loud proclaim
Thro' all the World in Jesus' name
Mutual forgiveness of each Vice,
And oped the Gates of Paradise.
The Moral Virtues in Great fear
Formed the Cross & Nails & Spear,
And the Accuser standing by
Cried out, "Crucify! Crucify!
Our Moral Virtues ne'er can be,
Nor Warlike pomp & Majesty;
For Moral Virtues all begin
In the Accusations of Sin,
And all the Heroic Virtues End
In destroying the Sinners' Friend.

2

Was kann die Botschaft Jesu sein?
Welch Leben und Unsterblichsein
Zeigte er in hellem Licht
Und Cicero und Plato nicht?
Der Heiden Götter schrieben ein
Die Tugenden, ob groß, ob klein.
So war der Sünde Tribunal
Nichts als die Schlinge der Moral.
Und Tugend konnt' in stolzem Sinn
Mit Krieg die Erde überziehn
Und mit Sündenopfern drohn,
Daß Scharen in die Hölle flohn.
Der Kläger, Heil'ger Gott auf all
Der Pharisäer Erdenball,
Erstrahlt in seiner Herrlichkeit
Über Fluß und Ströme weit.
Und Jesus stand und sprach zu mir:
»Die Sünden sind vergeben dir.«
Kaiphas und Pilatus schrien,
Als hell das Evangelium schien.
Das war, als Jesus sprach zu mir:
»Die Sünden sind vergeben dir.«
Die christlichen Drommeten künden
Von der Vergebung aller Sünden,
Wodurch der Welt in Jesu Nam'
Die Pforten Edens aufgetan.
Die Tugenden in Gegenwehr
Erschufen Nagel, Kreuz und Speer,
Und Satan, der daneben stand,
Rief »Kreuzigt ihn!« durchs ganze Land.
»Sonst kann die Tugend nicht bestehn,
Nicht Herrschermacht noch Kriegsgedröhn;
Denn der Anfang der Moral
Ist der Sünde Tribunal.
Und es währt das Hochgericht,
Bis der Sünder Freund vernicht't.

Am I not Lucifer the Great,
And you my daughters in Great State,
The fruit of my Mysterious Tree
Of Good & Evil & Misery
And Death & Hell, which now begin
On everyone who Forgives Sin?"

a

The Vision of Christ that thou dost see
Is my Vision's Greatest Enemy:
Thine has a great hook nose like thine,
Mine has a snub nose like to mine:
Thine is the friend of All Mankind,
Mine speaks in parables to the Blind:
Thine loves the same world that mine hates,
Thy Heaven doors are my Hell Gates.
Socrates taught what Meletus
Loath'd as a Nation's bitterest Curse,
And Caiaphas was in his own Mind
A benefactor to Mankind:
Both read the Bible day & night,
But thou read'st black where I read white.

b

Was Jesus gentle, or did he
Give any marks of Gentility?
When twelve years old he ran away
And left his Parents in dismay.
When after three days' sorrow found,
Loud as Sinai's trumpet sound:
"No Earthly Parents I confess –
My Heavenly Father's business!
Ye understand not what I say,
And, angry, force me to obey."
Obedience is a duty then,
And favour gains with God & Men.

Bin ich nicht Satan, der Magnat,
Ihr Töchter mir in vollem Staat,
Die Frucht des mysteriösen Baums
Von Gut und Böse und von Graun
Und Tod und Hölle, die beginnt
An jedem, der vergibt die Sünd'?«

a

Das Bild von Christ, das dir erscheint,
Ist meines Bildes ärgster Feind:
Ist des deinen Nase groß,
Ist die des meinen winzig bloß:
Der deine aller Menschheit Freund,
Der meine sich den Blinden weih'nd:
Der deine liebt, was meiner haßt;
Dein Himmel meine Hölle faßt.
Sokrates lehrt', was Meletos
Als eines Volkes Fluch verdroß,
Und Kaiphas gar nahm von sich an,
Daß er der Menschheit wohlgetan:
Wir lesen beid' die Schrift mit Fleiß,
Doch du liest schwarz, und ich les' weiß.

b

War Jesus milde und trug er
Ein Zeichen, daß er milde wär'?
Sobald er zwölf, rannt' er hinaus
Und ließ die Eltern gram zuhaus.
Als man ihn fand nach langen Nöten,
Schallt' er wie Sinais Trompeten:
»Nicht Erdeneltern stehn mir nah –
Des Himmelsvaters Ziel ich sah!
Was ich sag', versteht ihr nicht,
Und zwingt doch zum Gehorsam mich.«
So ist Gehorsam Pflicht und Kunst,
Die steht bei Gott und Mensch in Gunst.

John from the Wilderness loud cried;
Satan gloried in his Pride.
"Come," said Satan, "come away,
I'll soon see if you'll obey!
John for disobedience bled,
But you can turn the stones to bread.
God's high king & God's high Priest
Shall Plant their Glories in your breast
If Caiaphas you will obey,
If Herod you with bloody Prey
Feed with the sacrifice, & be
Obedient, fall down, worship me."
Thunders & lightnings broke around,
And Jesus' voice in thunders' sound:
"Thus I sieze the Spiritual Prey.
Ye smiters with disease, make way.
I come your King & God to sieze.
Is God a smiter with disease?"
The God of this World raged in vain:
He bound Old Satan in his Chain,
And bursting forth, his furious ire
Became a Chariot of fire.
Throughout the land he took his course,
And traced diseases to their source:
He curs'd the Scribe & Pharisee,
Trampling down Hipocrisy:
Where'er his Chariot took its way,
There Gates of death let in the day,
Broke down from every Chain & Bar;
And Satan in his Spiritual War
Drag'd at his Chariot wheels: loud howl'd
The God of this World: louder roll'd
The Chariot Wheels, & louder still
His voice was heard from Zion's hill,
And in his hand the Scourge shone bright;
He scourg'd the Merchant Canaanite
From out the Temple of his Mind,
And in his Body tight does bind

Johannes rief aus Wüstenein;
Satan sah in Hochmut drein.
»Komm mit mir«, sprach der Hölle Fürst,
»Laß sehn, ob du gehorchen wirst!
Johannes' Weigrung bracht' ihm Tod,
Du aber wandelst Stein in Brot.
Die Fürsten und das Priestertum
Bepflanzen deine Brust mit Ruhm,
Willst Kaiphas du gehorsam sein
Und Herodes die Beute weihn
Des Opferbluts, und zeigst du dich
Gehorsam und verehrest mich.«
Ein Blitz da aus dem Himmel sprang,
Und Jesus sprach mit Donnerklang:
»So greif' ich nach der geist'gen Beute.
Schafft Platz, die Siechtum ihr verbreitet,
Daß euer Gott und Fürst mir weiche.
Ist Gott denn einer, der bringt Seuche?«
Vergeblich rast der Gott der Welt,
Da ihn Jesu Kette hält;
Lodernd hell ward Jesu Wut
Zum Streitgefährt aus Feuersglut.
Er zog durchs ganze Land entlang,
Zu finden, wo die Seuch' entsprang:
Den Pharisäern galt sein Fluch,
Als er die Heuchelei zerschlug:
Wo immer rollt' sein Wagen drein,
Ließ Todes Tor den Tag herein,
Daß jeglich Schloß und Riegel brach;
Sein Wagenrad zog Satan nach
Im geist'gen Kriege: und laut grollte
Der Gott der Welt: doch lauter rollte
Das Rad, und lauter noch erklang
Sein Wort, das vom Berg Zion drang:
Die Geißel blitzt' in seiner Hand,
Als er im Tempel Händler fand,

Und fest in seinen Körper schloß

Satan & all his Hellish Crew;
And thus with wrath he did subdue
The Serpent Bulk of Nature's dross,
Till He had nail'd it to the Cross.
He took on Sin in the Virgin's Womb,
And put it off on the Cross & Tomb
To be Worship'd by the Church of Rome.

c

Was Jesus Humble? or did he
Give any proofs of Humility?
When but a Child he ran away
And left his Parents in dismay.
When they had wonder'd three days long
These were the words upon his Tongue:
"No Earthly Parents I confess:
I am doing my Father's business."
When the rich learned Pharisee
Came to consult him secretly,
Upon his heart with Iron pen
He wrote, "Ye must be born again."
He was too Proud to take a bribe;
He spoke with authority, not like a Scribe.
He says with most consummate Art,
"Follow me, I am meek & lowly of heart,"
As that is the only way to Escape
The Miser's net & the Glutton's trap.
He who loves his Enemies, hates his Friends;
This is surely not what Jesus intends;
He must mean the meer love of Civility,
And so he must mean concerning Humility;
But he acts with triumphant, honest pride,
And this is the Reason Jesus died.
If he had been Antichrist, Creeping Jesus,
He'd have done anything to please us:
Gone sneaking into the Synagogues
And not used the Elders & Priests like Dogs,

Er Satan und den Höllentroß
Und macht' in Zorn sich untertan
Die Schlange, die Natur mißlang,
Bis er sie selbst ans Kreuze schlug.
Im Jungfraunschoß er Sünde trug;
Als er am Kreuze von ihr ließ,
Roms Kirche Ehre ihm erwies.

c

War Jesus demutsvoll? gab er
Beweis, daß er demütig wär'?
Als Kind schon rannte er hinaus
Und ließ die Eltern gram zuhaus.
Da sie drei Tage war'n in Sorge,
Sprach seine Zunge diese Worte:
»Nicht Erdeneltern stehn mir nah,
Nun meines Vaters Ziel ich sah.«
Als der gelehrte Pharisäer
Ihn insgeheim befragte näher,
Schrieb eisern sein Stift ins Herz des Gelehrten:
»Ihr müßt von neuem geboren werden.«
Bestechung hat sein Stolz verwehrt,
Er sprach mit Vollmacht statt schriftgelehrt.
Vollendet die Kunst, mit der er sprach:
»Ich bin sanft von Herzen, folget mir nach«,
Da dies der einzige Weg, zu entrinnen
Des Geizhalses Netzen, des Schlemmers Schlingen.
Den Feind zu lieben und zu hassen den Freund,
Ist ganz gewiß nicht, was Jesus gemeint,
Sondern die Liebe, die Freundlichkeit rät:
Und dies ist gewiß, wie er Demut versteht.
Doch handelt er mit rechtem Stolz,
Und darum schlug man ihn ans Holz.
Wär' feig er gewesen und Antichrist,
Hätt' er alles getan, zu gefallen mit List:
Schleichend wär' er in die Synagogen gewandelt
Und hätt' Ältre und Priester nicht wie Hunde behandelt,

But humble as a Lamb or an Ass,
Obey himself to Caiaphas.
God wants not Man to humble himself:
This is the Trick of the Ancient Elf.
Humble toward God, Haughty toward Man,
This is the Race that Jesus ran,
And when he humbled himself to God,
Then descended the cruel rod.
"If thou humblest thyself, thou humblest me;
Thou also dwelst in Eternity.
Thou art a Man, God is no more,
Thine own Humanity learn to Adore
And thy Revenge Abroad display
In terrors at the Last Judgment day.
God's Mercy & Long Suffering
Are but the Sinner to Judgment to bring.
Thou on the Cross for them shalt pray
And take Revenge at the last Day.
Do what you will, this Life's a Fiction
And is made up of Contradiction."

d

Was Jesus Humble? or did he
Give any Proofs of Humility?
Boast of high Things with Humble tone,
And give with Charity a Stone?
When but a Child he ran away
And left his Parents in dismay.
When they had wander'd three days long
These were the words upon his tongue:
"No Earthly Parents I confess:
I am doing my Father's business."
When the rich learned Pharisee
Came to consult him secretly,
Upon his heart with Iron pen
He wrote, "Ye must be born again."
He was too proud to take a bribe;

Sondern in Demut wie Esel und Lamm
Gehorcht und geneigt sich vor Kaiphas Nam'.
Gott will nicht, daß der Mensch voll Demut ist:
Das ist des alten Dämon List.
In Demut vor Gott, stolz vor Menschen zu sein,
Dies war der Weg, den Jesus schlug ein,
Und als er vor Gott gedemütigt sich,
Fiel auf ihn der Rute Streich,
»Demütigst du dich, so demütigst du mich;
Auch du wohnst in der Ewigkeit.
Du bist ein Mensch, Gott ist nicht mehr,
Die eigne Menschlichkeit verehr',
Und deine Rache weise sich
Am Tage erst des Weltgerichts.
Gottes Gnade und sein Leid
Bringt Sünder zur Gerichtsbarkeit.
Du sollst am Kreuze für sie sprechen
Und am letzten Tag dich rächen.
Tu, was du willst, dies Leben ist Trug
Und besteht aus Widerspruch.«

d

War Jesus demutsvoll? gab er
Beweis, daß er demütig wär'?
Prahlte in Demut von Herrlichkeit
Und bot einen Stein aus Barmherzigkeit?
Als Kind schon rannte er hinaus
Und ließ die Eltern gram zuhaus.
Da sie drei Tage war'n in Sorge,
Sprach seine Zunge diese Worte:
»Nicht Erdeneltern stehn mir nah,
Nun meines Vaters Ziel ich sah.«
Als der gelehrte Pharisäer
Ihn insgeheim befragte näher,
Schrieb eisern sein Stift ins Herz des Gelehrten:
»Ihr müßt von neuem geboren werden.«
Bestechung hat sein Stolz verwehrt,

He spoke with authority, not like a Scribe.
He says with most consummate Art,
"Follow me, I am meek & lowly of heart,"
As that is the only way to escape
The Miser's net & the Glutton's trap.
What can be done with such desperate Fools
Who follow after the Heathen Schools?
I was standing by when Jesus died;
What I call'd Humility, they call'd Pride.
He who loves his Enemies betrays his Friends;
This surely is not what Jesus intends,
But the sneaking Pride of Heroic Schools,
And the Scribes' & Pharisees' Virtuous Rules;
For he acts with honest, triumphant Pride,
And this is the cause that Jesus died.
He did not die with Christian Ease,
Asking pardon of his Enemies:
If he had, Caiaphas would forgive;
Sneaking submission can always live.
He had only to say that God was the devil,
And the devil was God, like a Christian Civil:
Mild Christian regrets to the devil confess
For affronting him thrice in the Wilderness;
He had soon been bloody Caesar's Elf,
And at last he would have been Caesar himself.
Like dr. Priestly & Bacon & Newton –
Poor Spiritual Knowledge is not worth a button!
For thus the Gospel Sir Isaac confutes:
"God can only be known by his Attributes;
And as for the Indwelling of the Holy Ghost
Or of Christ & his Father, it's all a boast
And Pride & Vanity of the imagination,
That disdains to follow this World's Fashion."
To teach doubt & Experiment
Certainly was not what Christ meant.
What was he doing all that time,
From twelve years old to manly prime?
Was he then Idle, or the Less

Er sprach mit Vollmacht statt schriftgelehrt.
Vollendet die Kunst, mit der er sprach:
»Ich bin sanft von Herzen, folget mir nach«,
Da dies der einzige Weg, zu entrinnen
Des Geizhalses Netzen, des Schlemmers Schlingen.
Was fängt man mit solch Narren an,
Die in der heidnischen Schulen Bann?
Ich sah, wie Jesus starb am Holz;
Ich nannt' es Demut, sie nannten es Stolz.
Wer liebt seinen Feind, betrügt seinen Freund:
Dies ist gewiß nicht, was Jesus gemeint;
Der Heroischen Schulen Kriechtum sich drin findet,
Das die Tugendregeln der Pharisäer verkündet.
Er handelte mit rechtem Stolz,
Und darum schlug man ihn ans Holz.
Er starb nicht in christlichem Frömmigsein
Und bat den Feind, ihm zu verzeihn:
Hätt' er es getan, hätt' ihm Kaiphas vergeben:
Wer schleicht und kriecht, kann immer leben.
Er müßte nur sagen, daß Gott Teufel ist
Und der Teufel Gott, wie ein rechtschaffner Christ;
Den Teufel er christlich bedauern müßte,
Daß er ihm dreimal getrotzt in der Wüste;
Und wär' bald gewesen des Cäsar Dämon,
Hätt' selber gesessen auf Cäsars Thron.
Wie Dr. Priestly und Bacon und Newton,
Die ihr armes Geistiges Wissen uns tuten!
Denn so hält Sir Isaac dem Evangelium stand:
»Gott wird nur an seinen Attributen erkannt;
Und daß man des Heiligen Geists inne sei,
Des Vaters und Christs, so ist's Prahlerei
Und Stolz und eitel Trug und Wahn,
Die es verschmähen, zu gehn der Welt Bahn.«
Zweifel und Versuch zu lehren
War ganz gewiß nicht Christs Begehren.
Was denn tat er alle Zeit
Von zwölf an bis zur Männlichkeit?
War er müßig, sorglos gar

About his Father's business?
Or was his wisdom held in scorn
Before bis wrath began to burn
In Miracles throughout the Land,
That quite unnerv'd Caiaphas' hand?
If he had been Antichrist, Creeping Jesus,
He'd have done any thing to please us –
Gone sneaking into Synagogues
And not us'd the Elders & Priests like dogs,
But Humble as a Lamb or Ass
Obey'd himself to Caiaphas.
God wants not Man to Humble himself:
This is the trick of the ancient Elf.
This is the Race that Jesus ran:
Humble to God, Haughty to Man,
Cursing the Rulers before the People
Even to the temple's highest Steeple;
And when he Humbled himself to God,
Then descended the Cruel Rod.
"If thou humblest thyself, thou humblest me;
Thou also dwell'st in Eternity.
Thou art a Man, God is no more,
Thy own humanity learn to adore,
For that is my Spirit of Life.
Awake, arise to Spiritual Strife
And thy Revenge abroad display
In terrors at the Last Judgment day
God's Mercy & Long Suffering
Is but the Sinner to Judgment to bring.
Thou on the Cross for them shalt pray
And take Revenge at the Last Day.
This Corporeal life's a fiction
And is made up of Contradiction."
Jesus replied & thunders hurl'd:
"I never will Pray for the World.
Once I did so when I pray'd in the Garden;
I wish'd to take with me a Bodily Pardon."
Can that which was of woman born

Um das, was Ziel des Vaters war?
Ward seine Weisheit denn verkannt,
Ehe noch sein Zorn entbrannt
In Wundertaten durch das Land,
Die kraftlos machten Kaiphas' Hand?
Wär' feig er gewesen und Antichrist,
Hätt' er alles getan, zu gefallen mit List –
Schleichend wär' er in die Synagogen gewandelt
Und hätt' Ältre und Priester nicht wie Hunde behandelt,
Sondern in Demut wie Esel und Lamm
Gehorcht und geneigt sich vor Kaiphas' Nam'.
Gott will nicht, daß der Mensch voll Demut ist:
Das ist des alten Dämon List.
Dies war der Weg, den Jesus schlug ein:
In Demut vor Gott, stolz vor Menschen zu sein,
Den Herrschern fluchend vor der Menge,
Bis an der Tempel höchste Gänge;
Und als er vor Gott gedemütigt sich,
Fiel auf ihn der Rute Streich,
»Demütigst du dich, so demütigst du mich;
Auch du wohnst in der Ewigkeit.
Du bist ein Mensch, Gott ist nicht mehr,
Die eigne Menschlichkeit verehr',
Denn sie ist meines Lebens Geist.
Erwach', zum geist'gen Kampfe reif',
Und deine Rache weise sich
Am Tage dann des Weltgerichts.
Gottes Gnade und sein Leid
Bringt Sünder zur Gerichtsbarkeit.
Du sollst am Kreuze für sie sprechen
Und dich am letzten Tage rächen.
Dies Leben des Körpers ist ein Trug
Und besteht aus Widerspruch.«
Jesus sprach, und Donner gellt':
»Nie will ich bitten für die Welt.
Einst tat ich's, in Gethsemane,
Daß Schonung meinem Leib gescheh.«
Kann, was geboren von der Frau,

In the absence of the Morn,
When the Soul fell into Sleep
And Archangels round it weep,
Shooting out against the Light
Fibres of a deadly night,
Reasoning upon its own dark Fiction,
In doubt which is Self Contradiction?
Humility is only doubt,
And does the Sun & Moon blot out,
Rooting over with thorns & stems
The buried Soul & all its Gems.
This Life's dim Windows of the Soul
Distorts the Heavens from Pole to Pole
And leads you to Believe a Lie
When you see with, not thro', the Eye
That was born in a night to perish in a night,
When the Soul slept in the beams of Light.
Was Jesus Chaste? or did he, &c.

e

Was Jesus Chaste? or did he
Give any Lessons of Chastity?
The morning blush'd fiery red:
Mary was found in Adulterous bed;
Earth groan'd beneath, & Heaven above
Trembled at discovery of Love.
Jesus was sitting in Moses' Chair,
They brought the trembling Woman There.
Moses commands she be stoned to death,
What was the sound of Jesus' breath?
He laid His hand on Moses' Law:
The Ancient Heavens, in Silent Awe
Writ with Curses from Pole to Pole,
All away began to roll:
The Earth trembling & Naked lay
In secret bed of Mortal Clay,
On Sinai felt the hand divine

Als der Morgen fern und grau,
Als der Engel Zug in Kummer
Rings umgab der Seele Schlummer,
Kann das, was gegen Lichtes Macht
Treibt Fasern einer Todesnacht,
Beklügeln eignen dunklen Trug,
Im Zweifel, der Selbstwiderspruch?
Demut nichts als Zweifel ist
Und löscht Mond- und Sonnenlicht,
Überwächst mit Strunk und Dorn
Der begrabnen Seele Born.
Der Seele Fenster bleibt versperrt,
Daß alle Himmel es verzerrt,
Und läßt euch einer Lüge glauben,
Seht ihr mit, nicht durch die Augen,
Die geboren in Nacht, einst zu sinken ins Nichts,
Als die Seele schlief in Strahlen des Lichts.
War Jesus keusch? etc.

e

War Jesus keusch? belehrte er
Andere, was Keuschheit wär'?
Der Morgen feurig rot erstand:
Maria man beim Ehbruch fand;
Erd' wie Himmel bebt' verschreckt,
Als die Liebe ward entdeckt.
Jesus saß an Moses Statt,
Als sie zitternd vor ihn trat:
Mose heißt, zu stein'gen sie;
Was sprach Jesus über sie?
Aufs Gesetz legt' er die Hand:
Die alten Himmel, stumm gebannt
In der Ehrfurcht, fluchbeschrieben,
Alle auseinander trieben:
Zitternd lag die Erde, bloß,
In des Staubes sterblich Los;
Jesu Hand, von Sinai

Putting back the bloody shrine,
And she heard the breath of God
As she heard by Eden's flood:
"Good & Evil are no more!
Sinai's trumpets, cease to roar!
Cease, finger of God, to write!
The Heavens are not clean in thy Sight.
Thou art Good, & thou Alone;
Nor may the sinner cast one stone.
To be Good only, is to be
A God or else a Pharisee.
Thou Angel of the Presence Divine
That didst create this Body of Mine,
Wherefore hast thou writ these Laws
And Created Hell's dark jaws?
My Presence I will take from thee:
A Cold Leper thou shalt be.
Tho' thou wast so pure & bright
That Heaven was Impure in thy Sight,
Tho' thy Oath turn'd Heaven Pale,
Tho' thy Covenant built Hell's Jail,
Tho' thou didst all to Chaos roll
With the Serpent for its soul,
Still the breath Divine does move
And the breath Divine is Love.
Mary, Fear Not! Let me see
The Seven Devils that torment thee:
Hide not from my Sight thy Sin,
That forgiveness thou maist win.
Has no Man Condemned thee?"
"No Man, Lord:" "Then what is he
Who shall Accuse thee? Come Ye forth,
Fallen fiends of Heav'nly birth
That have forgot your Ancient love
And driven away my trembling Dove.
You shall bow before her feet;
You shall lick the dust for Meat;
And tho' you cannot Love, but Hate,

Stieß die blut'gen Schreine sie,
Seine Atemzüge wehten
So wie einst am Fluß in Eden:
»Gut und Böse sind nicht mehr!
Drommete Sinais, auf zu dröhnen hör!
Laß, Finger Gotts, das Schreiben sein!
Die Himmel sind vor deinem Blick nicht rein.
Du bist gut, und du allein;
Wer nie gesündigt, werf' den ersten Stein.
Gut und nur gut sein, heißt allein
Gott oder Pharisäer sein.
Du Engel der göttlichen Gegenwart,
Der mir den Körper offenbart,
Was schriebst du solch Gesetze und
Erschufst der Hölle dunklen Schlund?
Nicht länger stehe ich dir bei:
Kalt und voller Aussatz sei.
Warst du auch so strahlend rein,
– Dein Blick ließ Himmel unrein sein, –
Macht' auch dein Fluch den Himmel bleich,
Schuf auch dein Bund der Hölle Reich,
Warfst alles auch ins Chaos du
Und gabst die Schlange ihm dazu,
Weht doch stets noch Gottes Geist,
Der göttliche Atem, der Liebe heißt.
Maria, fürcht' nicht! Laß mich sehn
Die sieben Teufel, die dich umgehn,
Verbirg deine Sünde nicht meinem Blick,
Daß du Vergebung erhältst zurück.
Hat dich verurteilt irgendwer?«
»Niemand, Herr.« »Wer ist dann der,
Der dich verklagte? Zeigt euch mir,
Gefallne Himmelsengel ihr,
Die ihr vergessen die einstigen Lieben
Und meine zitternde Taube vertrieben.
Beugt euch nun vor ihr zum Gruß,
Leckt den Staub von ihrem Fuß;
Und wenn euch statt Liebe nur Haß ist zu eigen,

Shall be beggars at Love's Gate.
What was thy Love? Let me see it;
Was it love or dark deceit?"
"Love too long from Me has fled;
'Twas dark deceit, to Earn my bread;
'Twas Covet, or 'twas Custom, or
Some trifle not worth caring for;
That they may call a shame & Sin
Love's temple that God dwelleth in,
And hide in secret hidden shrine
The Naked Human form divine,
And render that a Lawless thing
On which the Soul Expands its wing.
But this, O Lord, this was my Sin
When first I let these devils in
In dark pretence to Chastity:
Blaspheming Love, blaspheming thee.
Thence Rose Secret Adulteries,
And thence did Covet also rise.
My sin thou hast forgiven me,
Canst thou forgive my Blasphemy?
Canst thou return to this dark Hell,
And in my burning bosom dwell?
And canst thou die that I may live?
And canst thou Pity & forgive?"
Then Roll'd the shadowy Man away
From the Limbs of Jesus, to make them his prey,
An Ever devouring appetite
Glittering with festering venoms bright,
Crying, "Crucify this cause of distress,
Who don't keep the secrets of holiness!
All Mental Powers by Diseases we bind,
But he heals the deaf & the dumb & the Blind.
Whom God has afflicted for Secret Ends,
He Comforts & Heals & calls them Friends."
But, when Jesus was Crucified,
Then was perfected his glitt'ring pride:
In three Nights he devour'd his prey,

Sollt Bettler vorm Tore der Liebe ihr bleiben.
Zeig deine Liebe, laß sehn, was sie ist;
War's Liebe oder dunkle List?«
»Zu lang schon, daß von mir die Liebe wich;
Mein Brot zu verdienen, war's dunkler Schlich;
Begierde, Gewohnheit, die ich genährt,
Ein Nichts, kaum der Beachtung wert;
Daß als Sünde und Schande sie nun rufen aus
Der Liebe Tempel, der Gottes Haus,
Verbergen in Schreinen heimlich und kalt
Die nackte göttliche Menschengestalt
Und das als gesetzloses Ding ausgeben,
Von dem aus die Seelen die Schwingen erheben.
Doch meine Sünde, Herr, war dies,
Daß erst ich ein die Teufel ließ,
Und Keuschheit vorgab nur als Schlich:
Die Liebe lästernd, lästernd dich.
Daher entsprang die Heimlichkeit
Und Ehbruch und Begehrlichkeit.
Du vergabst mir meine Sünden,
Kann auch mein Schmähn Vergebung finden?
Kannst du aufs neu in Höllenzonen,
Im Brande meines Busens wohnen?
Kannst sterben du, daß ich mag leben?
Kannst du in Mitleid mir vergeben?«
Da fuhr aus dem Leib ihm der Schattenmann
Und warf in Beutegier sich dann
Schlingend hin auf Jesu Glieder;
Glitzernd troff sein Gift hernieder:
»Kreuzigt ihn, der schürt den Streit
Und nicht bewahrt die Heiligkeit!
Des Geistes Kraft durch Krankheit wir binden –
Er heilt die Tauben, Stummen, Blinden.
Mit wem es Gott zum Besten meint,
Den tröstet und heilt er und nennt ihn Freund.«
Doch als dann Jesus geschlagen ans Holz,
Da ward vollkommen sein gleißender Stolz:
Drei Nächte hindurch verschlang er die Beute,

And still he devours the Body of Clay;
For dust & Clay is the Serpent's meat,
Which never was made for Man to Eat.

f

I am sure this Jesus will not do
Either for Englishman or Jew.

g

Seeing this False Christ, In fury & Passion
I made my Voice heard all over the Nation.
What are those, &c.

h

This was spoke by My Spectre to Voltaire, Bacon, &c.

Did Jesus teach doubt? or did he
Give any lessons of Philosophy,
Charge Visionaries with decieving,
Or call Men wise for not Believing?

i

Was Jesus Born of a Virgin Pure
With narrow Soul & looks demure?
If he intended to take on Sin
The Mother should an Harlot been,
Just such a one as Magdalen
With seven devils in her Pen;
Or were Jew Virgins still more Curst,
And more sucking devils nurst?
Or what was it which he took on
That he might bring Salvation?

Und schlingt den Leib aus Lehm noch heute:
Der Schlange Mahl ist Staub und Lehm,
Das niemals war für den Menschen ersehn.

f

Ich bin gewiß, daß dieser Christ
Nichts für den Engländer noch Juden ist.

g

Als ich den falschen Christus sah,
In Wut und Leidenschaft ließ ich da
Die Stimme schwell'n, daß sie verstand
Ein jeder durch das ganze Land.
Wer sind jene &c.

h

Dies sprach mein Geist zu Voltaire, Bacon &c.

Lehrt' Jesus den Zweifel? lehrte er
Andre, was gelehrsam wär'?
Nannte der Seher Gesichte Betrug
Und, weil sie nicht glaubten, Menschen klug?

i

Ward Jesus geborn von jungfräulicher Frau
Mit enger Seele und sittsamer Schau?
Wenn sein Ziel war, die Sünde tragen zu wollen,
Hätte die Mutter Dirne sein sollen,
Wie's Magdalena war, ein Weib
Das sieben Teufel hatt' im Leib;
Oder war'n schlimmer die Frauen der Juden
Und nährten mehr saugende Teufelsbruten?
Was war es, das er auf sich nahm,
Damit von ihm Erlösung kam?

A Body subject to be Tempted,
From neither pain nor grief Exempted?
Or such a body as might not feel
The passions that with Sinners deal?
Yes, but they say he never fell.
Ask Caiaphas; for he can tell.
"He mock'd the Sabbath, & he mock'd
The Sabbath's God, & he unlock'd
The Evil spirits from their Shrines,
And turn'd Fishermen to Divines;
O'erturn'd the Tent of Secret Sins,
& its Golden cords & Pins –
'Tis the Bloody Shrine of War
Pinn'd around from Star to Star,
Halls of justice, hating Vice,
Where the devil Combs his lice.
He turn'd the devils into Swine
That he might tempt the Jews to dine;
Since which, a Pig has got a look
That for a Jew may be mistook.
'Obey your parents.' – What says he?
'Woman, what have I to do with thee?
No Earthly Parents I confess:
I am doing my Father's Business.'
He scorn'd Earth's Parents, scorn'd Earth's God,
And mock'd the one & the other's Rod;
His Seventy Disciples sent
Against Religion & Government:
They by the Sword of Justice fell
And him their Cruel Murderer tell.
He left his Father's trade to roam
A wand'ring Vagrant without Home;
And thus he others' labour stole
That he might live above Controll.
The Publicans & Harlots he
Selected for his Company,
And from the Adulteress turn'd away
God's righteous Law, that lost its Prey."

Einen Leib, der die Versuchung kannte
Und den Schmerz und Kummer bannte?
Oder einen, der nicht kannte
Die Leidenschaft, die Sünder bannte?
Ja, doch sagt man, fiel er nicht.
Hört, was Kaiphas dazu spricht.
»Er spottet' des Sabbats, und so im Spott
Schmähte er des Sabbats Gott,
Trieb unreine Geister aus ihrem Schrein,
Gab Fischern die Ahnung der Allmacht ein;
Riß ein der heimlichen Sünden Gezelt,
Das mit goldenen Seilen ward aufgestellt –
Es ist des Krieges blutiger Schrein,
Rings gespannt im Sternenschein,
Säle des Rechts, wo das Laster verfemt
Und der Teufel seine Läuse auskämmt.
Er ließ Dämonen in Säue fahren,
Daß die Juden zum Speisen verleitet waren –
Seit wann des Schweines Aussehn prompt
Dem des Juden nahekommt.
›Gehorch den Eltern.‹ – Worauf er spricht:
›Was hab' mit dir zu schaffen ich?
Nicht Erdeneltern stehn mir nah,
Nun meines Vaters Ziel ich sah.‹
Er schmähte die Eltern und den irdischen Gott
Und hatte für ihre Rute nur Spott;
Sandte die siebzig Jünger davon,
Aus gegen Regierung und Religion:
Sie fielen durch des Rechtes Schwerter
Und nannten ihm ihre grausamen Mörder.
Er zog aus des Vaters Werkstatt hinaus
Und schweifte umher ohne Heim oder Haus.
Stahl er die Arbeit anderer nicht,
Daß er selber konnt' leben entzogen der Pflicht?
Und Wirte hat er sich und Huren
Zur Gesellschaft auserkoren,
Und von der Ehebrecherin nahm
Er Gottes Gesetz, dem die Beute entkam.«

ANHANG

Editorische Notiz

Blakes Texte zeichnen sich durch gewisse stilistische und typographische Eigentümlichkeiten aus, die jeden Herausgeber vor grundsätzliche Entscheidungen stellen. Dabei haben nahezu alle angelsächsischen Editoren Blakes häufige Großschreibung von Substantiven, Adjektiven und Verben sowie seine Verwendung des &-Zeichens beibehalten. Uneinig sind sie sich jedoch in der Frage gewesen, wie mit Blakes verwirrender Interpunktion zu verfahren sei. Um dem deutschen Leser die Lektüre nicht zusätzlich zu erschweren, folgt unsere Ausgabe in der Wiedergabe des englischen Textes der Edition von *Alfred Kazin (The Portable Blake, New York 1946)*, der behutsam regulierend (und gelegentlich interpretierend) in die Zeichensetzung eingreift. In ähnlicher Absicht hat die Übersetzung alle wesentlichen Stilzüge Blakes soweit wie möglich übernommen, in den kleineren lyrischen Stücken jedoch durchgängig auf die Verwendung des &-Zeichens verzichtet.

ANMERKUNGEN

Poetische Skizzen

Poetical Sketches ist eine Sammlung von Blakes frühesten Versen, die teilweise schon ab seinem zwölften Lebensjahr entstanden waren und von John Flaxman und dem Geistlichen Anthony S. Matthew 1783 in kleiner, nicht für die Öffentlichkeit bestimmter Auflage gedruckt wurden. Formal noch spürbar unter dem Einfluß des Blankverses und der elisabethanischen Lyrik stehend, sind Blakes Gedichte in ihrer Motivik jedoch von durchaus eigener Prägung und bilden nicht selten bereits Vorstufen zu späteren Werken.
Die vorliegende Ausgabe bietet eine charakteristische Auswahl.

Lied (Wie süß zog ich durch Felder hin) 11

Ein frühes Beispiel für Blakes Metaphorik. Der *prince of love/Fürst der Liebe* verkörpert den besitzergreifenden Eros, während in seinem Opfer die körperlichen Züge eines jungen Mädchens und eines Vogels untrennbar miteinander verschmelzen. Faßt man, wie einige Interpreten das getan haben, das lyrische Ich gar als mädchenhaften Schmetterling (griech. Psyche) auf, so wird der Gehalt des Gedichts noch deutlicher: eine jungfräuliche Seele wird durch eigennützige Liebe überlistet und versklavt; das hier erstmals angeschlagene Thema kehrt bei Blake in verschiedenster Form wieder.

Lied (Mein Geschmeid und seiden Kleid) 13

Vgl. das Lied der Aspatia aus *The Maid's Tragedy* von Beaumont & Fletcher (1611), das nach Swinburnes Worten »aus demselben Eibenholz [das Trauer um verschmähte Liebe symbolisierte] geschnitzt« ist:

Lay a garland on my hearse,
  Of the dismal yew;
Maidens, willow branches bear;
  Say I died true:
My love was false, but I was firm
  From my hour of birth.
Upon my buried body lie
  Lightly, gentle earth!

Bringet einen Eibenkranz
Mir zum Sarg herbei;
Mädchen, traget Weidenzweig',
Sagt, ich starb in Treu:
Mein Lieb war falsch, doch ich war fest,
Solange ich gewährt;
Decket meine Leich' im Grab
Nur mit loser Erd'.
(Übersetzung von Thomas Eichhorn)

Lied (Ich lieb den heitren Tanz) 15

Motive dieses Gedichts hat Blake in Liedern wie ›Das tönende Grün‹ und ›Lachendes Lied‹ wieder aufgegriffen.
Weiß und Braun: Farben der Natur; Blüten, Äste.

Irres Lied 19

Vgl. Shakespeare, *König Lear,* III, 4:
Fool: This cold night will turn us all to fools and madmen.
Edgar: Take heed o' the foul fiend: ... Tom's a-cold.
Narr: Diese kalte Nacht wird uns alle zu Narren und Tollen machen.
Edgar: Hüte dich vor dem bösen Feind; ... Tom friert!
(Übersetzung von Wolf Graf Baudissin)

Zwei philosophische Traktate

Es gibt keine natürliche Religion/Alle Religionen sind eine 27

Als erste seiner Werke hat Blake diese beiden frühen programmatisch-philosophischen Schriften 1788 als »illuminierte Bücher« gedruckt und damit seine Methode des »illuminated printing« entwickelt. Dazu trug er mit einer säurefesten Flüssigkeit Zeichnungen und Text auf eine Kupferplatte auf und ätzte anschließend die Platte ein, so daß nur seine Strichführung stehenblieb – ein Verfahren, das er auch in *Die Hochzeit von Himmel und Hölle* in allegorischer Überhöhung beschrieben hat. Nach dem Abzug der Platte kolorierte er die Drucke mit Wasserfarben und verlieh somit jedem einzelnen Exemplar eine individuelle Tönung.

In beiden Pamphleten wendet sich Blake gegen den Deismus, eine insbesondere in Frankreich, England und Deutschland beheimatete religionsphilosophische Strömung der Aufklärung, deren Grundlagen der erkenntnistheoretische Sensualismus John Lockes (1632–1704) – »nichts ist im Bewußtsein, was nicht vorher in den Sinnen war« – und das mechanistische Weltbild Sir Isaac Newtons (1642–1727) bildeten. Der Auffassung der Deisten von einem menschenfernen Gott, der die Welt geschaffen habe, aber in ihren Verlauf nicht mehr eingreife, stellt Blake seine des »Poetischen oder Prophetischen Genius« gegenüber, den er charakteristischerweise im Menschen ansiedelt.

natural religion: natürliche oder Naturreligion; der zentrale Begriff des Deismus, der Vernunft und Religion koppelt; was sich der menschlichen Vernunft durch innere Wahrheit und sittlichen Gehalt anempfiehlt, heißt natürliche Religion.

ratio/Ratio: eigtl.: (numerisches) Verhältnis; Blake sieht in der Ratio hier auch die Vernunft, die die unendliche Mannigfaltigkeit der Welt und aller Dinge in ihr auf ein mechanistisches Schema reduziert.

LIEDER DER UNSCHULD UND ERFAHRUNG

Die *Lieder der Unschuld* entstanden etwa von 1784 bis 1789 und wurden von Blake 1789 in Einzelbänden als kolorierte Stiche veröffentlicht. 1794 hat Blake sie erstmals mit den größtenteils zwischen 1790 und 1792 entstandenen *Liedern der Erfahrung* in einem Gesamtband vereinigt, jedoch auch weiterhin Separatbände angefertigt.

Wie der Untertitel bereits angibt, zeigen die beiden Sammlungen »die beiden gegensätzlichen Zustände der menschlichen Seele« und bilden so eine der anderen Komplement. Dies erweist sich besonders deutlich in den »Gegengedichten« gleichen Titels (wie etwa ›Nurse's Song‹), die dasselbe Motiv aus der jeweils anderen Perspektive deuten, aber auch in den Gedichten, deren Titel bereits einen Kontrast bilden, wie etwa ›The Lamb‹ und ›The Tyger‹.

Das Lamm 43

Er nennt sich mit deinem Nam',/Denn er selber ist ein Lamm: Vgl. Johannesevangelium 1, 29: »Des andern Tages siehet Johannes Jesum zu ihm kommen, und spricht: Siehe, das ist Gottes Lamm, welches der Welt Sünde trägt.« (alle Bibelzitate nach der Lutherbibel)

Der kleine schwarze Knabe 45

Die Abschaffung des Sklavenhandels wurde in England gegen 1787 erstmals zu einer Frage von gesellschaftlicher Bedeutung. Blakes Scharfsicht beweist sich darin, daß er nicht nur ein Tendenzgedicht geschrieben hat, sondern sich, wie etwa auch in ›Das Bild Gottes‹, in umfassendem Sinne gegen jedes rassistische oder religiöse Vorurteil wendet.

Die Blüten 49

red robin: Rotkehlchen; die Übersetzung ist hier frei.
Blust: Blüten.

Der Schornsteinfeger 49

Im Zeitalter der industriellen Revolution mußten in England Knaben für einen kärglichen Lohn die engen Kaminschlote hinunterkriechen, um sie von Ruß zu säubern. Diese unwürdige Praxis, die mit der geistigen Unterdrückung der Kinder Hand in Hand ging, wird von Blake angeklagt; dennoch ist es ihm gelungen, den Gegenton der »Unschuld« im Gedicht zu erhalten.
weep, weep: wörtlich: weint, weint; gleichzeitig aber die Verkürzung des Ausrufs »sweep, sweep«, deutsch etwa: Der Feger kommt!

Der verlorene Knabe und *Der gefundene Knabe* 51/53

Vgl. Goethes *Erlkönig;* charakteristisch für die *Lieder der Unschuld* ist wiederum die versöhnliche Auflösung.

Das Bild Gottes 57

Vgl. 1. Buch Mose, 1, 27: »Und Gott schuf den Menschen ihm zum Bilde, zum Bilde Gottes schuf er ihn.«

Heiliger Donnerstag 59

Entgegen dem heutigen englischen Sprachgebrauch, in dem der »Holy Thursday« zumeist dem Gründonnerstag gleichgesetzt ist, bezeichnete der Heilige Donnerstag zu Blakes Zeiten den ersten Donnerstag im Mai (nach anderen Kommentatoren den Tag von Christi Himmelfahrt), an dem Kinder aus Waisen- und Armenhäusern in einer jährlich stattfindenden Prozession zum Gottesdienst in die St.-Pauls-Kathedrale geführt wurden.

Nacht 59

Die Übersetzung entlehnt einige Reime der Übertragung von Walter Wilhelm, Berlin 1958.

Ein Traum 67

Emslein: kleine Ameise.

Eingang 75

Mit den *Liedern der Erfahrung* setzt in Blakes Werk eine zunehmend komplizierter werdende Metaphorik ein, die schließlich in der Erschaffung mythischer Gestalten und Vorgänge gipfelt; hier ist der Kampf der Erde als ursprüngliche Naturkraft gegen den *Sternendom* und *Strand und Meer* als Bilder von Rationalismus und Materialismus (die »See von Raum und Zeit«) symbolhaft dargestellt.

Der Erde Antwort 77

War der Gott in den *Liedern der Unschuld* ein mitfühlender und liebender Gott, so stellt er in den *Liedern der Erfahrung* einen kalten Gott der Vernunft dar, der die Erde (das Sinnen- und Naturhafte) in die Ketten moralischer Gesetze legt.

Das kleine verlorengegangene Mädchen und
Das kleine wiedergefundene Mädchen 81/85

Beide Gedichte erschienen zunächst in den *Liedern der Unschuld,* bevor sie in der Folge von Blake den *Liedern der Erfahrung* zugeordnet wurden.
Pardel: Leopard.

Der Schornsteinfeger und *Der Kinderfrau Lied* 89

Gegengedichte zu den gleichnamigen Gedichten in den *Liedern der Unschuld.*

Der Engel 93

Eine Allegorie falscher und vergeblicher Keuschheit; das Notizbuchgedicht ›Früh eine alte Jungfer …‹ behandelt dasselbe Thema; in dem Gedicht ›Im Myrten-

schatten‹, ebenfalls in Blakes Notizbuch enthalten, finden sich die beiden Schlußzeilen des Gedichts wieder.

Der Tiger 95

Das Gegengedicht zu ›Das Lamm‹ und eines der berühmtesten Blakeschen Gedichte. Symbolisiert das Lamm Gottes Liebe, so der Tiger seinen Zorn. Gleichzeitig verkörpert er die plötzlich ausbrechende menschliche Leidenschaft; Blakes Weltsicht zeichnet sich dadurch aus, daß er auch dem Grausig-Grausamen den ihm gebührenden Platz in der Schöpfung zuerkennt.

London 101

Auch dieses Gedicht zählt mit Recht zu Blakes berühmtesten. Die soziale Anklage gegen Ausbeutung und Krieg ist zugleich eine Anklage gegen eine heuchlerische Moral: die gesellschaftliche Depravation der Liebe, wie sie sich in der Prostitution ausdrückt, macht in Blakes Vision zugleich jedes menschliche Glück unmöglich.

charter'd: bezieht sich auf durch Urkunden verbriefte Rechte und Privilegien. Blake betont hier den unterdrückenden Charakter der *charters*, die umfassende Kommerzialisierung. *Charter'd Thames* verweist auf die Einschränkung der natürlichen Freiheit durch den Kommerz.

Das Wesen des Menschen 103

Das Gegengedicht zu ›Das Bild Gottes‹. *Mystery,* Geheimnis, ist bei Blake ein Synonym für die orthodoxe christliche Religion, der *Baum des Geheimnisses* ist der Baum der Erkenntnis von Gut und Böse, der Blake zufolge lediglich eine Konstruktion menschlicher Zweckvernunft ist und dessen Frucht geistigen Tod birgt.

Kindliches Leid 105

Das Gegengedicht zu ›Kindliche Freude‹; die beiden Strophen finden sich auch in einem Notizbuchgedicht Blakes.

Ein verlorener Knabe 107

Das Gegengedicht zu ›Der verlorene Knabe‹ und ›Der gefundene Knabe‹. *Mysterium* steht hier wiederum für die christliche Religion; *Vernunft* ist allerdings diesmal nicht in dem bei Blake vorherrschenden negativen Sinne gebraucht.

Ein verlorenes Mädchen 109

Das Gegengedicht zu dem ursprünglich den *Liedern der Unschuld* zugeordneten Gedicht ›Das kleine verlorengegangene Mädchen‹; wiederum greift Blake das Thema der durch die orthodoxe Moral verbotenen und somit zerstörten freien Liebe auf.

Zusätzliche Gedichte 113

Diese Gedichte hat Blake etwa ab 1795 in die *Lieder der Erfahrung* aufgenommen.

An Tirzah 113

Tirzah ist eine Gestalt aus Blakes späterer Mythologie, die sowohl die Natur als Mutter wie auch die Mutter eines jeden einzelnen symbolisiert; als Schöpferin des sterblichen Seins ist sie somit auch die Mutter des Todes.

Was hätt ich dann mit dir gemein?: Im Johannesevangelium (2, 4) spricht Jesus zu Maria: »Weib, was habe ich mit dir zu schaffen?« Der Vers kehrt in *Das immerwährende Evangelium* wieder.

Ein Bild Gottes 117

Ein weiteres Gegengedicht zu ›Das Bild Gottes‹ in den *Liedern der Unschuld.*

VERSE UND FRAGMENTE

Etwa ab 1787 benutzte Blake für Skizzen zu den Zeichnungen der *Lieder der Unschuld und Erfahrung* ein Notizbuch, in das er von etwa 1793 bis 1799 und nach einer Unterbrechung wieder von 1800 bis 1803 auch Gedichte und Gedichtentwürfe einzutragen begann, die er teilweise in die *Lieder der Erfahrung* übernahm. Der englische Dichter Dante Gabriel Rossetti erwarb dieses Notizbuch im Jahre 1847.

Das Pickering-Manuskript, das von Basil Montague Pickering 1866 erworben wurde, besteht dagegen aus elf losen Blättern, die die saubere Abschrift von Gedichten enthalten, die um 1803 oder später entstanden.

Die benutzte amerikanische Ausgabe versammelt ohne strenge Unterscheidung nach der Herkunft aus dem einen oder anderen Manuskript oder weiteren Handschriften zwei Folgen von Gedichten unter chronologischem Gesichts-

punkt; die erste Folge umfaßt Gedichte aus den Jahren von 1793 bis 1799, die zweite aus den Jahren von 1800 bis 1810.

In der vorliegenden Ausgabe wurden diese beiden Gedichtfolgen bis auf wenige Ausnahmen vollständig übertragen.

Ich hörte, wie ein Engel sang ... 125

Die Zeilen *Gnade könnte nicht bestehn* ... bis *Wenn ein jeder glücklich wär* hat Blake leicht verändert in das Gedicht ›Das Wesen des Menschen‹ aus den *Liedern der Erfahrung* übernommen.

Ein Wiegenlied ... 127

Das Gegengedicht zu dem gleichnamigen Gedicht aus den *Liedern der Unschuld,* das Blake aber schließlich nicht in die *Lieder der Erfahrung* aufgenommen hat.

Was gingen die Menschen der Themse mich an ... 129

Blakes Gedicht weist auf den Konflikt zwischen England und seiner ehemaligen Kolonie Amerika; wie später in *Amerika* sieht Blake in Amerika das Land der – vor allem geistig verstandenen – Freiheit.

Kindliches Leid und *Im Myrtenschatten* ... 129/131

Die ersten beiden Strophen von ›Kindliches Leid‹ hat Blake im gleichnamigen Gedicht der *Lieder der Erfahrung* übernommen; die beiden letzten Zeilen von ›Im Myrtenschatten‹ erscheinen im Gedicht ›Der Engel‹ aus derselben Sammlung.

Nirgendwo sonst vielleicht berührt sich Blakes Dichtung auffälliger mit Freuds Theorien als in diesen beiden zusammengehörigen Gedichten; die moralische Repression des Ich durch das in der Vaterfigur verkörperte Über-Ich führt schließlich zu einem Aufstand der Triebschichten und zum Vatermord. Blake hat hier in blitzartiger Intuition psychische Mechanismen erhellt, die Freud in mühsamer wissenschaftlicher Untersuchung zutage gefördert hat; freilich aber sind Blakes Gedichte mehr als eine literarische Illustration des Ödipus-Komplexes.

Die *Myrte* wird traditionell mit der physischen Liebe assoziiert; in Griechenland war sie Aphrodite, der Göttin der Liebe, geweiht.

An den Niemandsvater 135

Nobodaddy: Eine Verschmelzung der beiden Worte *nobody* und *daddy:* der Papa, der zugleich ein Niemand ist; für Blake der abstrakte Gott.

In einer Frau wollt' ich begehren 145

Die Übersetzung ist, wie auch in ›Die Antwort auf die Frage‹, relativ frei.
wife: eigtl. Ehefrau, Gattin.
The lineaments of Gratified desire: etwa: die Züge gestillten Verlangens.

»Macht auf die Bordelle von Paris ...« 151

Das Gedicht spielt natürlich auf Ereignisse während der Französischen Revolution an. Blake macht das Herrscherpaar Louis XVI. und Marie-Antoinette für den moralischen und physischen Verfall Frankreichs verantwortlich; beide tragen, wie der *alte Niemandsvater in der Höh',* tyrannische und unmenschliche Züge. Der liberale Adlige La Fayette (1757–1834), der im amerikanischen Unabhängigkeitskrieg eine rühmliche Rolle gespielt hatte, wurde nach seiner Rückkehr nach Frankreich zu einer wichtigen Figur der Französischen Revolution in ihrer ersten Phase und zum Vertreter einer Reformpolitik, wurde jedoch von der demokratischen Bewegung bald des Einvernehmens mit den Royalisten verdächtigt und mußte 1792 fliehen.

An Mrs. Anna Flaxman 155

John Flaxman hatte maßgeblichen Anteil daran, daß Blake 1800 zur ungestörten Arbeit nach Felpham in William Hayleys Landhaus übersiedeln konnte; Blake hat, in der überschwenglichen Art, die ihm im Verkehr mit Freunden eignete, Flaxmans Hilfe in ein gleichsam allegorisches Bild gefaßt.

Spottet nur, Voltaire, Rousseau 159
Erneut wendet sich Blake scharf gegen die Vertreter des Deismus, diesmal gegen Voltaire (1694–1778) und Rousseau (1712–1778). In Demokrit (ca. 460–370 v. u. Z.) sieht er den ersten mechanistischen Denker verkörpert, dessen Lehre in Newtons materialistischer Philosophie und seiner Theorie eines mechanistischen Universums eine Fortsetzung erfährt.

Der Reisende im Geiste 159

Blakes allegorische Version des menschlichen Lebensweges, der durch den Widerstreit von männlichem und weiblichem Prinzip gekennzeichnet ist – beide in endlosem Kreislauf in gegenläufiger Entwicklung befangen, so daß jede Erfüllung versagt zu bleiben scheint; das männliche Wesen erscheint zumeist hilflos kindlich oder alternd, das weibliche hingegen bereits im Kindesalter als eine tyrannische, grausame Gewalt.

Der kristallene Schrein 167

Thematisch ist dieses Gedicht mit ›Der Reisende im Geiste‹ auch insofern verwandt, als sich in ihm die beiden Bereiche des Körperlichen und Geistigen ständig zu überschneiden, aber dennoch auszuschließen scheinen: die äußerste Sehnsucht bleibt unerfüllt, weil der Akt körperlicher Liebe nicht zugleich auch die erlösende geistige Erfahrung vermitteln kann.

Surrey Bower: Surrey ist eine englische Grafschaft, die sich südlich an London anschließt; *bower* bezeichnet eine Sommerlaube.

Weissagungen der Unschuld 169

Eine Reihung von epigrammatisch anmutenden Zweizeilern, die thematisch oft nur lose miteinander verbunden sind, so daß gelegentlich eine Umgruppierung vorgeschlagen worden ist; das Gedicht liegt allerdings in sauberer Abschrift vor.

The wanton Boy that kills the Fly: Reminiszenz an Shakespeare, *König Lear,* IV,1:

> GLOSTER: As flies to wanton boys are we to the gods,-
> They kill us for their sport.
> GLOSTER: ... was Fliegen sind
> Den müß'gen Knaben, das sind wir den Göttern;
> Sie töten uns zum Spaß.
> (Übersetzung von Wolf Graf Baudissin)

Wir werden einer Lüge glauben ...: von Blake in *Das immerwährende Evangelium* wieder aufgegriffen; siehe Erläuterung dort.

Gott erscheint und Gott ist Licht/Den Seelen, welche Nacht umflicht: Ironische Anspielung auf Milton, *Das verlorene Paradies,* III, 3: since God is light; da Gott Licht ist.

Der graue Mönch 177

Die kürzere und im Pickering-Manuskript reinschriftlich überlieferte Fassung eines Gedichts, dessen erste Zeile zunächst lautete:

I saw a Monk of [Constantine – gestrichen] Charlemaine
Charlemaine, Karl der Große (742–814), war ebenso wie der byzantinische Kaiser Konstantin I., der Gründer Konstantinopels, einer der großen kriegführenden und reichsbegründenden Herrscher; ihrer Politik stellt Blake den transzendenten Pazifismus des Mönchs gegenüber.

William Bond 181

Ein möglicherweise autobiographisch getöntes Gedicht; die Überlieferung berichtet, daß Blake seiner Frau zeitweilig eine Ehe zu dritt vorgeschlagen haben soll; die Reaktion Catherine Blakes auf diesen Vorschlag hat vielleicht in Blakes Gedicht ihren Niederschlag gefunden.

Das goldene Netz 185

Thematisch mit ›Der Reisende im Geiste‹ und ›Der kristallene Schrein‹ verwandt, hat auch dieses Gedicht die Unmöglichkeit der Erfüllung in der Liebe zum Gegenstand: symbolisieren die *feurigen Flammen* das Liebesverlangen, so stehen die *eisernen Krammen* für das Schnürend-Fesselnde der tatsächlichen Bindung und die *Tränen* für die daraus erwachsende Trauer.

Mary 187

Wie Oothoon in den *Visionen der Töchter Albions* ist auch Mary eine Verfechterin der freien Liebe, die einer christlich geprägten Doppelmoral zum Opfer fällt.

Widmung der Illustrationen zu Blairs ›Grave‹ (An die Königin) 193

Der geschäftstüchtige Verleger Robert Cromek (1770–1812) gab Blake die Illustrationen zu der Blankversdichtung *The Grave* (Das Grab) von Robert Blair (1699–1746) in Auftrag, ließ dann jedoch den schneller und billiger arbeitenden italienischen Künstler Louis Schiavonetti die Kupferstiche nach Blakes Zeichnungen ausführen. Blake fühlte sich deshalb um den Lohn seiner Arbeit betrogen.

Die Übersetzung koinzidiert stellenweise mit der erst später eingesehenen Übertragung von Alexander von Bernus, Heidelberg 1958.

Auf die Jungfräulichkeit der Jungfrau Maria und Johanna Southcotts . . . 197

Johanna Southcott (1750–1814) war eine Hausmagd, die sich den Methodisten anschloß und später zur Prophetin wurde. 1802 verkündete sie, sie sei die Frau aus der Offenbarung des Johannes (XII, 1), »mit der Sonne bekleidet, und der Mond unter ihren Füßen, und auf ihrem Haupt eine Krone von zwölf Sternen«, welche

die Mutter des zukünftigen Messias sei. 1813 sagte sie für den 19. Oktober 1814 ihre Entbindung von einem Sohn voraus, der der im 1. Buch Mose (49, 10) Juda verheißene Held sei. Die Geburt fand nicht statt, und bald darauf starb Johanna Southcott im Delirium. Blakes Verse stammen vermutlich bereits aus dem Jahre 1802.

Drei Gedichte

Und zogen diese Füße einst ... 203

Zusammen mit einem Prosastück bildete dieses Gedicht, das heute zu Blakes bekanntesten zählt, das Vorwort zu seinem Versepos *Milton*. Blake empfand sich als Miltons (1608–1674) poetischer Nachfolger und »Sohn«; Parallelen zu Milton durchziehen sein gesamtes Werk.

Was ward ich geboren mit anderm Gesicht? ... 209

Thomas Butts, ein wohlhabender höherer Beamter, war Blakes Freund und Förderer.

Die Eröffnungszeile hat Blake auch in ›Mary‹ verwendet. Sein Gedicht ist aus gegebenem Anlaß entstanden; er war unzufrieden mit der Behandlung durch William Hayley, der ihm zwar sein Landhaus zur freien Verfügung gestellt hatte, von dem er sich jedoch künstlerisch bevormundet fühlte. Dazu kam eine Auseinandersetzung zwischen Blake und einem Soldaten der Königlichen Dragoner, die schließlich sogar zu einer Gerichtsverhandlung führte, in deren Ergebnis Blake jedoch von jeder Schuld freigesprochen wurde.

Prophetische Bücher

In den *Prophetischen Büchern,* die das eigentliche geistige Zentrum seines dichterischen Werkes darstellen, hat Blake den großangelegten Versuch unternommen, eine in der Geschichte der neueren Literatur nahezu einzig dastehende private Mythologie zu erschaffen, und mit der Verschmelzung von allegorischen und kosmogonischen, politischen und psychologischen Elementen darauf abgezielt, Weltzusammenhänge visionär darzustellen.

Neben zahlreichen kleineren Büchern hat Blake insbesondere die drei großen Versepen *Milton, Die vier Zoas* und *Jerusalem* geschaffen, in denen der Versuch, innere und äußere Welt in mythisches Geschehen zu bannen, beinahe jeden Rahmen sprengt und die poetischen Elemente mitunter zugunsten rhetorischer Argumentation zurückgedrängt werden, so daß Blakes Hauptwerke durch die schiere Unerschöpflichkeit des Stoffes und die Schwierigkeit seiner Deutung sich wohl nur einem immer begrenzt bleibenden Kreis von Spezialisten hinreichend erschließen.

Die vorliegende Ausgabe beschränkt sich deshalb auf die Wiedergabe der wesentlichen kleineren, in sich abgeschlossenen *Prophetischen Bücher* – Splitterstücken des Gesamtmythos, in denen jedoch seine grundlegende Struktur und Geartetheit erkennbar wird. Sie will zum einen durch die hier gegebene kurze Charakterisierung der zentralen Gestalten von Blakes Mythologie – Individuationen von Archetypen im Jungschen Sinne – dem Leser einen Einstieg in den Mythos ermöglichen und zum anderen durch die Erläuterung einzelner Textstellen an entsprechendem Ort sein weiteres Verständnis erleichtern.

Urizen: engl. »your reason«, eure Vernunft, aber auch engl. »horizon«, Horizont; Urizen verkörpert in seiner »gefallenen«, d. h. vom Leben in der Ewigkeit geschiedenen irdischen Form gleichzeitig die abstrakte Vernunft und das Prinzip der Begrenzung und Beschränkung; seine Beinamen sind »falscher Himmelsdämon«, »Menschenvater«, »Sternenkönig«; Zweifel und Tyrannentum sind seine Attribute.

Ahania: Urizens Emanation; Emanation: eigtl. Ausströmung, Ausstrahlung, hier etwa: der sich abspaltende und körperlich verselbständigende weibliche Anteil von Urizens Seele; für moderne Leser werden Korrespondenzen zum Jungschen Begriff der Anima sichtbar. Ahania verkörpert im gleichnamigen Buch die von Urizen (der Vernunft) verstoßene Freude.

Los: lat. »sol«, Sonne; der »Ewige Prophet«, der »Schmiedende«, der den schöpferischen Impuls von Prophetie und Dichtung verkörpert; mitunter hat sich Blake selbst mit Los identifiziert.

Enitharmon: Los' Emanation, seine Gefährtin, die Gegenstand seines Mitleids wie auch seiner Eifersucht ist; in ihrer gefallenen irdischen Form verkörpert sie zumeist, wie in *Europa,* den selbstischen weiblichen Willen.

Orc: lat. »orcus«, Hölle, engl. auch »roc(k)«, Fels; der erstgeborene Sohn von Los und Enitharmon, der als »roter Dämon«, als »Schrecken«, feurige Säule und Schlange erscheint; er verkörpert den Geist der Revolution und Rebellion.

Urthona: Gott der Erde, der Instinkt und Intuition des Menschen verkörpert; er ist die ewige Form des Los.

Das schattige Weib: auch »Urthonas schattige Tochter«, »das namenlose Weib«; sie ist die irdische Form von Vala (Natur) und verkörpert die Erde und ihre Mächte; sie wird von Orc vergewaltigt.

OOTHOON: Tochter von Los und Enitharmon; sie verkörpert das weibliche Verlangen nach freier Liebe.

FUZON: Urizens Sohn, der die Leidenschaft verkörpert und sich gegen den Vater erhebt; später hat Blake die Gestalt Fuzons jedoch fallenlassen.

Die Hochzeit von Himmel und Hölle 213

Etwa 1790/92 entstanden, ist *Die Hochzeit von Himmel und Hölle* Blakes wichtigstes Werk. Neben dem orthodox-dogmatischen Christentum gelten Blakes Angriffe vor allem den mystisch-theosophischen Schriften des schwedischen Ingenieurs und späteren Visionärs Emanuel Swedenborg (1688–1772), auf die er in parodistischer Form Bezug nimmt. Das Kernstück des Werks bildet jedoch Blakes Versuch, die existentiellen Gegensätze – Gut und Böse, Himmel und Hölle – frei von jeder moralischen Wertung als notwendige zu beschreiben, deren Kampf und »Vermählung« das Universum wie das Individuum erst begründet.

Eingang: das erste Beispiel des freien Verses in englischer Sprache.

Rintrah: ein Sohn von Los und Enitharmon, der Entrüstung und Zorn symbolisiert.

der Gerechte: der Prophet, wie Jesaja und Hesekiel oder auch Blake selber

Und ein Fluß … roter Lehm: vgl. 2. Buch Mose 17, 6: »da sollst du den Fels schlagen, so wird Wasser herauslaufen«; Hesekiel 37.

Energy and Reason/Energie und Vernunft: Der englische Begriff »energy« hat einen größeren Bedeutungsumfang, als in der Übersetzung vermittelt werden kann; »energy« bedeutet etwa auch Tatkraft. Ihr gegenüber steht die abstrakt-rationale Kraft der Vernunft; der Kampf zwischen »energy« und »reason« wird bei Blake zu einem dynamischen Kräftewiderspiel.

den Tröster oder das Verlangen: Blakes freie Interpretation folgender Stelle aus dem Johannesevangelium, 14, 16–17: »Und Ich will den Vater bitten, und er soll euch einen andern Tröster geben …, Den Geist der Wahrheit.«

Sprichwörter der Hölle: Den »Sprüchen Salomos« aus der Bibel stellt Blake hier seine eigenen Sprichwörter gegenüber.

A memorable fancy: fancy: eigtl. Phantasie, hier auch etwa: Erscheinung, geistiges Bild; Blake imitiert und parodiert zugleich Swedenborgs »Denkwürdige Erlebnisse«.

in den Zeitaltern der Phantasie versetzte diese feste Überzeugung Berge: Matthäus 17, 20: »Denn ich sage euch wahrlich: So ihr Glauben habt als ein Senfkorn, so möget ihr sagen zu diesem Berge: Heb dich von hinnen dorthin! so wird er sich heben, und euch wird nichts unmöglich sein.«

Diogenes: Diogenes von Sinope (412–323 v. u. Z.); griechischer kynischer Philosoph.

der Cherub mit dem flammenden Schwert: vgl. 1. Buch Mose, 24.

Drucken nach der höllischen Methode: Blake beschreibt hier seine eigene Methode der Reliefätzung.

Pforten der Wahrnehmung: die fünf Sinne.

der Mensch hat sich selbst eingeschlossen ...: Reminiszenz an Platos Höhlengleichnis.

Giganten: die von der Vernunft unterdrückten Energien; Motive griechischer Mythen wie etwa des Prometheusmythos klingen an.

Gleichnis von den Schafen und Böcken: Matthäus 25, 32: »Und werden vor ihm alle Völker versammelt werden. Und er wird sie von einander scheiden, gleich als ein Hirte die Schafe von den Böcken scheidet.«

Ich bin nicht kommen, Frieden zu senden, sondern das Schwert: vgl. Matthäus 10, 34.

Antediluvianer: die Bewohner der Erde vor der Sintflut, Nachkommen von Engeln und menschlichen Frauen.

Ein Engel kam zu mir ...: Der Engel ist Repräsentant des orthodox-christlichen, »guten« Standpunkts. Blake stellt der Argumentation des Engels im folgenden seine eigene Ansicht gegenüber.

Aristoteles: Aristoteles von Stagiros (384–322 v. u. Z.), der große systematische Denker innerhalb der griechischen Philosophie.

Paracelsus: 1493–1541, Schweizer Arzt und Alchemist, Verfasser zahlreicher mystisch-theosophischer Werke.

Jakob Böhme: 1575–1624, bedeutender deutscher Mystiker und Visionär, Verfasser der *Aurora oder Morgenröte im Aufgang* (1612).

Spottete er nicht ...: Blake greift die hier zum erstenmal entwickelten Ansichten, die eine geniale Verkehrung des orthodoxen Standpunkts darstellen, in dem späten Versgedicht *Das immerwährende Evangelium* ausführlicher auf; siehe Kommentar dort.

Ein Gesang der Freiheit 243

Ein etwa 1792/93 entstandenes und der *Hochzeit von Himmel und Hölle* angegliedertes allegorisches Gedicht, in dem das *Ewige Weib* (die Natur) im unterdrückten Europa die Revolution gebiert.

Kerker: die Bastille.

Schlüssel: Embleme päpstlicher Autorität.

neugeborener Schrecken: Orc.

Berge des Lichts, nun versperrt vom Atlantischen Ozean: das sagenhafte, von Plato im *Kritias* geschilderte Atlantis.

Sternenkönig: Urizen.
das steinerne Gesetz: die Zehn Gebote.

Das Buch von Thel 249

Das *Buch von Thel* gehört zu den frühesten der *Prophetischen Bücher.* Der größte Teil des Textes ist bereits 1789 entstanden; einige Hinzufügungen, wie z. B. Thels Motto, stammen vermutlich aus dem Jahre 1791. Blake hat in ihm erstmals Verse mit sieben Füßen verwendet und damit die eigentümlich langen Verszeilen geschaffen, die den meisten der *Prophetischen Bücher* ihr charakteristisches Gepräge verleihen.

Thel (griech. Wunsch, Wille) verkörpert den Wunsch nach Erkenntnis und zugleich den Geist der Jungfräulichkeit; ihre Vergänglichkeit beklagend, erfährt sie im Abstieg zum irdischen Dasein von Blume, Wolke und Wurm die Unvergänglichkeit des Lebendigen in der Wandlung der Formen. Gleich der griechischen jungfräulichen Göttin Persephone steigt auch sie in das Reich der Toten hinab; von den Manifestationen des Fleisches und ihrer erwachenden Sexualität verstört, flieht sie zurück zu ihrem alten Sitz.

Har: hebräisch »Berg«; anderswo, wie im *Lied von Los,* mit seiner Gefährtin Heva (Eva) Stammvater einer der Ewigkeit entrissenen Menschheit; hier jedoch sind seine Täler auch Ort der ursprünglichen Unschuld.

Luvah: engl. »love, lava«: Liebe, Lava; er verkörpert insbesondere die Liebe, aber auch alle anderen starken menschlichen Gefühle.

Visionen der Töchter Albions 263

1793 entstanden, zeichnen sich die *Visionen der Töchter Albions* durch die enge Verknüpfung politischer und psychologischer Elemente aus.

Der Gegensatz von Versklavung und Freiheit wird von Blake unter allen seinen Aspekten – politischen, religiösen und moralischen – dargestellt; der Knechtschaft der *Töchter Albions,* der um ihre Gleichberechtigung ringenden englischen Frauen, entspricht die Entwürdigung Oothoons, der *sanften Seele Amerikas,* die das Ideal der freien Liebe verkörpert.

Oothoon wirbt um Theotormons Liebe, wird aber von Bromion gefangengenommen und vergewaltigt, worauf Theotormon sie zurückweist. So bleibt die Sehnsucht nach freier Liebe zwischen eigensüchtig-ängstlichem Verlangen

(Theotormon) und gesetzestreuer Vernunft (Bromion) gefangen; in einem Zustand der Unfreiheit, der seine Parallelen in den politischen Verhältnissen und religiös-philosophischen Doktrinen hat und vor allem von Oothoon, aber auch von Bromion und Theotormon – Gefangenen ihrer eigenen Denkweise – ebenso leidenschaftlich wie ohnmächtig beklagt wird.
Leutha: Bromions Emanation, die das Gefühl schuldhafter Sexualität verkörpert; siehe auch *Europa*.

Amerika 283

Ebenfalls 1793 entstanden, ist *Amerika* eine mythisch-allegorische Interpretation historischer Ereignisse; Blakes Ziel ist die Darstellung der geistigen Bedeutung des Aufstands der amerikanischen Kolonien gegen das Mutterland England.

Der eigentlichen Prophezeiung ist ein Vorspiel vorangestellt, in dem Orc Urthonas schattige Tochter vergewaltigt: dies ist das mythologische Äquivalent der Besitzergreifung der Erde durch die Revolution.

Als Amerikas Führer die von England ausgehende und durch den Engel und *Prinzenwächter* Albions personifizierte Unterdrückung beklagen, ersteht die Revolution in Gestalt Orcs über dem Atlantik. Der Engel Albions ruft zum Krieg, aber die dreizehn Kolonien, verkörpert durch *dreizehn Engel, verweigern sich dem lauten Alarm.* Die Seuchen mit sich führenden Heere von Albions Engel werden zurückgeschlagen, und die Seuchen fallen auf England zurück, bis Urizen eingreift und den Geist der Rebellion für zwölf Jahre verbannt, der aber schließlich 1789 in Frankreich wiederaufersteht.

Washington, Franklin, Paine & Warren, Gates, Hancock & Green: Amerikas ideologische und militärische Führer im Unabhängigkeitskrieg gegen England.

Stein der Nacht: in den *Tempel* oder *Schlangentempel* geschlossen; ein altes druidisches Symbol der Rache, bei Blake zugleich auch Symbol der konservativen englischen Politik; das Motiv kehrt in *Europa* wieder.

Orc … in Gestalt der Schlange an Enitharmons Tor …, um den verfluchten Baum gewunden: greift andere Teile des Orc-Mythos auf: Nach der Auffassung von Albions Engel ist Orc der Satan; er windet sich wie die biblische Schlange um den *verfluchten* Baum der Erkenntnis. Im folgenden werden in Orcs Rede Motive aus dem *Gesang der Freiheit* aufgegriffen.

Ariston: bei Herodot ein spartanischer König, der die Braut seines besten Freundes entführte; bei Blake *der Schönheit König.*

Da nun die dreizehn Gouverneure sich versammeln/In Bernards Haus: Sir Francis Bernard (1712–1779) war von 1760 bis 1769 Gouverneur von Massachusetts Bay. Die Zusammenkunft ist Blakes eigene Erfindung.

Bristol: als Handelsstadt ebenso wie London für den Krieg als Profitquelle eintretend.

das alte mitratragende York: York war ein alter Bischofssitz.

In seinen Höhlen ... Albions Sänger: vermutlich der »poeta laureatus« William Whitehead, der die englische Politik verteidigte; gewiß steht er hier stellvertretend für alle englischen »poetae minores« zu Blakes Zeit.

Die Hochzeitstore stehen offen ...: der Sieg der Revolution bedeutet auch die Befreiung aus den Banden der alten Sexualmoral.

des Gesetzeshimmels fünf Tore: die fünf Sinne.

Europa 311

Das 1794 entstandene *Europa* schließt an *Amerika* an und übernimmt das dort begonnene Verfahren, historische Geschehnisse mythisch überhöht darzustellen. Das Buch enthält zwei Vorspiele; im ersten, das er erst 1795 schrieb und dem Buch nachträglich voranstellte, berichtet Blake, in der Erzählung vom Fang des Elfen auf früher entwickelte Motive zurückgreifend, von der Entstehung des Buches; im zweiten liefert er ein weiteres Bruchstück vom Mythos um Orc, Enitharmon und das Schattige Weib. Die im Vorspiel zu *Amerika* geschilderte Vereinigung mit Orc hat das Schattige Weib (die Natur) zu unnütz scheinender endloser Fruchtbarkeit verdammt – unnütz, weil über aller Schöpfung Enitharmons Trachten steht, sie *in enge Bande zu schnüren,* ihr *ein Siegel aufzudrücken* und sie *zu fester Form zu zwingen.*

Der eigentliche Text von *Europa* beginnt mit Christi Geburt (dem *geheimen Kind,* das hier mit Orc identisch ist). Enitharmon übernimmt die Herrschaft und feiert ein – trügerisches – Fest der Freude; ihr achtzehnhundertjähriger Schlaf spiegelt den »Schlaf« der Geschichte und Englands Ablehnung der revolutionären Ereignisse in Amerika und Frankreich wider; am Ende beginnt mit Orc und Los aber das Zeitalter der Revolution und Dichtung.

Fünf Fenster erleuchten die Höhle des Menschen: eine deutliche Anspielung auf Platos berühmtes Gleichnis; bei Blake sind die fünf Fenster die Sinne, die Höhle der menschliche Schädel.

Los, des Monds Besitzer: unter Enitharmons Matriarchat sind die Rollen der Geschlechter vertauscht; Los, der Ewige Prophet, ist nur mehr der Besitzer des – weiblichen – Mondes.

Denn nun bist du gebunden: der Geist der Revolution liegt in Fesseln.

Rintrah und Palamabron: ein Gegensatzpaar von Brüdern, das Entrüstung und Mitleid verkörpert.

sagt ..., daß Frauenliebe Sünde: Enitharmon gibt hier und in den folgenden Zeilen den orthodoxen christlichen Standpunkt wieder.

Elynittria: Palamabrons Emanation; sie verkörpert weibliche Toleranz.

Ocalytron: Rintrahs Emanation; sie verkörpert hier die Eifersucht, anderswo aber auch positive Eigenschaften.

zum goldnen Verulam: der Stadt Francis Bacons (1561– 1621), des materialistischen Denkers und Begründers der experimentellen Wissenschaft, der Blake zufolge »dem Glauben ein Ende setzte«.

als die fünf Sinne in Sintflut/Den Erdgebornen überschwemmten: Blakes Version des »Sündenfalls«: die Sintflut als Flut des Materialismus, die den Menschen dem Unendlichen entfremdet und die begrenzte Welt der fünf Sinne an seine Stelle setzt.

Schlangentempel: vgl. Anmerkung zu *Amerika.*

Heulen von Westminster: dem Sitz der englischen Regierung.

Der Hüter der geheimen Tafeln: Kanzler Thurlow, der im Juni 1792 von seinem Posten zurücktrat.

Newton ... blies den gewaltigen Stoß: Die mechanistischen Anschauungen Newtons bilden die geistige Grundlage der konservativen englischen Politik; jedoch können auch sie den Gang der Geschichte nicht aufhalten, so daß *ungezählte Scharen* der alten Engel *durch die Winterhimmel, ihrem Grab entgegen* stürzen.

Ethintus: verkörpert das sterbliche Fleisch und den Akt physischer Liebe.

Manathu-Varcyon: ihr männlicher Gefährte, der die *Flammen sanften Trugs* der Liebe verkörpert.

Leutha: der *Lockvogel Edens;* als Emanation Bromions verkörpert sie die Sexualität unter der Last des Gesetzes; daher Sünde oder Schuld, *süß lächelnde Pest* in Enitharmons Augen; ihre sieben Kirchen sind die sieben Gemeinden Asiens in der Offenbarung des Johannes.

Antamon: des Perltaus Prinz; er symbolisiert den männlichen befruchtenden Samen.

Sotha: sexuelle Phantasie, mitunter aber auch, wie im *Lied von Los,* mit dem Krieg assoziiert.

Thiralatha: auch Diralada; Sothas Emanation; sie symbolisiert den (sexuellen) Traum.

Das erste Buch von Urizen 335

1794 entstanden, ist *Das erste Buch von Urizen* eine ironische Parallele zum ersten Buch Mose, dem Schöpfungsbericht. In ihm hat Blake die Zentralgestalten sei-

ner Mythologie versammelt und somit gewissermaßen nachträglich den Grundstock zu den vorhergegangenen *Prophetischen Büchern* gelegt.

Die Handlung des Buches zerfällt in mehrere Teile: Die ersten vier Kapitel schildern Urizens Versuch, eine gleichsam religiöse Macht auf abstrakten Prinzipien zu gründen; dies aber ist gleichbedeutend mit seinem »Fall« aus der Ewigkeit in ein selbstgeschaffenes Chaos. Während dieses Falls scheidet sich der Geist der Prophetie und Dichtung, verkörpert in Los, von der Vernunft (Urizen); Los bezwingt Urizen und bindet ihn in einen nunmehr irdischen Körper. Daraufhin ergreift den erschöpften Los Mitleid mit Urizen, das sich von seiner Seele abspaltet und sich in seiner Emanation Enitharmon, dem *ersten Weib,* verkörpert (5. Kapitel). Aus ihrer Verbindung geht Orc hervor (6. Kapitel), den der eifersüchtige Los an einen Fels kettet (7. Kapitel); Motive der Ödipus-Sage klingen an. Gleichzeitig erwacht Urizen aus seinem irdisch-tödlichen Schlaf und verflucht (8. Kapitel) seine *ewigen Schöpfungen,* seine *Söhne & Töchter;* seiner *geplagten,* in Zwiespalt verstrickten Seele entspringt das *Netz der Religion.* Im neunten Kapitel schließlich übernimmt sein Sohn Fuzon die Rolle des Mose; die menschliche Geschichte beginnt unter dem Zeichen Urizens, der begrenzten, von der Überfülle des Ewigen geschiedenen Vernunft.

II, 1: ein Seitenhieb gegen Newtons Gravitationstheorie; der *Wille* allein bewirkt Ausdehnung und Kontraktion.

II, 4–8: Urizens Begründung seines Tuns: dem Feuer der Leidenschaft und den – imaginären – *sieben Todsünden der Seele* stellt er seinen Wunschtraum vom statischen Festen ohne Wandel und dem *einen Gesetz* gegenüber.

III: Die Ewigkeit birst entzwei, Urizen »fällt« und ersteht formlos, *ungeordnet* im Chaos; wie er von der Ewigkeit, so ist Los nun von seiner Seite geschieden.

IV [b], 5–12: Urizens *Wandlungen;* die Formung seines irdischen Körpers aus dem Gestaltlosen: 5: Schädel und Haar; 6: Knochengerüst; 7: Herz und Blutgefäße; 8: Nervensystem und Augen; 9: Ohren; 10: Nase; 11: Verdauungssystem, 12: Gliedmaßen.

V, 7–9: die Entstehung Enitharmons aus dem Ball des Lebensblutes.

V, 12: das Zelt und Gewebe der Wissenschaft begrenzt und beschränkt die Sinne, so daß Los schließlich (VI, 10) *nicht mehr die Ewigkeit schaut.*

VI, 6: Mit der Schilderung der Entwicklung Orcs im Mutterleib nimmt Blake auf erstaunliche, wenn freilich auch ungenaue Weise Erkenntnisse der modernen Biologie vorweg, die Ernst Haeckel um 1880 im ›Biogenetischen Grundgesetz‹ formulierte: Die Ontogenese ist eine Wiederholung der Phylogenese.

VIII: Thiriel, Utha, Grodna und Fuzon verkörpern die vier Elemente Luft, Wasser, Erde und Feuer.

IX, 4: *Und ihre dreißig Städte schieden sich/In Form eines menschlichen Herzens:* der Kontinent Afrika, somit die Wiege der Menschheit; siehe *Das Lied von Los.*

Das Buch von Ahania 371

Das Buch von Ahania, 1795 entstanden und sich an *Das erste Buch von Urizen* anschließend, ist Blakes ironische Version des zweiten Buch Mose.

Die Auflehnung Fuzons, Urizens Sohn, gegen den Vater symbolisiert die Erhebung des Menschen gegen Gott; in ihr offenbart sich ein vielschichtiges Bezugssystem, das an Gestalten wie Prometheus oder Christus denken läßt; der Grundkonflikt ist von ödipaler Struktur.

Fuzon greift Urizen an, wobei Urizens Lenden seine Emanation Ahania entweicht. Er wird jedoch von Urizen mit einem Fels erschlagen, der zum Berge Sinai wird, und an den *Baum des Geheimnisses,* Symbol orthodoxer Religion und Moral, genagelt. Um seinen *lebenden Leichnam* fliegen vierzig Jahre lang die Pfeile der Pest, bis seine *Söhne & Töchter* Asien erreichen.

Das Buch schließt mit einer der schönsten lyrischen Passagen der *Prophetischen Bücher,* der Klage Ahanias, die Freude und Entzücken verkörpert, von Urizen jedoch Sünde genannt und von seiner Seite verbannt worden ist.

Das Buch von Los 389

Ebenfalls 1795 entstanden, greift *Das Buch von Los* die Ereignisse im vierten Kapitel des *Ersten Buches von Urizen* (die Bindung Urizens) wieder auf und schildert sie aus Los' Sicht.

Umgeben von den *Flammen der Begierde,* seiner eigenen glühenden Leidenschaft, ist Los zunächst gezwungen, über den gefallenen Urizen zu wachen, bis die Feuer gefrieren und Los' Fall beginnt; er scheidet Luft, Erde und Wasser und formt so die stoffliche Welt. Schließlich entsteht das Licht; Los schmiedet die Sonne und bindet sie an Urizens Rückgrat.

Dem Buch ist (I, 1–5) ein Vorspiel aus dem »Goldenen Zeitalter« vorangestellt. Eno, *die betagte Mutter,* die Fähigkeit zur Schau des Ewigen verkörpernd, trauert darin um die einstigen Zeiten, in der die Leidenschaften, statt als sündhaft angesehen und unterdrückt zu werden, sich frei entfalten und so positive Kräfte entwickeln konnten. Ihr Name, Eno, stellt ein Anagramm von engl. »Eon«, Äon, wie auch »One«, »die Eine«, dar.

IV, 9: *vier Ströme:* die Adern und Venen Urizens verkörpern zugleich die vier Ströme Edens (1. Buch Mose, 2, 10–14); die entstandene Form ist, vom Standpunkt der Ewigkeit gesehen, nur eine gefallene Form *menschlicher Täuschung.*

Das Lied von Los 401

Erst 1795 veröffentlicht, ist *Das Lied von Los* vermutlich bereits 1794, möglicherweise sogar schon 1793 entstanden. Es bildet – mit der Zweiteilung in *Afrika* und *Asien* – die nachträgliche Klammer zu den »Erdteildichtungen« *Amerika* und *Europa;* Blakes Kosmogonie ist damit vollendet. Sie stellt sich folgendermaßen dar:

Afrika, im Süden, ist die Wiege des Menschengeschlechts. Dessen Geschichte führt von Adam und Noah bis zu Newton, Locke, Voltaire und Rousseau; sie ist die Geschichte der Versklavung des Menschen durch Religion und Rationalismus. Die Zeit ist reif für die Revolution: die letzte Zeile von *Afrika* ist die erste von *Amerika,* dem prophetischen Gedicht, das den Ausbruch der Revolution auf der westlichen Halbkugel behandelt. Innerhalb des Zyklus folgt nun *Europa.* Der im Norden gelegene Kontinent wird nach Enitharmons achtzehnhundertjährigem Schlaf von der Revolution erfaßt, so daß diese Dichtung mit dem Ausbruch der Französischen Revolution endet. *Asien* schließt sich nahtlos daran an; die Könige Asiens, des Kontinents im Osten, suchen ihre Politik der Unterdrückung mit den zu Blakes Zeit in England gängigen Argumenten zu rechtfertigen, während sich Urizen auf der Flucht vor dem nahenden Orc zu ihnen zurückzieht. Mit einer Vision der Auferstehung der Toten schließt das Lied und damit der gesamte Zyklus.

vier Harfen: die vier Kontinente.

Als Rintrah im Osten Brahma die Abstrakte Philosophie lehrte: Blake sah Brahma als Gott der abstrakten Logik.

Dem Trismegistos gab Palamabron ein abstraktes Gesetz:/Dem Pythagoras, Sokrates & Plato: Trismegistos ist der legendäre Autor der sich mit Geheimlehren beschäftigenden Hermetischen Bücher; er steht hier neben Pythagoras von Samos, dem Begründer einer halb mystischen, halb wissenschaftlichen Zahlenlehre, und den beiden bedeutendsten idealistischen griechischen Philosophen.

Dann schwebte Oothoon … vom kläglichen Theotormon: Jesus vernimmt die Stimme von Liebe und Freiheit, zieht aber das passive Leiden vor.

eine lockere Bibel: den Koran.

Odin: skandinavischer Kriegsgott; Sotha ist hier die sexuelle Frustration, die den Krieg gebiert.

Und jeder rannte aus seinem Netz,/Aus seiner uralten gewobenen Höhle: Netz und Höhle als Symbole von Religion und Materialismus.

Und seine Bücher aus Bronze, Eisen & Gold/Schmolzen über dem Land: Bücher des Gesetzes, des Krieges und der Ökonomie; im folgenden kehrt Urizen, vergeblich einen Rückhalt suchend, an die Stätte der hebräischen Religion zurück.

DAS IMMERWÄHRENDE EVANGELIUM 411

The Everlasting Gospel, die um 1818 entstandene späte Versdichtung Blakes, der sich im Alter in zunehmendem Maße der Malerei zuwandte, ist mehr oder weniger Fragment geblieben. Sie besteht aus insgesamt zwölf Bruchstücken unterschiedlichster Länge, deren endgültige Anordnung bis heute Gegenstand der Spekulation geblieben ist.

Blake hat im *Immerwährenden Evangelium* seine in der *Hochzeit von Himmel und Hölle* erstmals entwickelten Gedanken fortgeführt und seine Kritik des orthodoxen Christentums mit einer eigenwilligen Interpretation von Leben und Gestalt Jesu verbunden. Jesus verkörpert für ihn den *Prophetischen und Poetischen Genius,* dessen eigentlicher Gegenspieler Satan ist, der *Gott der Welt,* dem die weltlichen Mächte ebenso wie die Repräsentanten einer heuchlerischen Religion untertan sind. In genialer Verkehrung des orthodoxen Standpunkts stellt Blake Christus als Rebell gegen die Religion und ihre Moralgesetze dar, der selbst beständig gegen die Zehn Gebote verstößt; nicht die Unterdrückung der Sünden durch Verbote, sondern ihre Vergebung steht im Mittelpunkt seines auf die moralische Befreiung des Individuums abzielenden Handelns.

Kaiphas und Pilatus: als Hohepriester Jerusalems und Statthalter Roms verkörpern sie geistliche und weltliche Macht.

Rhadamanth: eigtl. Rhadamanthys; in der griechischen Mythologie Sohn des Zeus und der Europa; wegen seiner Gerechtigkeitsliebe zum Richter über die Unterwelt bestimmt.

Accuser/Kläger: eigtl. Ankläger: Satan.

Meletos: einer der Ankläger im Prozeß gegen Sokrates.

Sobald er zwölf … zum Gehorsam mich: nach Lukas, 2, 41– 50: »Und er sprach zu ihnen: Was ist, daß ihr mich gesucht habt? Wisset ihr nicht, daß ich sein muß in dem, das meines Vaters ist?
Und sie verstunden das Wort nicht, das er mit ihnen redete.« (49-50)

Johannes rief … und verehrest mich: Johannes der Täufer wurde auf Befehl des Königs Herodes enthauptet; die gesamte Passage beruht auf Jesu Versuchung in der Wüste (Matthäus 4; Lukas 4).

Die Geißel blitzt' in seiner Hand, / Als er im Tempel Händler fand: nach Johannes 2, 14–15: »Und fand im Tempel sitzen, die da Ochsen, Schafe und Tauben feil hatten, und die Wechsler. Und er machte eine Geißel aus Stricken, und trieb sie alle zum Tempel hinaus …«

War Jesus demutsvoll: es existieren zwei Textfassungen; Text d ist eine erweiterte und revidierte Form des Textes c.

Als der gelehrte Pharisäer … von neuem geboren werden: Johannes 3, 1–7.

Er sprach mit Vollmacht statt schriftgelehrt: Matthäus 7, 29: »Denn er predigte gewaltig, und nicht wie die Schriftgelehrten.«

Follow me, I am meek & lowly of heart, /Ich bin sanft von Herzen, folget mir nach: vgl. Matthäus 11, 29: ...ich bin sanftmütig und von Herzen demütig.
Diese Passage mag zur Verdeutlichung der Schwierigkeiten dienen, mit denen eine Übersetzung zu ringen hat, die sich unter anderem auch zwischen dem Blakeschen Text und dem der deutschen Bibel bewegen muß; der Luthersche Text führt gerade jenes Wort *demütig* ein, gegen das Blakes Interpretation der Jesusgestalt sich wendet.

Und bot einen Stein aus Barmherzigkeit: nach Matthäus 7, 9: »Welcher ist unter euch Menschen, so ihn sein Sohn bittet ums Brot, der ihm einen Stein biete?«

Dr. Priestly: Joseph Priestley (1733–1804), englischer Naturforscher und Entdecker des Sauerstoffs.

Denn so hält Sir Isaac dem Evangelium stand: im folgenden wendet sich Blake gegen Newtons Unitarische Schriften, die mit materialistischer Argumentation die Dreifaltigkeitslehre zu widerlegen suchen.

Nie will ich bitten ... Schonung meinem Leib gescheh: Johannes 17, 9: »Ich ... bitte nicht für die Welt«; Matthäus 26, 39. »Mein Vater, ist's möglich, so gehe dieser Kelch von mir«; ähnlich Markus 14, 36 und Lukas 22, 42.

Der Seele Fenster bleibt versperrt ... /Und läßt euch einer Lüge glauben, /Seht ihr mit, nicht durch die Augen: aus den ›Weissagungen der Unschuld‹ übernommen: wer nur *mit* den Augen sieht, bleibt an die begrenzte Wahrnehmung der materiellen Sinne gebunden; der Blick *durch* die Augen erst verbindet Seele und Welt.

Maria man beim Ehbruch fand: die Ehebrecherin aus dem Johannesevangelium (8, 3–11) trägt keinen Namen; Blake setzt Maria von Magdala an ihre Statt.

Engel der göttlichen Gegenwart: Satan.

Schattenmann: Satan.

Der Schlange Mahl ist Staub und Lehm: 1. Buch Mose, 3, 14: »Da sprach Gott der HErr zu der Schlange: ... Auf deinem Bauch sollst du gehen und Erde essen dein Leben lang.«

Magdalena: Maria von Magdala, der Jesus »sieben Teufel ausgetrieben hatte« (Markus 16, 9).

»Er spottet' des Sabbats ...«: Blake greift hier Ideen auf, die er bereits in der *Hochzeit von Himmel und Hölle* entwickelt hatte. Jesus als der erste Mißächter der Zehn Gebote wird von Kaiphas angeklagt; im folgenden ist es aber freilich auch Blakes Auffassung, die durch den Mund Kaiphas' spricht.

Er ließ Dämonen in Säue fahren: vgl. Markus 5, 1–13 und Lukas 8, 26–33.

Sandte die siebzig Jünger davon ...: vgl. Lukas 10, 1–20.

ZEITTAFEL

1757 William Blake wird am 28. November als drittes von sieben Kindern des Strumpfwarenhändlers James Blake und seiner Frau Catherine in der Broad Street 28 in London geboren.

1767–68 Blake besucht Henry Pars' Zeichenschule.

1772 Blake nimmt eine Lehre bei dem Kupferstecher Henry Basire auf, für den er 1774 Zeichnungen in der Westminsterabtei anfertigt.

1779 Ende der Lehre. Blake wird als Student in die Royal Academy aufgenommen und schließt dort Freundschaft mit Künstlern wie George Cumberland, John Flaxman und Thomas Stothard.

1780 Ausstellung in der Royal Academy. Blake fertigt Kupferstiche für den radikal-liberalen Buchhändler Joseph Johnson an.

1782 Blake heiratet Catherine Boucher (geb. 1762).

1783 Blakes *Poetische Skizzen* erscheinen als Privatdruck.

1784 Tod von Blakes Vater. Blake eröffnet mit James Parker eine Druckerei in der Broad Street.

1785 Ende der Teilhaberschaft mit James Parker. Blake zieht in die Poland Street um.

1787 Blakes zehn Jahre jüngerer Bruder Robert stirbt; Blake sieht ihn in Visionen. 1787/88 entwickelt sich die Freundschaft mit dem in England ansässigen Schweizer Maler Heinrich Füßli (Henry Fuseli).

1788 *Alle Religionen sind eine* und *Es gibt keine natürliche Religion.*

1789 *Das Buch von Thel* und *Lieder der Unschuld*. Blake besucht mit seiner Frau die Swedenborgianische Neue Kirche. Ausbruch der Französischen Revolution.

1790 Blake beginnt mit der Arbeit an *Die Hochzeit von Himmel und Hölle,* die er vermutlich erst 1792 abschließt. Umzug nach Lambeth, Hercules Buildings 13. Er beginnt die *Visionen der Töchter Albions.*

1791 Blake druckt für Joseph Johnson die unveröffentlicht gebliebenen Platten *Die Französische Revolution.*

1793 Hinrichtung Ludwigs XVI. Großbritannien erklärt Frankreich den Krieg. Blake graviert *Amerika* und *Visionen der Töchter Albions.*

1794 Die *Lieder der Unschuld und Erfahrung* erscheinen in einem gemeinsamen Band. Blake graviert *Europa* und *Das erste Buch von Urizen.*

1795 Blake graviert *Das Lied von Los, Das Buch von Ahania* und *Das Buch von Los.*

1796–97 Gravierarbeiten für das Buch *Nachtgedanken* von Thomas Young. Blake beginnt mit der Arbeit an *Vala oder Die vier Zoas.*

1800 William Hayley, ein populärer Schriftsteller, gibt auf Flaxmans Empfehlung Blake Gravierarbeiten in Auftrag. Um diese Zeit wird Thomas

	Butts, ein hoher Beamter in der Verwaltung der Armee, Blakes Freund und wichtigster Förderer. Auf Einladung Hayleys zieht Blake mit seiner Frau im September nach Felpham in der Grafschaft Sussex.
1800–03	Aufenthalt in Felpham. Blake fährt mit der Arbeit an *Vala* fort und beginnt *Milton,* ist jedoch mit der künstlerischen Bevormundung durch Hayley unzufrieden.
1803	Blake wird in Felpham in einen Streit mit einem Soldaten der Königlichen Dragoner verwickelt. Er kehrt nach London zurück, wo er in der South Molton Street 17 Quartier nimmt.
1804	Im sich anschließenden Gerichtsverfahren wird Blake von jeder Schuld freigesprochen. Er entwirft das Titelblatt des vermutlich vollendeten *Milton.*
1809	Eine Ausstellung von Blakes Gemälden, von einem »Deskriptiven Katalog« begleitet, erweist sich als Mißerfolg. In den folgenden Jahren verlegt sich Blake immer mehr auf das Zeichnen und Malen, so daß kaum neue literarische Werke entstehen.
1818	Vermutliche Entstehungszeit des Fragments *Das immerwährende Evangelium.* Freundschaft mit dem jungen Maler John Linnell, der mit der Gruppe »The Ancients« Blakes Anhängerschaft begründet. Illustrationen zum *Buch Hiob.*
1820	Blake vollendet *Jerusalem,* an dem er seit 1804 gearbeitet hatte.
1821	Umzug nach Fountain Court 3 ins Londoner Viertel The Strand.
1824	Freundschaft mit dem Maler Samuel Palmer.
1827	Blake stirbt am 12. August.
1831	Catherine Blake stirbt am 18. Oktober.

LITERATURHINWEISE

Ausgaben

The Complete Writings of William Blake, hrsg. v. Geoffrey Keynes, New York 1966 (Standardedition).

The Letters of William Blake, hrsg. v. Geoffrey Keynes, 1968 (enthält auch Briefe an Blake und weitere Materialien).

The Poetry and Prose of William Blake, hrsg. v. David V. Erdman, New York 1970. Kommentar von Harold Bloom.

The Poems of William Blake, hrsg. v. W. H. S. Stevenson, 1971. Ediert nach dem Text von Erdman. Mit Anmerkungen.

The Portable Blake, ausgewählt und mit einer Einführung hrsg. v. Alfred Kazin, New York 1946, 12. Aufl. 1972 (Textgrundlage der vorliegenden Ausgabe).

William Blake. The Complete Poems, hrsg. v. Alicia Ostriker, London 1977.

Blake's Poetry and Designs, hrsg. v. Mary Lynn Johnson und John E. Grant, New York 1979 (enthält wichtige Texte, Abbildungen sowie eine Auswahl an zeitgenössischen Reaktionen und literaturwissenschaftlichen Untersuchungen).

Deutsche Übersetzungen

William Blake. *Ausgewählte Dichtungen in zwei Bänden.* Deutsch von Adolf Knoblauch, Berlin 1907.

William Blake. *Werke.* Deutsch von Walter Wilhelm. Hrsg. und eingeleitet von Günther Klotz, Berlin 1958.

William Blake. *Gedichte.* Übertragen von Alexander von Bernus und Walter Schmiele, Heidelberg 1958.

William Blake. *Gedichte.* Übertragen und mit einem Nachwort versehen von Georg von der Vring, Wiesbaden 1958.

William Blake. *Die Hochzeit von Himmel und Hölle.* Eine Auswahl aus den prophetisch-revolutionären Schriften. Hrsg., kommentiert und völlig neu & frei übersetzt von Sylvia Luetjohann, Bad Münstereifel / Trilla 1987.

William Blake. *Milton. Ein Gedicht.* Vorwort und aus dem Englischen von Hans-Ulrich Möhring, Wien 1995.

Zu Leben und Werk

Alexander Gilchrist: *The Life of William Blake,* 2 Bde., 1863, Nachdruck 1945.
Charles Algernon Swinburne: *William Blake. A Critical Essay,* 1868. Nachdruck 1950.
William Butler Yeats: *William Blake and the Imagination,* 1903. Dt.: *William Blake und die Einbildungskraft,* in: W. B. Yeats, Werke Bd. 5, Neuwied / Berlin 1972.
T. S. Eliot: *Blake,* in: The Sacred Wood. Essays on Poetry and Criticism, London 1920.
Mona Wilson: *The Life of William Blake,* London 1927. Neuausgabe mit erweitertem Kommentar 1948 (Standardbiographie).
Jacob Bronowski: *William Blake, 1757–1827: A Man without a Mask,* 1944.
Northrop Frye: *Fearful Symmetry: A Study of William Blake,* Princeton 1947.
David V. Erdman: *Blake: Prophet Against Empire. A Poet's Interpretation of the History of His Own Times,* Princeton 1954.
George Mills Harper: *The Neoplatonism of William Blake,* Chapel Hill 1961.
Jacob Bronowski: *William Blake and the Age of Revolution,* New York 1965.
Samuel Foster Damon: *A Blake Dictionary. The Ideas and Symbols of William Blake,* Providence 1965.
Kathleen Raine: *Blake and Tradition,* 2 Bde., Princeton 1968.
G. E. Bentley: *Blake Records,* Oxford 1969.
David V. Erdman / John E. Grant (Hg.): *Blake's Visionary Forms Dramatic,* Princeton 1970.
Kathleen Raine: *Blake and the New Age,* 1979
dies.: *William Blake.* Mit 156 Abb., London 1970, Nachdruck 1991.
David V. Erdmann (Hg.): *The Illuminated Blake,* Oxford 1975.
Martin K. Nurmi: *William Blake,* Hutchinson 1975.
Katalog der Hamburger Kunsthalle zur Blake-Ausstellung vom 6. März bis 27. April 1975, München 1975.
Morton D. Paley: *William Blake,* Oxford 1978.
Robert N. Essick: *William Blake, Printmaker,* Princeton 1980.
Stewart Crehan: *Blake in Context,* Dublin 1984.
E. P. Thompson: *Witness Against the Beast. William Blake and the Moral Law,* Cambridge 1993.
Peter Ackroyd: *Blake,* London 1995.

ZUR REZEPTION BLAKES

Michael Horovitz (Hg.): *Children of Albion. Poetry of the ›Underground‹ in Britain,* London 1969.

Uwe Böker: *Die Anfänge der europäischen Blake-Rezeption,* in: arcadia 16 (1981), S. 266–283.

James Bogan / Fred Goss (Hg.): *Sparks of Fire. Blake in a New Age,* 1982 (New-Age-Rezeption).

BILDNACHWEIS

2 Blake-Porträt von John Linnell, 1820. Fitzwilliam Museum, Cambridge.

Werke von William Blake:

36 *Songs of Innocence,* Titelblatt 1789. British Museum
37 *Songs of Innocence,* Frontispiz 1789. British Museum
46 *Songs of Innocence,* Illustration zu ›The Blossom‹ 1789. British Museum
47 *Songs of Innocence,* Illustration zu ›Infant Joy‹ 1789. British Museum
72 *Songs of Experience,* Frontispiz 1789–94. British Museum
73 *Songs of Experience,* Titelblatt 1789–94. British Museum
118 *Songs of Experience,* Illustration zu ›The Sick Rose‹ 1789–94. British Museum
210 *The Marriage of Heaven and Hell,* Titelblatt 1790–93.
247 *The Book of Thel,* Titelblatt 1789.
261 *Visions of the Daughters of Albion,* Titelblatt 1793.
288 *America: A Prophecy,* »Orc in Ketten« 1793.
289 *America: A Prophecy,* »Orc in den Feuern der Energie« 1793.
309 *Europe,* »Mehltau befällt das Getreide« 1794.
333 *The Book of Urizen,* »Urizen« 1794.
387 *The Gates of Paradise,* Frontispiz: »What is Man!« 1793
409 *Jerusalem,* Frontispiz: »Los erkundet das Grab« 1804–20.
472 *Albion rose/Glad Day* (»England erhob sich« bzw. »Glücklicher Tag«), 1794. British Museum

William Blake: ›Albion rose‹ bzw. ›Glad Day‹, 1794

WILLIAM BLAKE

Nachwort von Susanne Schmid

›Albion rose‹ und ›The Ancient of Days‹ – zwei Blake-Bilder

Zu Beginn seines Blake-Essays sinnt der franko-amerikanische Schriftsteller Julien Green darüber nach, wie sich uns der Visionär William Blake in einem Selbstporträt wohl gezeigt hätte: »nackt, mit strahlendem Gesicht, den Körper von einem mysteriösen Licht umflutet«. Damit gibt Green beinahe schon die Beschreibung des Bildes ›Albion rose‹ (›England erhob sich‹, Abb. S. 472), auf dem ein nackter junger Mann zu sehen ist, eine Art Auferstehungsfigur, die gleichsam in eine Rüstung aus gleißendem Licht gekleidet ist. Er ist Blakes »One Man«, der Archetyp, der die Fesseln der Unterdrückung abgeworfen hat. Das 1780 zuerst gezeichnete, um 1794 farbig gedruckte und später als Kupferstich reproduzierte Bild präsentiert die Vision einer absoluten Freiheit zu einem Zeitpunkt, als in England in einer Gegenbewegung zur Französischen Revolution (1789) Bürgerrechte reduziert wurden, bis hin zur Aufhebung der Habeas-Corpus-Akte im Jahre 1794. Achtzig Jahre später erfand Blakes Biograph Gilchrist den neuen, viktorianisch-süßlichen Titel ›Glad Day‹ (Glücklicher Tag) und entpolitisierte damit ein Bild, das das revolutionäre Potential Englands angesichts des amerikanischen Unabhängigkeitskrieges (1775–1783), der Französischen Revolution und der industriellen Ausbeutung beschwört. ›Albion rose‹ verweist allegorisch auf die Auferstehung Christi und siedelt diese in einem revolutionären Kontext an. Aufstand und Auferstehung der Menschheit leiten hier ein neues Zeitalter ein. So Blakes Vision, die aber Vision bleiben muß in einer Welt, die von Vorschriften und Gesetzen, von Staat, Kirche und Gesellschaft reglementiert ist und an die Blake trotz seiner Zurückgezogenheit gebunden war.

Ein anderer Blake spiegelt sich im Farbdruck ›The Ancient of Days‹, vermutlich von 1794, wider, dem zweiten Titelblatt von *Europa* und dem Umschlagbild der vorliegenden Ausgabe. Der darauf abgebildete mythische Urizen, der sich mit einem Zirkel nach unten beugt, ist eine ambivalente Figur. Er befindet sich in der perfekten Form eines Kreises, der Sonne, die aber nicht das brillante Licht von ›Albion rose‹ ausstrahlt, sondern von schwarz-roten Wolken umrahmt wird. Sein Haar flattert im Wind, und es ist anzunehmen, daß die Sonne in wenigen Augenblicken durch die Wolken ganz verdunkelt sein wird. Das Messen und Abzirkeln Urizens, der wie der Gott des Alten Testaments aussieht, symbolisiert das Wirken der Vernunft, die, wenn sie alleine steht, für Blake Verdunkelung bedeutet. Urizen erschafft hier die gefallene Welt, eine Welt,

in der auch Blake lebt. Der Alte ist aber auch eine faszinierende Figur und strahlt eine Größe und Macht aus, der sich weder der Künstler Blake noch der Betrachter entziehen können. So wie Blake sich für seine Gravuren exakter Instrumente bedienen mußte, gebraucht Urizen einen Zirkel. Blake, der Künstler, der seine leidenschaftlichen Gefühle in seine Werke einschrieb, hat auch immer etwas vom Demiurgen oder vom Chronisten der gefallenen Welt an sich. Damit wird der Alte seinerseits zum Barden und Wort-Schöpfer, der zwischen Feuer und Dunkelheit klare, wenn auch in Blakes Sichtweise falsche, Markierungen zu schaffen versucht.

Blake war von dieser Figur sein Leben lang fasziniert und hat sich auch am Tag seines Todes noch mit ihr beschäftigt. Die beiden Bilder, Bilder von und über Blake, symbolisieren die Spannungen, in denen er lebte und arbeitete: Christusfigur und alttestamentlicher Gott, Jüngling und weiser alter Mann, Licht und Dunkelheit, Freiheit und Einschränkung – Blake lebte mit und von diesen Gegensätzen, die sein ganzes Werk durchziehen.

Wer war William Blake?

Blake war seinen Zeitgenossen eher als Kupferstecher und Maler vertraut und nicht so sehr durch seine Dichtung, die kaum jemandem bekannt war. Um so bekannter aber waren Blakes Exzentrizitäten. Blake, der schon als Kind Engel in einem Baum sah, der mit Toten Gespräche führte und der auch nach seinem Tod zu seiner Frau Catherine zurückkehrte, um sie beim Verkauf seiner Bilder zu beraten, muß ein skurriler Mensch gewesen sein. Von staatlichen Institutionen und gesellschaftlichen Konventionen hielt er wenig und überraschte einmal seine Zeitgenossen damit, daß er mit seiner Frau nackt im Garten sitzend *Paradise Lost* rezitierte, um den paradiesischen Mythos nachzuempfinden. Trotz seiner scheinbaren Losgelöstheit von irdischen Bindungen fühlte er sich der Atmosphäre Londons verbunden und verbrachte nur drei Jahre seines Lebens außerhalb seiner Stadt. Auch wenn er »mit einem anderen Gesicht« geboren war – ein Kind seiner Zeit war er dennoch.

Blake, Sohn eines Strumpfmachers und damit Angehöriger der unteren Mittelschicht, wuchs bis zum Alter von zehn Jahren in einer schullosen Freiheit auf, die in ›Der Schulknabe‹ noch als Ideal anklingt: »Wie kann der Vogel, zur Freude geboren / Im Käfig noch ans Singen denken?« 1767 wurde er in Henry Pars' Zeichenschule geschickt, vermutlich um ein praktisches Metier zu erlernen, denn Buchillustratoren waren gefragt. 1772 wurde er Lehrling beim Kupferstecher Henry Basire. Blake stand zeit seines Lebens zwischen der privaten Kunst, die er für sich selbst und wenige Kenner produzierte, und seinen in der Öffent-

lichkeit bekannten Illustrationen, überwiegend Stichen, die seinen zeitweiligen Erfolg begründeten und mit denen er sich seinen Lebensunterhalt sicherte.

Über seinen genauen Bildungsgang ist wenig überliefert, aber wir wissen, daß Blake Autodidakt war, später Bücher in verschiedenen Sprachen las und die literarischen und philosophischen Werke seiner Zeit und Bildungstradition kannte. Anders als viele Dichter seiner Epoche erhielt er in jungen Jahren keine klassische humanistische Unterweisung. Daher orientierten sich sein Stil, seine Symbolik und seine spätere Mythologie zunächst nicht an Homer, Vergil und Dante, sondern eher an biblischen Traditionen. Seine Lektüre von religiösen und philosophischen Schriften und von Miltons Bibelepik verliehen seinem Schreiben eine eigene Prägung.

Einen starken Einfluß stellten auch die Bücher und die historischen Themen dar, zu denen er Stiche anfertigte. Ein frühes und zentrales Bildungserlebnis waren die Zeichenarbeiten, die er von 1774 bis 1779 für Basire in der Westminsterabtei anfertigte und die seinen späteren Stil und sein Interesse an der englischen Geschichte prägten. 1779 wurde er als Student in die Royal Academy aufgenommen, wo er sich mit anderen Künstlern anfreundete und gegen den bekannten und arrivierten Maler Sir Joshua Reynolds eine lebenslange Antipathie zu entwickeln begann, die sich generell auf akademische, erfolgreiche und sich anpassende Kunst erstreckte.

1782 heiratete Blake Catherine Boucher, über die wir leider nicht allzu viel wissen. Catherine, einem Freund zufolge »die Verrückteste von beiden«, war ebenso eigenwillig und unkonventionell wie Blake, mit dem sie auch nach Jahrzehnten noch eine sehr enge und liebevolle Beziehung hatte. Wie er war sie politisch radikal und lernte, Visionen zu haben. Um ihrem Mann zu helfen, zeichnete und stach sie und vollendete nach seinem Tod noch einige seiner Werke. Ihr Farbgefühl wurde auch von anderen zeitgenössischen Künstlern gelobt. Man darf also annehmen, daß William nicht der alleinige Produzent seiner Werke war.

Im Jahr nach der Eheschließung wurden die *Poetischen Skizzen* als Privatdruck angefertigt – Blakes einzige Dichtung, die als »normaler« Druck herauskam. Zu diesem Zeitpunkt schien er noch eine aussichtsreiche Karriere vor sich zu haben. 1780 hatte er einige seiner Bilder in einer Ausstellung der Royal Academy präsentiert. Gleichzeitig verdiente er sein Geld mit Buchillustrationen. Im Lauf seines Lebens bearbeitete er eine große Zahl literarischer wie nichtliterarischer Themen, zeichnete Figuren zu Dantes und Miltons Epen, illustrierte aber auch ephemere Texte. Blake war nie der über dem Alltag stehende Künstler, der die reine Kunst vertrat, sondern er mußte aus seinen Fähigkeiten Kapital schlagen. Was lag für den Sohn eines Geschäftsinhabers näher, als selbst ein Unternehmen zu betreiben? 1784 richtete er mit James Parker eine Druckerei mit einem Graphikgeschäft ein, allerdings währte diese Partnerschaft nicht lange. Blake

besaß keine besondere Affinität zum Materiellen, weder in seinen philosophischen Spekulationen noch im Alltag.

Neben der kommerziellen Buchillustration experimentierte Blake mit einer Produktionsweise für seine eigenen Texte, die diese im Zeitalter der technischen Reproduzierbarkeit zu einzigartigen Kunstwerken machte. Blake erfand aufgrund einer »Eingebung« durch seinen toten Bruder Robert das »illuminierte Drucken«, dessen genaue Funktionsweise erst 1947 experimentell nachvollzogen wurde. Er gravierte den handgeschriebenen Text und das Bild auf eine Platte und kolorierte den Druck hinterher von Hand, so daß keine zwei Exemplare identisch waren. Auch die Anordnung der Seiten variierte in den einzelnen Ausgaben. Blake, der so sein eigenes künstlerisches Medium erfand, stellte all seine »illuminierten Bücher« unter Mithilfe seiner Frau selbst her. Gekauft wurden sie von Zeitgenossen, die sich diese individuellen Liebhaberstücke leisten konnten. Aufgrund jener Produktionsweise wurde Blake zu seiner Zeit nur in geringem Umfang rezipiert. Heute sind von den »illuminierten Büchern« nur wenige erhalten. Allein die *Lieder der Unschuld und Erfahrung* fanden ein größeres Publikum, ansonsten kann man nur raten, wie gering die Auflagenhöhen waren. Damit fehlte dem Radikalen und Propheten Blake eine wichtige Dimension, nämlich die unmittelbare Publikumswirksamkeit – das Geschick vieler Propheten, die von ihren Zeitgenossen verkannt worden sind.

Coleridge, dem viele der *Lieder der Unschuld und Erfahrung* gefielen, sah Blake als Mystiker, als wahnsinniges Genie. Den meisten Literaten seiner Zeit war er kaum bekannt – zu groß war die Distanz zum Klassizismus des achtzehnten Jahrhunderts und zum Naturschwelgen à la Wordsworth. Seine wenigen Leser fühlten sich häufig durch seine radikale, obskure und sexuell explizite Schreibe abgestoßen. »Man stelle sich Jane Austen bei der Lektüre der ›Sprichwörter der Hölle‹ vor«, kommentiert Julien Green. Man kann sie sich eigentlich nicht vorstellen – Jane Austens aufstiegsorientierte Damen und Herren bewegen sich auf einem anderen Parkett als die mythischen Teufels- und Engelsfiguren Blakes.

Blake fuhr dennoch fort, mit der Methode des »illuminierten Druckens« esoterische Werke zu produzieren, etwa *Die Hochzeit von Himmel und Hölle*, vermutlich 1793 gedruckt. Die Erscheinungsdaten sind bei Blake nicht immer mit letzter Sicherheit festzustellen. Nach den stark politisch orientierten Texten *Die Französische Revolution*, *Amerika*, *Visionen der Töchter Albions* und *Europa* begann Blake in den neunziger Jahren an prophetisch-mythologischen Werken zu arbeiten: *Das Buch von Urizen*, *Das Buch von Ahania*, *Das Buch von Los* und *Das Lied von Los*. In diesen (vergleichsweise) kurzen Texten entwickelte Blake die Grundzüge einer Mythologie, die später in den großen Schriften *Milton*, *Jerusalem* und *Vala* zu ihrer vollen Entfaltung gelangte. Daneben schrieb er in jenen Jahren und danach Gedichte, teilweise in Briefen an Bekannte, teilweise in sein Notizbuch. Daß er ihnen keinen hohen Status zuerkannte, zeigt die Tatsache, daß er sie nicht druckte.

Blake zog sich zunehmend zurück, von Freunden wie von beruflichen Kontakten, blieb aber immer ein Arbeitstier, das sich nie einen Tag Pause gönnte. Als er wegen eines Mangels an Aufträgen in finanzielle Nöte geriet, erhielt er zunehmend Unterstützung von Thomas Butts, der zu seinem langjährigen Patron wurde. Von 1800 bis 1803 siedelte er sich auf Einladung des Dichters William Hayley in Felpham (Sussex) an, wurde aber von seinem Förderer eher wie ein Sekretär behandelt und empfand die von ihm zu leistenden Arbeiten als trivial. In gewisser Weise führte Blake dort – wie auch sonst – ein Doppelleben: Während er Auftragsarbeiten anfertigte, sich im Malen von Miniaturporträts übte und Griechisch und Hebräisch lernte, weilte er innerlich in Visionen und Psychodramen, verarbeitete diese im ersten seiner langen prophetischen Bücher, *Vala oder Die vier Zoas*, und bewegte sich in Welten, die einem Durchschnittsmenschen wie Hayley völlig fremd sein mußten.

1803 wurde er nach einem Streit mit einem Soldaten der Aufwiegelung angeklagt. Blakes schlimmste Befürchtung, die Freiheitsberaubung durch staatliche Institutionen, schien bevorzustehen. Aber der Richter, der offensichtlich Blakes revolutionär-prophetische Schriften nicht kannte, sprach ihn frei.

Nach der Rückkehr nach London wandte sich Blake seinen beiden anderen großen Prophezeiungen, *Milton* und *Jerusalem*, zu und vollendete *Milton* vermutlich 1804. 1809 stellte Blake, der als Illustrator mittlerweile aus der Mode gekommen war, seine Gemälde aus, konnte aber kaum Interessenten herbeilocken. Zunehmend vereinsamt, arbeitete er bis 1820 an seinem dritten prophetischen Werk, *Jerusalem*, und zog sich immer stärker in seine Visionen zurück. Daß er von seinen Zeitgenossen als verrückt betrachtet und auf seine mangelnde Sauberkeit angesprochen wurde, störte ihn anscheinend nicht. »Mr Blakes Haut schmutzt nicht«, so der Kommentar seiner Frau. Eine gewisse Anerkennung wurde ihm durch die »Ancients« zuteil, eine Gruppe junger Künstler, für die er als eine Art Mentor und Nestor fungierte.

Blakes prophetische Dichtungen, sein literarisches Schaffen, erschien den Zeitgenossen als so unwichtig, daß sich nach seinem Tod im Jahre 1827 eine im *Monthly Magazine* erschienene Todesanzeige nicht etwa auf den Dichter bezog. Sie lautete: »William Blake, Kupferstecher«. Dieser karge Lakonismus wird Blake kaum gerecht, war er doch auch noch Radikaler, Revolutionär, Visionär, Exzentriker, Ausgegrenzter und sich selbst Ausgrenzender.

Blake, der Revolutionär

In Blake nur den Londoner Exzentriker zu sehen hieße, ihn zu verkürzen. Blakes England, sein mythisches Albion, war ein England der gesellschaftlichen und sozialen Umbrüche. Die Ende des achtzehnten Jahrhunderts einsetzende Industrialisierung führte zu einem Anwachsen der städtischen Bevölkerung. Damit einher ging eine Kommerzialisierung, die alle Lebensbereiche durchdrang. Mit der Industriellen Revolution veränderte sich auch die Sozialstruktur. Durch die Abwanderung aus ländlichen Gebieten sowie durch die entstehende Industrie wuchs eine neue Unterschicht, die häufig in extremer Armut lebte – Marx' späteres »Lumpenproletariat«. Kinderarbeit war an der Tagesordnung. Als Angehöriger der unteren Mittelschicht war Blake für diese gesellschaftlichen Spannungen besonders empfänglich, und so kündeten seine Texte schon früh von den sozialen Ungerechtigkeiten Englands – wie im ›Schornsteinfeger‹, in ›Heiliger Donnerstag‹ oder in ›London‹:

Wenn ich durch graue Straßen geh,
Wo grau die Themse fließt im Trüben,
Sind in jed' Antlitz, das ich seh,
Nur Weh und Schwäche eingeschrieben.

Blake war mit seiner Sozial- und Gesellschaftskritik nicht allein. Reformideen wurden im Zuge der Aufklärung schon in der zweiten Hälfte des achtzehnten Jahrhunderts diskutiert. Der 1775 beginnende amerikanische Unabhängigkeitskrieg brachte die Ideale der Freiheit und Gleichheit nahe und vermittelte die Vorstellung, daß Menschen vereint von sich aus Veränderungen hervorbringen können. In den letzten zwanzig Jahren des Jahrhunderts ereigneten sich verschiedene Revolutionen in Europa, kulminierend in der Französischen Revolution, die jahrhundertealte Vorstellungen von Ordnung und Hierarchie und damit die Institutionen von Staat und Kirche aus den Angeln hob. Ihr Einfluß bewirkte im England der neunziger Jahre eine Radikalisierung. Die neuen Radikalen, die diese Ideen aufnahmen, gehörten überwiegend der unteren Mittelschicht an – Handwerker, kleine Gewerbetreibende, Drucker, die sich in Gruppierungen zusammenfanden. Deren bekannteste war die »London Corresponding Society«, die für ein allgemeines Wahlrecht eintrat. 1794 hatte sie über 5000 Mitglieder und war für damalige Verhältnisse eine Massenorganisation. Radikales Gedankengut fand vor allem Verbreitung durch die vielfach gelesenen Schriften von Thomas Paine, dessen Ideen schon in Amerika gewirkt hatten und dessen *Menschenrechte* 1791/92 erschienen, in einem Stil gehalten, der für ein breites Publikum geeignet war. Auch Paine propagierte ein allgemeines Wahlrecht und forderte staatliche Sozialleistungen. Kurz vor dem Erscheinen des zweiten

Bandes mußte er vor staatlicher Verfolgung fliehen. Blake soll ihm einer nicht belegten Anekdote zufolge das Leben gerettet haben. Ähnlich bekannt wie Paines Schriften wurde William Godwins *Politische Gerechtigkeit*, ein Buch, das die Institution der Ehe attackierte und für sexuelle Freiheit eintrat. Auch Mary Wollstonecrafts *Verteidigung der Rechte der Frau* entstand zu dieser Zeit. Ob Blake diese Vorkämpfer der Menschenrechte selbst kannte, ist nicht nachweisbar; sicher kannte er ihre Schriften.

Am 21. Januar 1793 wurde Ludwig XVI. hingerichtet, und am 1. Februar erklärte England Frankreich einen Krieg, der zwanzig Jahre andauern sollte. Mittlerweile galten in England Sympathisanten der Revolution als Staatsfeinde. Auf die Kriegserklärung erfolgte innenpolitisch eine Unterdrückung der Freiheits- und Demokratiebestrebungen durch Premierminister Pitt den Jüngeren. Im Rahmen seiner Repressionspolitik wurde in den neunziger Jahren ein Gesetz gegen »aufrührerische Zusammenkünfte und Druckschriften« erlassen und die Pressezensur verschärft. Das Verbot politischer Vereinigungen machte die radikalen Gesellschaften illegal. 1794/95 zerbrach der englische Radikalismus, und die bis zum Ende des Jahrzehnts verbleibenden Radikalen wie Blake vereinsamten. Diese Entwicklung spiegelt sich auch in Blakes Schaffen wider, der (wenn auch später als andere) schließlich seinen revolutionären Elan verlor.

Das politische Klima der zwanzig nachrevolutionären Jahre war mit Sicherheit konservativer als das der zwanzig Jahre davor, und so war es kein Wunder, daß Blake 1803/04 bei der gegen ihn gerichteten Anklage wegen Aufwiegelung ernsthaft um seine Freiheit bangte. Die Unterdrückung von Demokratiebestrebungen prägte das innenpolitische Klima auch nach Pitts Tod und hatte einen Höhepunkt im Massaker von »Peterloo« (1819). Damals wurde eine friedliche Versammlung von etwa 60 000 Arbeitern bei Manchester durch Truppen auseinandergetrieben. Es gab Tote und Hunderte von Verletzten. Politische Ereignisse wie dieses wirkten sich auch auf das Selbstverständnis der Dichter aus.

Die im Klassizismus vorherrschende Vorstellung von einer allgemeingültigen Ordnung verlor an Tragfähigkeit. Dem Individuum wurde die staatlich-politische Ordnung zunehmend fremder, was sich literarisch im Rückzug auf die romantische Subjektivität des Ichs manifestierte. Man grenzte sich vom Prozeß der Rationalisierung ab, und der Bereich der Vorstellungskraft, die »imagination«, erfuhr eine enorme Aufwertung. Soziale und politische Probleme, das Bewußtsein der eigenen gesellschaftlichen Randstellung als Dichter, fanden ihre Kompensation in der Phantasie. Mit unterschiedlicher Intensität gingen die romantischen Dichter auf tagespolitische Ereignisse ein. Keineswegs waren sie der gleichen politischen Richtung zuzuordnen. Während Coleridge und Wordsworth in ihrer Spätphase eher konservativ geprägt waren, nahmen Shelley und Byron eine ausgesprochen radikale Haltung ein, die sich aber von Blakes der unteren Mittelschicht entstammenden Radikalität unterschied. Der Aristokrat Byron machte sich vor allem für die verschiedenen europäischen Freiheitsbewegungen

(insbesondere die italienische und die griechische) stark, während Shelley gegen jede Form von Autorität ankämpfte, gegen Religion und Unterdrückung, ebenfalls aus einer aristokratischen Position.

Da wir weder Blakes radikalen Londoner Freundeskreis genau kennen, noch über irgendeine Mitgliedschaft in einer radikalen Gesellschaft informiert sind, können wir ihn nicht eindeutig etikettieren. Fest steht aber – und darüber geben seine Texte unzweifelhaft Auskunft – daß Blake stark ausgeprägte radikale politische Ansichten hatte. Seine leidenschaftlichen Ausfälle gegen Institutionen, sein Eintreten für die Freiheit der Menschen und die Ablehnung von Gesetzen haben hier ihren Kontext. Blake war keineswegs der einsame Rebell, zu dem er wegen seiner Unterschiedlichkeit zu den anderen Romantikern manchmal stilisiert wird. Auch wenn seine visionären Vorstellungen dem unmittelbaren Alltagsgeschehen enthoben sind, so sind sie auf andere Weise dem politischen Alltag eng verbunden.

Blake, der Visionär

Auch in den philosophischen Grundlagen seines visionären Sehens war Blake ein Rebell, der den Empirismus des achtzehnten Jahrhunderts völlig ablehnte. Dem empiristischen Modell zufolge, das auf Locke zurückgeht, ist der Mensch der passive Empfänger von Sinneseindrücken. Blake war dieser Ansatz zu vernunftorientiert und zu begrenzt. Was der Lockesche Mensch durch seine fünf Sinne wahrnimmt, ist für Blake »nur« die materielle Welt, Visionen werden ausgeschlossen. Ein empirisch wahrnehmender Mensch sieht die Sonne nur als runde Feuerscheibe (»so wie eine Guinea-Münze«), während ein spiritueller Mensch darin die himmlischen Heerscharen erblickt. Empirismus, Rationalismus und Kapitalismus hingen nach Blakes Meinung eng zusammen und waren alle gleichermaßen verdammenswert. Ebenso lehnte er Newton wegen seines Materialismus ab und Bacon, den Begründer der experimentellen Wissenschaft, wegen seines Rationalismus und seiner staatstragenden politischen Einstellung. In Locke, Newton und Bacon sah Blake eine unheilige Trinität, die die Unrechtsherrschaft der Institutionen aufrechterhielt und die Menschen an der Verwirklichung ihres göttlichen Potentials hinderte.

Diese Einengung der Wahrnehmung stellte für Blake eine Entfremdung des Menschen von seinen Sinnen dar, der er sein Konzept der vierfachen Vision entgegenhielt. In seinen kurzen philosophischen Traktaten *Alle Religionen sind eine* und *Es gibt keine natürliche Religion* entwickelte er erste Grundlagen seiner visionären Vorstellungen und erklärte, daß jedem Menschen der Status eines »Poetischen Genius« zukäme, so daß er Gott wahrnehmen könne. Bei Blake war

die menschliche Vorstellungskraft nicht durch die fünf Sinne begrenzt: »Die Wahrnehmungen des Menschen werden nicht von Organen der Wahrnehmung beschränkt.« Wer »richtig« sieht, sieht visionär. Jedes sinnlich wahrnehmbare Objekt verweist auf andere Daseinsebenen, so wie die Sonne auf die himmlischen Heerscharen. Dieses visionäre Sehen findet auf mehreren Stufen statt: Gegenstände oder Elemente der Landschaft können Menschen repräsentieren wie in dem Gedicht ›Meinem Freund Butts schreibe ich‹. Diese wiederum verschmelzen zu dem einen Menschen, Jesus. Auch der Betrachter gibt seine objektive Distanz auf und wird eins mit dem Wahrgenommenen. Derlei Visionen führten Blake nicht nur in sein eigenes Inneres, sondern verarbeiteten auch politische Ereignisse, in denen er eine mythische und überzeitliche Dimension wahrnahm.

Auch die dichterische Inspiration kam als Vision zu Blake, wie man auf den Frontispizen zu den *Liedern der Unschuld* und den *Liedern der Erfahrung* (Abb. S. 37, 72) sehen kann. Auf beiden ist ein Mann abgebildet, der Dichter, in dessen unmittelbarer Umgebung sich eine kindliche Muse befindet, die einmal frei schwebt, einmal festgehalten wird, was der jeweiligen Grundstimmung der beiden Texte entspricht. So war auch Blake in seinem Alltag stets von Wesen und Gedanken umgeben, die ihn aus seiner Welt heraus in eine andere hinübergleiten ließen.

Unschuld & Erfahrung

Die *Lieder der Unschuld und Erfahrung* waren die einzigen Texte Blakes, die die Aufmerksamkeit der Zeitgenossen auf sich zogen. Der erste Teil dieser Gedichte, die an Kinderlieder erinnern und vermutlich ursprünglich von Blake auch gesungen wurden, erschien 1789, 1794 brachte er sie dann in einer gemeinsamen Ausgabe zusammen mit den *Liedern der Erfahrung* heraus. Ob letztere jemals separat erschienen sind, ist nicht sicher. In der gemeinsamen Ausgabe stehen sich je ein *Lied der Unschuld* und ein *Lied der Erfahrung* gegenüber. Das Ziel dieser Vorgehensweise, so Blake, liegt darin, »die beiden gegensätzlichen Zustände der menschlichen Seele« aufzuzeigen.

Einfache Diktion, klare Symbolik, Wiederholungen eingängiger Wortmuster und die Betonung des Reims lassen die Gedichte auf den ersten Blick als schlicht und kindlich erscheinen. Die *Lieder der Unschuld* drücken zumeist eine überströmende Lebensfreude aus. Die Symbole sind simpel: Lämmer, Kinder, grüne Wiesen stehen für den Bereich der Unschuld, das Erleben purer Glückseligkeit, die in ›Kindliche Freude‹ (Abb. S. 47) ihren ekstatischen Ausdruck findet. Die *Lieder der Erfahrung*, an denen Blake arbeitete, während er die *Lieder der*

Unschuld druckte und verkaufte, drücken eine andere Weltsicht aus: Erfahrung statt Unschuld, Leid statt Freude. Diese negativ besetzten Bereiche finden ihren Ausdruck in Symbolen der Korruption und der Entfremdung – Städten, Kirchen und Palästen, die für die Macht von Staat und Kommerz stehen.

Auch in den *Liedern der Unschuld* finden sich bereits Anzeichen der Korruption, so etwa im ›Schornsteinfeger‹. Die kindliche, simple Symbolsprache kann über den düsteren Inhalt nicht hinwegtäuschen. Blake greift in den beiden Gedichten das Problem der Kinderarbeit, speziell der jugendlichen Schornsteinfeger auf. Häufig wurden die Kinder von ihren Eltern für diese Arbeit verkauft, die sie meist innerhalb weniger Jahre zu Krüppeln machte. Versuche, das Leid durch strengere Gesetzgebung zu lindern, scheiterten. Blakes Kaminfegerjunge, der kleine Tom Dacre, erlebt trotz seines Elends einen wunderbaren, visionären Traum, in dem er und andere Jungen befreit in der Natur spielen dürfen, überwacht von einem Engel, seinem Schutzengel. Obwohl Tom fast alles verloren hat, was er verlieren konnte – Geborgenheit, Liebe, Sicherheit –, eines hat er sich bewahrt, nämlich seine positive Grundeinstellung. Anders der Kaminkehrerjunge der *Lieder der Erfahrung*, der sein Leid beschreibt und die Schuldigen anklagt: Eltern, Staat, institutionalisierte Kirche. Aber auch für die Figuren der *Lieder der Erfahrung* gibt es nicht nur Bitterkeit. Durch ihre Erfahrung gelangen sie schließlich zu einer neuen, gereiften Unschuld, die sie mit der Härte des Lebens umgehen läßt. Obwohl Unschuld und Erfahrung für Blake zwei gegensätzliche Zustände sind, ergänzen sie sich. Echte Unschuld ist für Blake die der zweiten Sorte, die nur über den Weg der Erfahrung zu erwerben ist. Auch die Unschuld der früheren Lieder ist nur eine inszenierte Unschuld, die auf Dauer nicht lebbar ist und durch den Kontrast mit der Erfahrung eine satirische Beleuchtung erhält.

Manche der Lieder könnten auch in der jeweils anderen Sektion stehen, und so ist es nicht verwunderlich, daß Blake einzelne Gedichte einmal hier und einmal dort untergebracht hat. Nicht bei allen Gedichten ist der Kontrast so eindeutig wie bei dem berühmten Paar ›Das Lamm‹ und ›Der Tiger‹. ›Das Lamm‹ repräsentiert das Blakesche Unschuldsszenario *par excellence*: ein wolliges Lamm, dessen Schöpfer, so der Sprecher, selbst ein Lamm ist, nämlich Jesus. Ganz anders der Tiger: Beängstigend und schrecklich verkörpert er eine faszinierende Energie und Kraft, die den Sprecher fragen lassen, ob dieses Wesen vom gleichen Schöpfer hervorgebracht worden sei wie das Lamm. Den ›Tiger‹ kann man auf verschiedene Weise deuten: Im Gegensatz zum Lamm kann er für das Böse in der Welt stehen, dem auch der Schöpfergott keinen Einhalt gebieten kann. Andererseits widerspricht der Kontrast von »gut« und »böse« dem Denken Blakes, wie in *Die Hochzeit von Himmel und* Hölle noch zu sehen sein wird. ›Der Tiger‹ kann auch das Symbol für eine positive, vom Sprecher bewunderte Energie sein, die durch den Schöpfungsakt in ihre Form gegossen wird. Für die zweite Lesart spricht auch die Faszination, die von Blakes Szenario ausgeht:

Tiger! Tiger! Brand, entfacht
In den Wäldern tiefer Nacht

und

Welch ferne Himmel oder Tiefen
Dir die Glut ins Auge riefen?

Die Weite des Kosmos ist an der Erschaffung des Tigers beteiligt, während das Lamm auf den gezähmten Naturraum von »Heide« und »Weide« beschränkt ist. Eine dritte Lesart bezieht das Gedicht auf die politischen Tagesereignisse. In der englischen Presse wurden die französischen Revolutionäre mit Tigern verglichen. Nach anfänglichem Enthusiasmus begannen sich auch viele Anhänger in England von den jakobinischen Grausamkeiten zu distanzieren. Das Gedicht wäre dann eine Reflexion über die schrecklich-schönen Feuer der Revolution. Auch die meisten anderen Texte Blakes sind für eine Vielzahl von Lesarten offen, die oft zu den unterschiedlichsten Ergebnissen führen. Ihre gemeinsame Basis ist Blakes Prinzip der Gegensätze, das sich durch sein gesamtes Werk zieht.

Himmel & Hölle

Gegensätze werden miteinander kontrastiert und schließlich vereint in *Die Hochzeit von Himmel und Hölle*. Die Zielscheibe dieser satirischen und religionskritischen Schrift ist der schwedische Philosoph und Mystiker Swedenborg, auf dessen Lehre die *Church of New Jerusalem* basierte, der Blake mit seiner Frau einige Zeit angehörte und von der er sich schließlich distanzierte. Blake imitierte in diesem Text Swedenborgs Metaphorik, Sprache und Argumentation und führte sie ad absurdum.

Im London des ausgehenden achtzehnten Jahrhunderts gab es eine Vielzahl kleiner radikaler Sekten und Religionsgemeinschaften – Baptisten, »Moravians«, »Muggletonians«, »Sandemanians« und andere. Ihre Wurzeln lagen in der Zeit des Englischen Bürgerkrieges, der sie hervorgebracht hatte. Ihr gemeinsamer Nenner bestand darin, daß sie sich von der offiziellen anglikanischen Kirche, der »High Church«, abgrenzten, die eine Identifikation mit dem Staat und den Herrschenden vollzogen hatte. Im Gegensatz dazu florierten in den Sekten radikale politische Gedanken wie der Antinomismus, der sich gegen eine Unterwerfung unter die Gesetze wandte. Die »Ketten, die der Geist geschmiedet« (›London‹) sollten abgestreift werden, und so fanden auch traditionelle Moralvorstellungen eine deutliche Ablehnung. Während der Glaube aufgewertet wurde, sprach man den guten Werken Bedeutung ab. Häufig gingen Antinomismus und Calvinismus, d. h. die Prädestinationslehre, miteinander einher (nicht aber bei

Blake). Auch betonten diese Religionsgemeinschaften das Emotionale und wandten sich von der Vernunft als alleinigem Regulativ ab.

Bei den Swedenborgians fanden ursprünglich ebenfalls radikale Ideen Verbreitung, allerdings machte die Sekte um 1790 eine konservative Kehrtwendung, distanzierte sich von ihren früheren Anschauungen und schlug sich auf die Seite der Autorität. Blake könnte auch in der Tradition der Muggletonians gestanden haben, die die Vernunft als kalt und destruktiv verteufelten. Möglicherweise war seine Mutter Angehörige dieser Sekte, die um 1650, also im Bürgerkrieg, entstanden war.

Die Hochzeit von Himmel und Hölle attackiert ganz im Sinne des Antinomismus die moralischen Kategorien der orthodoxen Religionen und zeigt, daß »gut« und »böse« Verzerrungen zweier vitaler Konzepte, der Vernunft und der Energie, sind, die vereint sein müssen: »Ohne Gegensätze gibt es keine Entwicklung.« Kernstück des Textes sind die ›Sprichwörter der Hölle‹, die mit zum Provokantesten gehören, was die englische Literatur zu bieten hat. Weisheiten wie »Die Straße des Übermaßes führt zum Palast der Weisheit« oder »Die Lust des Bockes ist die Überfülle Gottes« stellen Exzesse über Beschränkungen. Das aktive Prinzip steht über dem passiven, so in »Er, der begehrt, aber nicht handelt, brütet die Pest« und »Erwarte Verseuchung vom stehenden Wasser«. *Die Hochzeit von Himmel und Hölle* ist ein Revolutionsevangelium, das sich gegen die Orthodoxie der Kirche richtete. Blake bekämpfte diese wegen ihres Machtmißbrauchs und der Entstellung der Lehre Christi, war aber selbst ein zutiefst religiöser Mensch, der Gott überall erblickte. Unter Verwendung biblischer und theologischer Diktion kritisiert er erbarmungslos die organisierte Religion: »Wie die Raupe die schönsten Blätter wählt, um ihre Eier darauf abzulegen, so belegt der Priester die schönsten Freuden mit seinem Fluch.« Kein Wunder, daß Blakes Hölle so teuflisch interessant ist, die Engel hingegen steife und humorlose Langweiler sind. Blake führt den Leser durch eine psychedelisch anmutende Welt, in der sich Himmelswesen, Propheten und Ungeheuer in einer Reihe kurzer Begegnungen mehr oder weniger erfolgreich inszenieren. Am Ende des Traktats wird der Engel zum Teufel, und die Hochzeit der Gegensätze, unabdingbar für die menschliche Vitalität, hat stattgefunden.

Politische Visionen

Am Ende der *Hochzeit von Himmel und Hölle* steht ein ›Gesang der Freiheit‹, der auf die Ereignisse der Französischen Revolution hinweist und damit Blakes Hinwendung zu den politischen Prophezeiungen einleitet. Mit dem Zeitgeschehen, mit politischen und gesellschaftlichen Fragen, beschäftigte sich Blake in

den kürzeren prophetischen Büchern, die alle in den neunziger Jahren geschrieben wurden. Sie unterscheiden sich von den *Liedern der Unschuld und Erfahrung* schon durch ihre Form: Blake bediente sich nun freier Verse von hoher semantischer Dichte.

Von seiner *Französischen Revolution*, wohl von 1791, ist nur das erste Buch erhalten (wenn es überhaupt weitere gab), in dem Blake die Ereignisse in einer mythisierenden, an das Alte Testament angelehnten Diktion präsentierte. Man darf bei dieser Darstellungsweise nicht vergessen, daß es zu Blakes Zeit gang und gäbe war, Politik unter Bezugnahme auf biblischen Diskurs zu diskutieren, eine Tradition, die sich aus dem fast 150 Jahre zurückliegenden Bürgerkrieg herleitete. Daß *Die Französische Revolution* schließlich nicht veröffentlicht wurde und daß Blake sie vermutlich nicht fortsetzte, liegt möglicherweise daran, daß Autor wie Drucker staatliche Repressionen befürchteten.

Blake wandte sich nun in *Amerika* den räumlich und zeitlich weiter entfernten Ereignissen des Unabhängigkeitskrieges zu, die er noch stärker mythisierend beschrieb. In *Amerika* findet die Handlung auf zwei Ebenen statt. Orc, der revolutionäre Geist, liegt in Ketten darnieder (Abb. S. 288), befreit sich aber und symbolisiert so den Ausbruch der unterdrückten Energie. Die Handlung wechselt zwischen der Beschreibung des Krieges und der Raserei Orcs, der »Drachengestalt, mit klirrenden Schuppen«. Blake zeichnet zwar die historischen Ereignisse nicht immer detailgetreu nach, greift aber gezielt Einzelheiten heraus, vor allem solche, die den Machthabern nicht genehm sein konnten: Er spielt auf die Menge desertierender britischer Soldaten in Amerika an oder erinnert daran, daß sich Bristol und London wegen ihrer Handelsbeziehungen dem Krieg entgegenstellten. Am Ende siegt Orc, die Personifizierung des revolutionären Geists. Es ist ein Sieg nicht nur über England, sondern auch gegen konservative gesellschaftliche Kräfte, ein Sieg gegen sexuelle Unterdrückung, gegen Einschränkungen durch die Vernunft und gegen Beschneidung der Energie. Auch wenn sich Blake in *Amerika* vom unmittelbaren politischen Tagesgeschehen abwendet, ist dieser Text letztlich doch eine Vision des zeitgenössischen England, eine Prophezeiung dessen, was Albion sein könnte, wenn »die Feuer des Orc« zum Ausbruch kämen.

Die am Ende von *Amerika* thematisierte sexuelle Unfreiheit spielt eine zentrale Rolle in den *Visionen der Töchter Albions*. Die »milde Oothoon« wird von Bromion »mit seinen Donnern« vergewaltigt und daraufhin von ihrem Geliebten Theotormon zurückgewiesen, weil sie durch die Vergewaltigung ihren Wert für ihn eingebüßt hat. In den *Visionen* geht es um zweierlei: zum einen um das weibliche Recht auf sexuelle Eigenbestimmung, verknüpft mit einer Kritik an der Einstellung, die Frauen nur Warencharakter zugesteht. Oothoon erfährt eine doppelte Verletzung: durch den Vergewaltiger, der sie wie einen Gegenstand behandelt, und durch ihren Liebhaber, der sie wie eine beschädigte Ware zurückweist. Ferner besitzt der Text auch noch eine aktuelle politische

Dimension. Blake fertigte etwa um diese Zeit Stiche zu einem 1796 erscheinenden Reisebericht von Captain Stedman an, der die Sklaverei anprangerte. Oothoon ist auch die Sklavin, deren Marktwert durch eine erzwungene Schwangerschaft gesteigert werden soll, und Theotormon repräsentiert die Gruppe der Abolitionisten, die die Sklaverei zwar beklagen, aber de facto nicht verhindern.

Blake als Frauenrechtler? Nicht nur die *Visionen* sind fortschrittlich im feministischen Sinn – auch *Amerika* endet mit dem Bild einer sexuellen Revolution. Trotz der von ihm immer wieder propagierten sexuellen Befreiung bestimmen Blakes Frauenfiguren ihre Sexualität aber bei weitem nicht selbst. Orcs Ausbruch in *Amerika* beginnt mit einer Vergewaltigung, nach der das Objekt, eine namenlose Frau, um eine Wiederholung bittet. Wenn bei Blake eine sexuelle Befreiung der Frau gefordert wird, dann dient dies eher den Männern, die nun ihre Energie ausleben und sich der befreiten Frauen bedienen können.

Blakes Frauengestalten sind unterschiedlich konzipiert. Während Oothoon und Thel jeweils Hauptfiguren eines prophetischen Buches sind und Blake ihre Seelenregungen minutiös und verständnisvoll nachempfindet, schildert er andere Frauen sehr negativ, so wie die mächtige Enitharmon in *Europa*. »Des Weibs Triumph« bedeutet einen zivilisatorischen Stillstand. Sie wird von Blake vor allem deshalb vorgeführt, um zu zeigen, wogegen man rebellieren sollte. Ihre Eigenschaften – Keuschheit, Eifersucht, Verführung – werden von ihren Töchtern repräsentiert. Enitharmon ist die Königin schlechthin, gemahnt an Marie Antoinette und an die englische Königin Charlotte. Ähnlich negativ wird später auch Vala, die Titelfigur der *Vier Zoas*, geschildert, die grausame, sinnliche Verführerin, die die Hauptursache für Albions Fall ist.

In diesen von 1791 bis 1794 geschriebenen politischen Prophezeiungen und Visionen beginnt Blakes Mythologie, Form anzunehmen. Vor allem Orc und sein Gegenspieler Urizen tauchen mehrmals auf und gewinnen zunehmend an Kontur. Daran knüpfen die 1794 und 1795 entstandenen Werke *Das Buch von Urizen*, *Das Buch von Ahania* und *Das Buch von Los* an, die den Kern der »Bibel der Hölle« bilden.

Die Bibel der Hölle

Diese »Bibel der Hölle« wird am Ende der *Hochzeit von Himmel und Hölle* angekündigt. Im *Buch von Urizen*, *Ahania* und *Los* ist der Text in zwei Spalten angeordnet, so daß schon das Druckbild auf die »echte« Bibel verweist. Ihr erstes Buch ist das *Buch von Urizen*. Urizen taucht bereits in *Amerika* kurz auf und nimmt in *Europa* noch mehr Raum ein. Im Namen »Urizen« ist einerseits das Wort »horizon«, deutsch »Horizont«, enthalten, das auf das griechische Wort für

Begrenzung zurückgeht, zum anderen kann »Urizen« auch »Your Reason«, »Eure / Deine Vernunft«, bedeuten, also die Vernunft und den herrschenden Diskurs, die hier – wieder im Sinn der antinomistischen Tradition – kritisiert werden. *Das Buch von Urizen* ist ein Schöpfungsbericht, wobei Urizens Aktivitäten vor allem im Trennen, Einteilen und Begrenzen bestehen. Los, eine weitere Figur der Mythologie Blakes, versucht vergeblich, Urizens Tun wieder gutzumachen. Wie in der Bibel kommt es zum Sündenfall, hier durch Eifersucht, und Urizen umstrickt schließlich die Welt mit seinem »Netz der Religion«, das Unterdrückung bedeutet. Diese Handlung wird im *Buch von Ahania* fortgeführt, in dem ein Aufstand gegen Urizens Prinzipien stattfindet. Dieser Aufstand erinnert an die Befreiung des Volkes Israel aus der ägyptischen Gefangenschaft. Der Rebell ist Fuzon, Urizens Sohn. Der Kampf der Giganten mit Flammen, einer Kugel, die zu einem laserartigen Strahl wird, einer Wurfscheibe und einem Bogen aus den Rippen eines toten Ungheuers kann jedem »Space-War«-Film Konkurrenz machen. Schließlich wird Fuzon von Urizen getötet und an den »Baum des Geheimnisses« genagelt, gleichsam gekreuzigt in diesem mythischen Vater-Sohn-Konflikt.

Das dritte Buch der »Bibel der Hölle« schildert den Schöpfungsbericht noch einmal aus Los' Perspektive. Im Gegensatz zu Urizen nimmt Los die Realität nicht nur materiell wahr. Anstatt die Flammen der Energie und Sehnsucht zu unterdrücken, stellt sich Los »zwischen Feuer und Feuer« (Abb. S. 289). Er fungiert hier als Prophet, und seine spätere Rolle als Künstler ist bereits antizipiert.

Die in diesen Büchern präsentierten mythischen Gestalten tauchen auch in den längeren prophetischen Büchern auf und werden dort in ein sich immer wieder wandelndes mythologisches System gebracht. In *Vala* symbolisieren sie die verschiedenen Aspekte des »Einen Menschen«, Albion, der das ganze Universum repräsentiert. Da seine »Elemente«, die Aspekte seiner Persönlichkeit, sich gegenseitig bekämpfen, wird der Mensch krank. Er gesundet schließlich, als die einzelnen Bestandteile seiner Persönlichkeit wieder in ein Gleichgewicht geraten. Auch dieser Text kann als politische Allegorie gelesen werden, als Beschreibung der Beziehungen zwischen England und Frankreich. Ähnlich universal angelegt sind *Milton* und *Jerusalem*. Sie enthalten eine verwirrende Vielfalt von Symbolen und Gestalten, deren Bedeutung oft kaum zu entschlüsseln ist und deren ansatzweise Interpretation allein ganze Bände füllt.

Von den *Liedern der Unschuld und Erfahrung* bis hin zum weltumspannenden mythischen Entwurf von *Jerusalem* ist ein weiter Weg, liegen Jahrzehnte, in denen der junge Maler und Kupferstecher zum exzentrischen Außenseiter wurde, der seine Visionen am Ende fast nur noch für sich selbst aufschrieb.

Blake, der Künstler

William Blake, der Dichter, läßt einen gelegentlich William Blake, den Kupferstecher und Maler vergessen, dessen Œuvre die Hamburger Blake-Ausstellung 1975 eindrucksvoll dokumentierte. Blake war ein Anhänger der strengen und klaren Linie, und als seine Vorbilder nahm er Michelangelo, Raffael und Dürer. Ein anderer wesentlicher Einfluß waren die Grabmäler der Westminsterabtei. Blake, der fast nur menschliche (und übermenschliche) Wesen malte und stach, setzte Form über Farbe und erreichte einen Stil, dessen Figuren an die Malerei des Mittelalters und der frühen Neuzeit denken lassen. Manchmal erinnern seine Darstellungen aber auch an den Jugendstil, so wie der Stich ›Mehltau befällt das Getreide‹ (Abb. S. 309) mit seiner kühnen S-förmigen Linie, die die Seite unterteilt.

Auch als Künstler war Blake Rebell. Die für die breite Bevölkerung käuflich erwerbbaren Kupferstiche galten zu Blakes Zeit strenggenommen nicht als Kunst, während die elitäre Malerei, die für die Reichen produziert wurde, sich selbst exklusiv zur Kunst ernannte. Blakes Protest hat auch hier wieder eine sozialpolitische Dimension. Das England des achtzehnten Jahrhunderts erlebte die Bildung einer »Englischen Schule« der Malerei (Gainsborough, Reynolds, Fuseli) und die Gründung einer Akademie, die für Blake Konformismus, Hierarchie und Machtmißbrauch bedeutete und deren Präsident der von ihm gehaßte Sir Joshua Reynolds war. Der junge Blake besuchte dort Kurse, sah sich aber im nachhinein »unterdrückt von Sir Joshua und seiner Bande von schlauen und gekauften Schurken«. Er warf Reynolds einen Empirismus à la Locke und Newton vor: »Sie machen sich lustig über Inspiration und Vision.«

Der Kupferstecher Blake war auch zu seinen erfolgreichsten Zeiten nur eine Randfigur des künstlerischen Lebens in London und erfuhr mancherlei Ausgrenzung. Daß er nicht um Mitarbeit an Boydells 1789 eingerichteter Shakespeare-Gallery gebeten wurde, zu der andere bekannte Maler und Kupferstecher beitrugen, muß einer von vielen Tiefschlägen gewesen sein.

Bekannt war er wegen seiner Buchillustrationen. Er illustrierte unter anderem Gedichte Grays, Miltons *Paradise Lost* und *Paradise Regained*, Dantes *Göttliche Komödie* und Teile der Bibel. Besonderen Anklang fanden seine Illustrationen zu Edward Youngs *Nachtgedanken*. Eines seiner letzten und schönsten Werke ist die Ausgestaltung des Buches Hiob. Ähnlich wie dieser hat Blake in seinem Leben viele Ungerechtigkeiten, Ausgrenzungen und Schicksalsschläge erfahren. Vielleicht sah er sich selbst als eine Art Hiob, der aber seinen Glauben an einen gütigen Gott nicht aufgegeben hatte. Blakes *Hiob* endet mit einer »musikalischen Apotheose« (Werner Hofmann), die im biblischen Text nicht vorkommt. Auf der ersten Abbildung befindet sich Hiob mit seiner Familie betend unter einem Baum, in dem Musikinstrumente hängen. Die letzte Illustration zeigt wieder Hiobs Familie, die diesmal auf den Instrumenten spielt. An die Stelle des Gebets

ist die Musik getreten, die schöpferische Kunst. So steht am Ende von Blakes Werk der Barde, der die Dualität des strafenden und liebenden Gottes überwunden hat und der durch seine Musik selbst zu einem Schöpfer geworden ist.

Blakes Nachleben

Der Nachwelt war Blake zunächst weitgehend unbekannt. Von den Präraffaeliten, besonders Dante Gabriel Rossetti, wurde er als Maler wiederentdeckt. Seine literarische Entdeckung verdanken wir neben Swinburne vor allem Yeats, der Blake nicht als Chaoten und Wahnsinnigen sah, sondern die Symbolik und gedankliche Einheit seiner Texte zu begreifen suchte. Im Esoteriker Blake fand der Esoteriker Yeats eine verwandte Seele. In diesem Jahrhundert war Blake zunächst für die »hohe« Literatur der klassischen Moderne von Bedeutung. Er übte Einfluß aus auf T. S. Eliot, Ezra Pound, James Joyce, D. H. Lawrence und Dylan Thomas und wurde von den einen distanziert betrachtet, während er für andere eine neue Spiritualität verkörperte. Auch Aldous Huxley, der sich mit bewußtseinserweiternden Drogen beschäftigte, interessierte sich für Blakes Visionen. Die Titel *The Doors of Perception* (1954) und *Heaven and Hell* (1956), beides kurze Bücher über seine Drogenexperimente, sind Blake entnommen.

Mitte des Jahrhunderts setzte dann eine intensive Behandlung Blakes in der Literaturwissenschaft ein, die sich über die Jahrzehnte hinweg die verschiedensten Blakes konstruiert hat: Blake, den frühen Marxisten, den Neoplatonisten, den mythischen und archetypischen Blake, den psychoanalytischen Blake, den Postmodernen ... Jede literaturwissenschaftliche Strömung »baute« sich ihren eigenen Blake, oft mit erstaunlichen Unterschieden. Offensichtlich regt er die interpretatorischen Phantasien in besonderem Maße an. Leider bedienen sich die Literaturwissenschaftler dabei oft einer Diktion, die ähnlich mythisierend ist wie die Sprache Blakes, an deren Kraft und Ausstrahlung aber nicht ganz herankommt.

Blake erfreut sich auch außerhalb des Wissenschaftsbetriebs großer Beliebtheit. In den sechziger Jahren wurde er von den englischen »Underground«-Dichtern und den amerikanischen »Beat Poets«, allen voran Allen Ginsberg, entdeckt. Ihr Blake war der revolutionäre Erneuerer und Visionär. An diesen Rezeptionsstrang knüpfen die Jünger des »New Age« an: Blake-T-Shirts, -CDs und -Poster finden ebenso Abnehmer wie psychedelische Nachdichtungen, und man kann den ›Tiger‹ sogar als Comic Strip konsumieren. Zu schön sind Blakes Gegensätze als Identifikationsmuster für eine von Yin und Yang geprägte Jugendkultur. Diese populäre Blake-Rezeption findet auch im Film ihren Ausdruck: Jim Jarmuschs *Dead Man* (1994/95) präsentiert einen jungen Weißen namens William Blake, der auf einen Blake zitierenden Indianer stößt und sich von ihm auf eine metaphysische Reise schicken läßt.

Während Blake heute im angelsächsischen Raum viel gelesen wird, scheint er in Deutschland das akademische Ghetto noch nicht so recht verlassen zu haben. Anders als Byron, der im Europa des neunzehnten Jahrhunderts von einer Woge der Popularität getragen wurde, wirkte Blake kaum im deutschsprachigen Raum. 1811 stellte ihn Henry Crabb Robinson in einem Aufsatz, der in der Hamburger Zeitschrift *Vaterländisches Museum* erschien, dem deutschen Publikum vor. Dann wurde er erst wieder um die Jahrhundertwende im Umfeld der Wiener Moderne entdeckt, unter anderem von Hugo von Hofmannsthal und dann auch von Stefan Zweig. Die erste umfangreiche deutsche Übersetzung datiert von 1907. Auch später taucht Blake noch gelegentlich auf, zum Beispiel in *Doktor Faustus*, wo sich Thomas Mann seiner »seltsamen Poesien« bedient.

Die maßgebliche Nachkriegsübersetzung (von Walter Wilhelm) erschien 1958 in der DDR und präsentierte durch die Einleitung und die Textauswahl einen politischen Blake. Anders zwei westdeutsche Übersetzungen (von Alexander von Bernus und Walter Schmiele bzw. von Georg von der Vring) aus demselben Jahr, die nur einem lyrischen Blake eine Heimat geben wollten. Inzwischen gewinnt der revolutionäre und visionäre Blake auch an gesamtdeutschem Boden. Dennoch: Seine Renaissance steht immer noch aus. Ganze Generationen räucherstäbchenanzündender Teetrinker und Tarotkartenleger haben möglicherweise einen Schlüsseltext verpaßt.

Aber vielleicht hat Blake noch ganz andere Entwicklungsmöglichkeiten vor sich. Allen Ginsberg entwarf die Vision eines Blake in den *Charts*:

> Ma Rainey, Pound, Dylan, die Beatles, Ray Charles, Ed Sanders & und andere Sänger haben der Sängerei ihre Poesie zurückgegeben. Jetzt, wo neue Generationen poetische Verse verstehen & sie als gnostisch-psychedelische Blitze und praktische künstlerische Botschaften entziffern, hoffe ich, daß die musikalische Artikulation von Blakes Lyrik vom elektronischen illuminierten demokratischen Ohr der Rockpopmusikmassenmedien erhört wird und einen ewigen Lyrikstandard setzen wird, an dem man Erhabenheit & Echtheit in zeitgenössischen Meistern wie Bob Dylan messen kann, um dann alle Seelen dazu zu ermutigen, daß sie auf ihr eigenes Genie und ihre Inspiration vertrauen.

Inspirieren ließ sich auf jeden Fall schon einmal Jim Morrison, der im *Doors*-Song ›End of the Night‹ die letzten drei Zeilen folgender Stelle aus den ›Auguries of Innocence‹, den ›Weissagungen der Unschuld‹, zitierte:

> Every Night and every Morn
> Some to Misery are Born
> Every Morn & every Night
> Some are Born to sweet delight
> Some are Born to sweet delight
> Some are Born to Endless Night.

TABLE OF CONTENTS

Poetical Sketches

Songs of Innocence and Experience

INHALT

Poetische Skizzen

Zwei philosophische Traktate

Lieder der Unschuld und Erfahrung

VERSES AND FRAGMENTS

First Series

Verse und Fragmente

Erste Folge

Second Series

THREE POEMS

Zweite Folge

Drei Gedichte

PROPHETIC BOOKS

Prophetische Bücher

Anhang

William Shakespeare im dtv

Zweisprachige Ausgabe
Neuübersetzung von Frank Günther

Ein Sommernachtstraum
Mit einem Essay von
Sonja Fielitz
dtv 12480

Romeo und Julia
Mit einem Essay von
Kurt Tetzeli von Rosador
dtv 12481

Othello
Mit einem Essay von
Dieter Mehl
dtv 2357

Hamlet
Mit einem Essay von
Manfred Pfister
dtv 8402

Macbeth
Mit einem Essay von
Ulrich Suerbaum
dtv 12484

Der Kaufmann von Venedig
Mit einem Essay von
Wolfgang Weiß
dtv 2368

Was ihr wollt
Mit einem Essay von
Christa Jansohn
dtv 2369

Der Sturm
Mit einem Essay von
Günter Walch
dtv 2370

Wie es euch gefällt
Mit einem Essay von
Andreas Mahler
dtv 2371

König Lear
Mit einem Essay von
Sabine Schülting
dtv 2372

Rolf Vollmann
Who's who bei
Shakespeare
dtv 30463

Klassische Autorinnen der englischen und amerikanischen Literatur im dtv

Jane Austen
Sanditon
Vollendet von M. Dobbs
Übersetzt von
Elizabeth Gilbert
Roman · dtv 2337

Stolz und Vorurteil
Neu übersetzt von
Helga Schulz
Roman · dtv 12350

Aphra Behn
Oroonoko
oder der königliche Sklave
Neu übersetzt von Susanne
Althoetmar-Smarczyk
dtv 2354

Harriet Beecher Stowe
Onkel Toms Hütte
Neu erarbeitete
Übersetzung von Susanne
Althoetmar-Smarczyk
dtv 2330

Charlotte Brontë
Jane Eyre
Roman · dtv 8403

Emily Brontë
Sturmhöhe
Neu übersetzt von
Michaela Meßner
Roman · dtv 12348

Maria Edgeworth
Castle Rackrent
Übersetzt von
Helga Schulz
Roman · dtv 12275

Elizabeth Gaskell
Das Leben der Charlotte Brontë
Eine Biographie
Aus dem Englischen von
Irmgard und Peter Schmitt
unter Mitwirkung von
Gottfried Röckelein
dtv 20048

Helen Hunt Jackson
Ramona
Ein kalifornischer Roman
Neu überarbeitet und
ergänzt von Susanne
Althoetmar-Smarczyk
dtv 12198

Klassiker der französischen Literatur im dtv

Abaelard
Die Leidensgeschichte und der Briefwechsel mit Heloisa
dtv 2190

Charles Baudelaire
Les Fleurs du Mal
Die Blumen des Bösen
Zweisprachige Ausgabe
dtv 12349

Herzstiche
Die Briefe des Cyrano de Bergerac
Übers. u. hrsg. von Wolfgang Tschöke
dtv 20013

Alexandre Dumas
Die Kameliendame
dtv 12479

Gustave Flaubert
Madame Bovary
Roman · dtv 12398

Théophile Gautier
Reise in Andalusien
dtv 2333

André Gide
Die Falschmünzer
Roman
dtv 12208

Die Verliese des Vatikans
Roman
dtv 12285

Der Immoralist
Roman
dtv 12345

Victor Hugo
Der Glöckner von Notre-Dame
Roman
dtv 2329

Joris-Karl Huysmans
Gegen den Strich
Roman
dtv 2352

Jean de La Fontaine
Sämtliche Fabeln
Mit 255 Illustrationen von Grandville
dtv 2353

Stéphane Mallarmé
Sämtliche Dichtungen
Zweisprachige Ausgabe
dtv 2374

Christine de Pizan
Das Buch von der Stadt der Frauen
dtv 2220

Klassiker der französischen Literatur im dtv

Marcel Proust
Der gewendete Tag
Aus der ›Suche nach der verlorenen Zeit‹
dtv 2386

Arthur Rimbaud
Sämtliche Dichtungen
Zweisprachige Ausgabe
dtv 2399

George Sand
Ein Winter auf Mallorca
dtv 12497

Sie sind ja eine Fee, Madame!
Märchen aus Schloß Nohant
Mit Zeichnungen von George Sand
dtv 2197

Nimm Deinen Mut in beide Hände
Briefe
dtv 2238

Nanon
Roman
dtv 2282

Sie und Er
Roman
dtv 2295

Mauprat
Geschichte einer Liebe
dtv 2300

Lelia
Roman
dtv 2311

Jeanne
Roman
dtv 2319

Flavie
Roman
dtv 2327

Der Müller von Angibault
Roman
dtv 2379

Eugéne Sue
Die Geheimnisse von Paris
dtv 20000

François Villon
Sämtliche Werke
Zweisprachige Ausgabe
dtv 2304

Émile Zola
Nana
dtv 2008

Thérèse Raquin
dtv 12468

Klassische Autoren in dtv-Gesamtausgaben

Georg Büchner
Werke und Briefe
Münchner Ausgabe
Herausgegeben von
Karl Pörnbacher, Gerhard
Schaub, Hans-Joachim
Simm und Edda Ziegler
dtv 2202

Annette von
Droste-Hülshoff
Sämtliche Briefe
Historisch-kritische
Ausgabe
Herausgegeben von
Winfried Woesler
dtv 2416

Johann Wolfgang von
Goethe
Werke
Hamburger Ausgabe in
14 Bänden · dtv 5986

Goethes Briefe und
Briefe an Goethe
Hamburger Ausgabe in
6 Bänden
dtv 5917

Ferdinand Gregorovius
Geschichte der Stadt
Rom im Mittelalter
Vom V. bis XVI. Jahrhundert
Vollständige Ausgabe in
7 Bänden
Mit 243 Abbildungen
dtv 5960

Sören Kierkegaard
Entweder – Oder
Deutsche Übersetzung
von Heinrich Fauteck
dtv 2194

Heinrich von Kleist
Sämtliche Werke und
Briefe in zwei Bänden
Herausgegeben von
Helmut Sembdner
dtv 5925

Jean de La Fontaine
Sämtliche Fabeln
Mit 255 Illustrationen
von Grandville
dtv 2353

Jakob Michael Reinhold
Lenz
Werke
Dramen, Prosa, Gedichte
dtv 2296

Stéphane Mallarmé
Sämtliche Dichtungen
Französisch und deutsch
dtv 2374

Philosophie für Anfänger im dtv

Hilfreiche Wegbegleiter für den Einstieg in eine faszinierende, aber nicht leicht zugängliche Lektüre.
Originalausgaben

Kant für Anfänger
Die Kritik der reinen Vernunft
Eine Lese-Einführung von
Ralf Ludwig
dtv 4662

Kant für Anfänger
Der kategorische Imperativ
Eine Lese-Einführung von
Ralf Ludwig
dtv 4663

Nietzsche für Anfänger
Also sprach Zarathustra
Eine Lese-Einführung von
Rüdiger Schmidt und Cord Spreckelsen
dtv 30124

Hegel für Anfänger
Phänomenologie des Geistes
Eine Lese-Einführung von
Ralf Ludwig
dtv 30125

Kierkegaard für Anfänger
Entweder - Oder
Eine Lese-Einführung von
Asa A. Schillinger-Kind
dtv 30656

Klassiker der italienischen Literatur

Dante Alighieri
Die Göttliche Komödie
Aus dem Italienischen übertragen von W. G. Hertz
Nachwort von Hans Rheinfelder und Anmerkungen von Peter Amelung
dtv 12457

La Divina Commedia – Die Göttliche Komödie
Italienisch und deutsch
Herausgegeben, übersetzt und kommentiert von Hermann Gmelin
6 Bände
dtv 5916

Alessandro Manzoni
Die Verlobten
Mit 440 Illustrationen
Mit einem Essay von Umberto Eco
Übersetzt und mit einem Nachwort versehen von Ernst Wiegand-Junker
Dünndruck-Ausgabe
dtv 2124

Francesco Petrarca
Canzoniere
Zweisprachige Gesamtausgabe
Nach einer Interlinearübersetzung von G. Gabor
dtv 2321

Klassische Autoren in dtv-Gesamtausgaben